Entscheidungen

des Reichsgerichts

in Zivilsachen

Sammlung der noch wichtigen Entscheidungen nach Fachgebieten geordnet

Herausgegeben

von

Professor Dr. **Leonhard Auerbach**, Berlin;

Präsident des Reichspatentamtes a. D. Dr. **Johannes Eylau**, München; Rechtsanwältin **Charlotte Graf**, Berlin; Ministerialdirektor z. Wv. Senatspräsident Dr. **Ernst Knoll**, Berlin; Rechtsanwalt **Erich Kummerow**, Berlin; Rechtsanwalt **Hermann Reuß**, Berlin; Rechtsanwalt Dr. **Walter Schmidt**, Düsseldorf; Landgerichtsdirektor **Alexander Swarzenski**, Berlin; Rechtsanwalt Dr. **Werner Vahldiek**, Berlin.

Gruppe III Handelsrecht

Gesamtregister

Berlin 1954

Walter de Gruyter & Co.

vormals G. J. Göschen'sche Verlagshandlung / J. Guttentag, Verlagsbuchhandlung
Georg Reimer / Karl J. Trübner / Veit & Comp.

Gesamtregister

zur Gruppe III

Handelsrecht

Bearbeitet

von

Erika Schimmelpfennig

Assessorin

Berlin 1954

Walter de Gruyter & Co.

vormals G. J. Göschen'sche Verlagshandlung / J. Guttentag, Verlagsbuchhandlung
Georg Reimer / Karl J. Trübner / Veit & Comp.

Archiv Nr. 28 17 54

Satz: Walter de Gruyter & Co., Berlin W 35
Druck: Berliner Buchdruckerei Union GmbH., Berlin SW 29

Inhaltsverzeichnis

Seite

Verzeichnis der aufgenommenen Entscheidungen 1

Inhalt der einzelnen Bände 15

Sachregister 21

Berichtigungen 128

Verzeichnis
der aufgenommenen Entscheidungen

Fette Ziffern bedeuten alte Entscheidungssammlung
Magere Ziffern bedeuten Auswahlsammlung

† Entscheidung ist gekürzt wiedergegeben.

Die Entscheidungen der 4 Bände Handelsgesellschaften sind sämtlich gekürzt und deshalb nicht besonders gekennzeichnet

* Entscheidung enthält nur Leitsatz.

HGB	=	Handelsgesetzbuch
HGes.	=	Handelsgesellschaften
Bk-WR	=	Bank- und Börsenrecht / Wechsel- und Scheckrecht
EBR	=	Eisenbahnrecht
SchiffR	=	Schiffahrtsrecht
PrVersR	=	Privatversicherungsrecht

Verzeichnis der aufgenommenen Entscheidungen

RGZ	Band	Seite
1, 1–3	*SchiffR 1*	*1*
1, 36–40	SchiffR 1	3
1, 241	HGB 2	215
1, 286–293	HGB 3	131
2, 59–63	Bk-WR	193
2, 75–85	Bk-WR	197
3, 17	SchiffR 1	7
3, 60–64	Bk-WR	206
3, 87–90	HGB 2	216
3, 123–138	HGes 1	1
3, 164–168	HGB 1	38
4, 46–50	PrVersR 3	17
4, 92–98	HGB 3	137
4, 296–305	HGes 4	213
5, 58–67	HGB 2	218
5, 67–69	HGB 1	1
5, 79–82	SchiffR 1	8
5, 81–89	HGB 3	142
5, 89–94	SchiffR 1	11
5, 94–98	HGB 2	226
5, 103–105	HGB 2	230
5, 110–114	HGB 1	42
5, 266–273	HGes 4	215
6, 4–11	HGB 2	92
6, 26–28	HGB 2	232
6, 46–49	HGB 3	146
6, 49–58	HGB 3	148
6, 58–60	HGB 2	234
6, 60–61	HGB 2	236
7, 27–32	PrVersR 3	21
7, 44–45	HGB 2	237
7, 88–93	HGes 3	1
7, 93–96	HGes 3	4
7, 105–110	HGes 1	9
7, 279–284	HGB 1	45
8, 22–24	HGB 2	238
8, 42–46†	Bk-WR	209
8, 56–61	Bk-WR	212
8, 66–71	Bk-WR	216
9, 21–30	Bk-WR	221
9, 36–44	HGes 1	11
9, 44–50	HGB 2	98
9, 56–61†	Bk-WR	229
9, 143–146	HGes 3	6
9, 148–149	*HGes 3*	8
10, 18–22	SchiffR 1	15
10, 105–110	EBR	1
11, 10–18	PrVersR 3	26
11, 36–40	HGB 2	240
11, 148–160	Bk-WR	232
11, 160–165	HGes 1	14
11, 197–200	HGB 2	243
12, 15–23	HGB 2	27
12, 28–32	PrVersR 3	33
12, 74–78	HGes 4	1
12, 78	HGB 2	103
12, 85–92	Bk-WR	1
12, 92–101	HGB 2	108
12, 131–134	Bk-WR	243
13, 68–79	SchiffR 1	18
13, 79–86	SchiffR 1	28
13, 153–155	HGB 3	273
14, 5–14	SchiffR 1	35
14, 34–46	SchiffR 1	44
14, 145–150	Bk-WR	246
14, 231–235	HGB 1	3
15, 1–4	HGB 2	246
15, 25–27	SchiffR 1	55
15, 33–37	HGB 1	50
15, 65–74	HGB 2	249
15, 83–94	SchiffR 1	57
15, 133–134	SchiffR 1	68
16, 1–3	HGes 3	9
16, 3–6	SchiffR 1	69
17, 31–33	HGB 3	156
17, 171–175	HGes 4	216
18, 20–25	HGB 3	158
18, 55–56	HGB 2	256
19, 1–7	PrVersR 3	37
19, 7–14	SchiffR 1	72
19, 21–25	HGB 1	53
19, 97–101	HGB 3	162
19, 136–140	Bk-WR	251
19, 207–216	PrVersR 3	43
20, 52–71	SchiffR 1	78
20, 118–122	EBR	5
20, 175–180	SchiffR 1	96
20, 184–190	SchiffR 1	100

RGZ	Band	Seite	RGZ	Band	Seite
21, 83–89	PrVersR 3	51	36, 139–141	HGes 3	25
21, 93–95	HGes 3	10	37, 58–62	HGB 1	62
21, 136–148	SchiffR 1	105	37, 62–65	HGes 1	26
23, 70–80	SchiffR 1	117	37, 112–118	HGes 1	27
23, 109–112	Bk-WR	255	38, 1–6	SchiffR 1	182
23, 296–304†	Bk-WR	257	38, 18–22	HGB 1	6
24, 27–28	HGes 3	13	38, 85–87	SchiffR 1	188
24, 54–60	HGes 1	17	38, 95–101	HGes 1	28
24, 70–74	HGes 1	20	38, 119–123	HGes 3	27
25, 78–85	PrVersR 3	57	38, 329–335	HGes 4	225
25, 88–89	HGes 3	14	39, 9–11	SchiffR 1	189
25, 104–107	SchiffR 1	127	40, 29–33	HGes 3	29
28, 159–162	SchiffR 1	130	40, 33–37	HGes 1	30
29, 61–66	HGB 2	257	40, 46–49	HGes 4	4
29, 66–72	HGB 1	56	40, 53–56	HGB 2	286
29, 281–283	HGes 4	218	40, 80–85	HGes 1	31
30, 50–52	HGes 1	22	40, 97–100	HGB 1	66
30, 194–196	HGes 4	219	40, 187–191	HGB 3	182
30, 241–245	HGes 4	220	41, 114–116	Bk-WR	271
30, 296–298	HGes 4	222	41, 126–127	Bk-WR	273
31, 45–48	HGes 3	16	43, 27–39	HGB 2	290
31, 59–62	HGB 2	34	43, 39–44	Bk-WR	274
31, 62–72	SchiffR 1	133	43, 44–47	HGB 2	300
31, 81–90	HGes 3	17	43, 64–70	HGB 2	302
31, 100–109	HGB 2	261	43, 81–83	HGes 3	31
31, 131–134	PrVersR 3	63	43, 101–104	HGB 2	307
31, 139–145	HGes 3	20	43, 133–136	HGes 3	32
32, 4–17	SchiffR 1	142	43, 136–140	HGes 2	1
32, 26–31	SchiffR 1	154	43, 283–289	HGes 1	32
32, 36–39	Bk-WR	258	44, 19–27	PrVerR 3	76
32, 39–44	HGB 3	165	44, 78–80	Bk-WR	278
32, 44–46	HGes 3	24	44, 103–116	Bk-WR	15
32, 61–65	HGB 2	269	44, 136–145†	SchiffR 1	191
32, 75–80*	Bk-WR	260	45, 34–41	HGes 3	33
32, 81–84	HGB 2	117	45, 106–110	HGes 4	6
33, 67–79	SchiffR 1	159	45, 120–123	Bk-WR	280
33, 95–99	HGB 2	272	45, 150–153	HGes 4	9
33, 143–149	Bk-WR	261	45, 153–155	HGes 1	36
34, 35–37	Bk-WR	8	45, 261–265	Bk-WR	283
34, 57–58	HGes 1	24	46, 3–8	SchiffR 1	196
34, 72–82	SchiffR 1	170	46, 60–65	HGes 4	12
34, 82–93	HGB 3	169	46, 112–121*	HGes 3	37
34, 98–100	HGB 2	275	46, 121–124	HGB 2	37
34, 117–123	HGB 3	178	46, 132–142	Bk-WR	287
34, 217–222	HGes 4	222	46, 150–152	HGB 1	69
35, 1–4	HGB 2	277	47, 1–3	HGes 1	38
35, 38–43	Bk-WR	266	47, 104–114	Bk-WR	27
35, 113–118	PrVersR 3	67	47, 118–126	HGB 3	186
36, 24–27	HGes 1	25	47, 129–136	HGB 2	310
36, 50–53	HGB 2	1	47, 168–173	PrVersR 3	83
36, 64–71	Bk-WR	10	48, 64–70	SchiffR 2	179
36, 83–89	HGB 2	280	48, 89–96	SchiffR 1	201
36, 89–91	HGB 2	285	48, 136–139	HGB 2	316
36, 116–120	SchiffR 1	179	48, 139–144	Bk-WR	295
36, 130–134	PrVerR 3	72	48, 152–157	Bk-WR	300

RGZ	Band	Seite
48, 223–233	Bk-WR	305
49, 29–33	HGes 4	14
49, 77–81	HGes 1	40
49, 132–141	Bk-WR	314
49, 141–149	HGes 2	5
49, 157–162	HGB 2	318
49, 214–218	HGes 4	226
49, 261–269	HGes 4	229
49, 292–299	HGes 4	232
50, 116–120	HGB 1	71
50, 127–133	HGes 4	14
51, 33–41	HGes 3	37
51, 147–153	HGB 2	39
51, 235–243	SchiffR 1	207
51, 330–336	SchiffR 2	184
51, 347–351	HGB 3	1
52, 220–223	Bk-WR	322
52, 395–405	SchiffR 2	190
52, 405–409	PrVersR 3	88
52, 417–423	HGes 1	42
53, 50–52	HGes 4	235
53, 101–107	HGes 4	236
53, 154–157	HGB 1	74
53, 204–212	Bk-WR	325
53, 224–226	SchiffR 1	214
53, 227–232	Bk-WR	332
53, 261–263	Bk-WR	337
53, 291–293	HGes 4	15
53, 330–334	HGes 4	237
54, 80–82*	HGB 3	4
54, 176–183	HGB 2	119
54, 183–187	HGB 1	77
54, 329–335	Bk-WR	36
54, 418–422	HGes 2	12
55, 41–42	HGes 1	43
55, 47–52	Bk-WR	338
55, 65–69	HGes 1	44
55, 83–86	HGB 1	80
55, 121–126	HGB 1	83
55, 154–156	HGes 3	43
55, 179–183	SchiffR 1	217
55, 183–187	Bk-WR	42
55, 210–217	HGB 3	4
55, 326	HGes 2	13
56, 16–19	HGes 3	44
56, 19–24	Bk-WR	47
56, 187–190	HGB 1	87
56, 196–199	HGB 1	89
56, 249–251	PrVersR 3	91
56, 360–362	SchiffR 2	198
56, 391–396	SchiffR 1	220
56, 400–403	PrVersR 3	93
56, 425–430	HGes 4	16
57, 7–12	HGB 3	10
57, 23–27	SchiffR 2	201
57, 62–66	SchiffR 1	225
57, 167–169	Bk-WR	343
58, 21–24	HGB 1	92
58, 48–53	Bk-WR	345
58, 66–71	HGB 2	125
58, 190–195	SchiffR 2	205
58, 195–200	SchiffR 1	228
58, 223–226	HGes 2	14
58, 366–369	Bk-WR	51
58, 419–422	HGB 3	14
59, 43–46	HGB 3	17
59, 49–53	HGes 4	18
59, 67–69	HGes 4	20
59, 75–76	HGB 3	19
59, 120–125	HGB 3	20
59, 125–128	HGB 2	4
59, 143–146	HGes 3	45
59, 213–216	HGB 2	128
59, 252–256	HGes 4	239
59, 284–287	HGB 1	95
59, 287–289	HGes 4	240
59, 305–318	SchiffR 1	232
59, 374–378	HGB 3	274
60, 44–48	HGB 3	278
60, 144–146	HGes 2	16
60, 401–406	SchiffR 1	239
60, 426–431	Bk-WR	349
61, 23–26	HGes 4	242
61, 188–194	HGes 4	244
61, 279–281*	HGB 3	24
62, 56–62	HGes 1	46
62, 96–99	HGes 2	16
62, 215–219	HGes 4	247
62, 255–259	HGB 3	24
62, 303–315	HGes 4	21
62, 373–375	SchiffR 2	209
62, 420–425	SchiffR 1	244
63, 30–31	HGB 3	193
63, 69–74*	HGB 2	44
63, 96–98	HGes 3	47
63, 203–214	HGes 1	48
63, 226–230	HGB 1	97
63, 252–256	HGB 2	6
63, 265–268	HGes 3	49
63, 301–307	HGB 3	194
63, 308–312	SchiffR 2	212
64, 187–194	HGes 4	26
64, 236–241	HGB 3	27
64, 258–262	HGes 1	51
64, 276–278	HGes 4	250
65, 14–17	HGB 1	99
65, 49–57	HGB 3	32
65, 86–91*	HGB 2	47
65, 91–93	HGes 1	54
65, 177–183	Bk-WR	55

RGZ	Band	Seite
65, 183–185	HGes 4	252
65, 223–227	HGes 4	27
65, 241–244	HGes 1	54
65, 357–361*	Bk-WR	353
65, 379–382	HGes 3	52
65, 382–389	SchiffR 2	215
65, 409–412	Bk-WR	354
65, 412–414	HGB 1	17
66, 7–10	Bk-WR	357
66, 37–38	HGes 1	56
66, 39–42	SchiffR 2	222
66, 116–122	*HGes 2*	*18*
66, 128–131	HGes 4	29
66, 134–138	HGes 4	30
66, 158–164	PrVersR 2	180
66, 181–186	HGes 1	58
66, 186–200†	HGB 3	39
66, 201–202	Bk-WR	359
66, 295–305	Bk-WR	361
66, 320–323	HGes 3	53
66, 369–376	HGes 1	61
66, 415–419	HGB 1	101
67, 8–10	HGB 1	105
67, 10–13	SchiffR 1	248
67, 86–90	HGB 1	106
67, 273–276	HGes 4	253
67, 276–291	EBR	10
67, 295–299	Bk-WR	369
67, 300–306	SchiffR 1	251
68, 1–6	HGes 4	32
68, 65–66	SchiffR 1	257
68, 108–116	PrVersR 2	247
68, 172–180	HGes 2	19
68, 180–182	SchiffR 2	225
68, 203–210	SchiffR 1	258
68, 210–213	HGes 2	21
68, 271–277	HGes 2	23
68, 294–297	HGB 1	110
68, 309–313	HGes 2	24
68, 314–317	HGes 1	63
68, 317–322	HGB 2	10
68, 368–370	HGB 3	49
68, 381–386	HGes 2	25
68, 410–418	HGes 3	56
68, 427–428	Bk-WR	373
69, 13–17*	HGB 2	132
69, 23–26	SchiffR 1	265
69, 134–137	HGes 2	27
69, 141–143	HGes 4	256
69, 238–242	PrVersR 3	96
69, 307–309	HGB 1	302
69, 363–366	HGB 2	47
69, 366–371	HGes 4	33
70, 116–118	Bk-WR	375
70, 148–150	HGes 4	258
70, 174–177	EBR	23
70, 208–212	Bk-WR	377
70, 254–257	HGes 4	260
70, 274–278	SchiffR 2	227
70, 296–303	HGes 2	28
70, 350–353	Bk-WR	381
70, 387–391	HGes 4	262
71, 14–16	Bk-WR	384
71, 26–30	SchiffR 1	267
71, 30–33*	HGB 2	132
71, 152–155	HGes 4	265
71, 254–256	*HGes 3*	*59*
71, 289–293*	Bk-WR	385
71, 330–334	SchiffR 1	271
71, 377–380	HGes 1	64
71, 388–393	HGes 4	36
71, 393–399	PrVersR 3	100
72, 4–12	HGes 4	38
72, 15–22	PrVersR 3	330
72, 55–59	Bk-WR	61
72, 119–124	HGes 3	60
72, 213–215*	PrVersR 1	179
72, 236–242	HGes 4	40
72, 393–395	HGB 2	13
72, 401–407	HGes 2	31
72, 434–437	HGB 1	113
73, 30–36	HGes 2	32
73, 44–46	HGes 2	34
73, 78–82	HGes 1	67
73, 234–238	HGes 1	68
73, 244–250	Bk-WR	64
73, 250–253	Bk-WR	386
73, 257–262	HGB 3	51
73, 343–346	HGes 1	69
73, 359–362	PrVersR 2	253
73, 366–369	HGes 1	70
73, 379–392*	HGB 3	55
73, 410–415	HGes 4	44
73, 423–426	HGB 2	15
74, 46–47	SchiffR 1	275
74, 62	HGes 3	63
74, 63–69	HGes 3	64
74, 167–169	HGB 2	49
74, 184–186	Bk-WR	389
74, 193–197	SchiffR 1	276
74, 207–208	Bk-WR	391
74, 297–301	HGes 1	72
74, 301–303	HGes 1	75
74, 313–316	HGes 4	268
74, 335–339	SchiffR 1	280
74, 351–354	Bk-WR	392
74, 357–359	HGes 2	35
74, 398–400†	HGB 3	289
75, 79–80	HGes 4	270
75, 139–142	HGB 1	115

RGZ	Band	Seite
75, 164–169	HGes 2	36
75, 169–172	PrVersR 3	105
75, 190–199	EBR	26
75, 203–208	HGes 2	37
75, 234–239	HGes 1	77
75, 308–311	HGes 1	80
75, 319–322	HGes 4	271
75, 377–378	PrVersR 1	180
76, 7–12	HGB 1	118
76, 85–88	SchiffR 1	284
76, 155–160	HGes 2	39
76, 170–174	HGes 4	46
76, 179–181	Bk-WR	395
76, 244–250	HGes 1	83
76, 250–253	HGB 2	75
76, 263–266	HGB 1	122
76, 330–335	HGes 3	67
76, 439–441*	HGB 1	124
77, 88–92	HGes 1	87
77, 102–105	HGes 3	69
77, 128–130	HGes 2	41
77, 139–141	Bk-WR	397
77, 152–157	HGes 2	42
77, 185–191	Bk-WR	399
77, 255–262	HGes 1	88
77, 268–277	HGes 1	90
77, 333–336	HGes 1	95
77, 408–410*	HGB 2	17
78, 149–154	HGB 3	281
78, 252–256	HGB 2	51
78, 307–310	SchiffR 2	230
78, 380	SchiffR 1	287
78, 385–389*	HGB 2	54
79, 174–178	HGes 1	96
79, 178–182	SchiffR 1	288
79, 271–275	HGes 2	44
79, 381–389	Bk-WR	70
80, 81–87	HGes 1	99
80, 95–99	HGes 1	103
80, 104–110	HGes 2	46
80, 175–180	HGes 2	47
80, 180–183	HGes 4	47
80, 233–237	SchiffR 1	292
80, 385–391	HGes 2	49
81, 13–17*	PrVersR 1	1
81, 17–22	HGes 1	106
81, 92–95	HGes 3	70
81, 153–157	HGes 1	108
81, 254–256	Bk-WR	571
81, 269–273	HGes 4	48
81, 332–340	HGes 1	111
82, 32–34	Bk-WR	78
82, 72–73	HGes 1	117
82, 138–143	HGes 1	118
82, 146–149	SchiffR 2	233
82, 160–161	HGes 3	72
82, 164–167	HGB 1	124
82, 182–189	HGes 1	121
82, 288–293	HGes 2	51
82, 299–305	HGes 2	54
82, 346–350	HGes 1	124
82, 350–355	HGes 2	57
82, 360–363	HGes 1	127
82, 386–390	HGes 2	58
82, 400–407	HGB 2	132
82, 417–422	SchiffR 1	295
82, 427–431*	HGB 2	18
83, 45–50	HGes 4	49
83, 107–109	HGes 3	73
83, 141–142	SchiffR 1	299
83, 172–176	HGes 1	128
83, 248–253	HGes 1	131
83, 256–266	HGes 2	61
83, 354–361	HGes 4	51
83, 377–384	HGes 1	134
83, 414–423	HGes 1	138
84, 75–78	HGes 2	63
84, 136–142	HGes 3	74
84, 237–242	EBR	34
84, 328–332	HGes 1	140
84, 355–357	HGB 3	55
84, 382–386	PrVersR 3	109
84, 409–415	PrVersR 1	131
84, 434–438	HGes 3	77
85, 100–103	HGB 2	138
85, 138–144	HGes 4	54
85, 195–197	Bk-WR	404
85, 205–209	HGes 2	64
85, 237–242	HGes 2	65
85, 299–304	Bk-WR	406
85, 311–315	HGes 2	67
85, 351–354	HGes 2	69
85, 366–369	HGes 1	142
85, 369–372	SchiffR 1	301
85, 372–374*	SchiffR 2	236
86, 25–28	PrVersR 1	1
86, 90–93	HGB 3	56
86, 210–215	HGes 2	71
86, 340–343	HGes 4	273
86, 392–394	PrVersR 1	181
86, 419–422	HGes 2	73
87, 10–18	HGB 2	54
87, 18–26	Bk-WR	80
87, 155–156	HGes 1	144
87, 164–167	HGes 2	75
87, 179–183	HGes 2	77
87, 227–232	PrVersR 3	112
87, 246–251	HGes 2	81
87, 306–312	HGes 4	56
87, 329–334	Bk-WR	87

RGZ	Band	Seite
87, 365–368	Bk-WR	411
87, 388–391	SchiffR 2	236
87, 391–402	HGes 4	274
87, 440–444	HGB 2	61
88, 47–51	HGes 4	60
88, 53–55	HGes 4	277
88, 91–94	Bk-WR	92
88, 127–129	HGB 2	18
88, 187–190	HGes 2	82
88, 193–198	HGes 4	62
88, 220–223*	HGes 2	86
88, 238–244	PrVersR 3	117
88, 313–316	PrVersR 3	122
88, 319–326	HGes 2	86
88, 373–377	HGB 2	141
88, 377–381	HGB 2	144
88, 389–395*	HGB 2	147
88, 421–425	HGB 1	127
89, 21–29	PrVersR 3	126
89, 34–40	PrVersR 3	132
89, 40–42	PrVersR 3	137
89, 46–53	PrVersR 3	139
89, 68–76	PrVersR 3	145
89, 97–99	HGB 1	130
89, 144–147	PrVersR 3	153
89, 193–196	HGes 2	87
89, 277–282	PrVersR 3	156
89, 285–288	SchiffR 1	304
89, 315–324	PrVersR 3	159
89, 333–336	HGes 3	81
89, 338–342	EBR	38
89, 354–358	HGes 2	90
89, 358–360	Bk-WR	94
89, 367–384*	HGes 2	92
89, 396–398	HGes 1	145
90, 14–18	HGes 3	83
90, 21–23	HGes 3	85
90, 98–102	HGes 2	321
90, 140–147	PrVersR 3	167
90, 206–211	HGes 1	146
90, 300–302	HGes 3	86
90, 366–368	PrVersR 3	173
90, 378–385	PrVersR 1	4
90, 403–408	HGes 4	64
91, 42–46	Bk-WR	96
91, 83–86	PrVersR 3	1
91, 243–248	SchiffR 2	239
91, 289–291	HGB 3	59
91, 313–316	HGes 1	148
91, 316–324	HGes 1	150
91, 335–338	HGes 4	66
91, 345–347	HGB 2	148
91, 377–381	Bk-WR	99
91, 385–388	SchiffR 2	243
91, 420–423	HGB 3	61
92, 8–14	EBR	42
92, 14–18*	HGB 2	150
92, 60–64	PrVersR 1	183
92, 77–87	HGes 2	93
92, 163–168	HGes 3	88
92, 247–251	PrVersR 3	175
92, 251–254	PrVersR 3	179
92, 268–271*	HGB 3	63
92, 292–294	HGes 3	92
92, 315–318	HGes 1	153
92, 414–417	PrVersR 3	182
93, 10–12	HGes 4	278
93, 23–27	Bk-WR	414
93, 44–47	HGB 3	63
93, 80–84	PrVersR 1	11
93, 111–114	SchiffR 1	307
93, 150–151	PrVersR 3	185
93, 163–166	SchiffR 2	245
93, 166–171†	SchiffR 1	310
93, 171–172	SchiffR 1	315
93, 209–215	PrVersR 1	307
93, 227–230	HGB 1	132
93, 238–244	HGB 1	18
93, 338–341	HGes 1	155
94, 97–101	HGB 3	245
94, 104–106	PrVersR 3	186
94, 106–109	HGes 3	94
94, 166–169*	HGB 2	64
94, 213–215	HGes 2	97
94, 268–271	PrVersR 3	188
95, 32–33	HGes 3	97
95, 48–51	HGB 2	150
95, 72–79	HGes 4	279
95, 122–124	HGB 3	290
95, 134–137	HGB 2	64
95, 207–209	PrVersR 1	187
95, 212–214	SchiffR 2	248
95, 226–229	PrVersR 3	191
95, 241–242	Bk-WR	573
95, 242–244	HGB 2	153
95, 246–248	SchiffR 1	316
95, 250–255	PrVersR 2	257
95, 255–260	Bk-WR	103
95, 273–278	PrVersR 3	194
96, 4–8	HGB 3	198
96, 13–15	HGB 3	66
96, 72–73	HGB 3	68
96, 113–117	HGes 4	283
96, 136–143*	Bk-WR	419
96, 164–169	SchiffR 1	318
96, 175–177	HGB 3	69
96, 190–195	Bk-WR	574
96, 195–197	HGB 1	135
96, 316–322	SchiffR 1	323
97, 13–16	SchiffR 1	329

RGZ	Band	Seite
97, 44–49	PrVersR 1	188
97, 76–79	PrVersR 1	136
97, 144–148	Bk-WR	108
97, 189–191	PrVersR 2	262
97, 191–196*	HGB 2	154
97, 206–210	PrVersR 1	313
97, 215–219*	HGB 2	154
97, 229–232*	HGB 2	20
97, 279–282	PrVersR 1	194
97, 307–310	HGes 4	67
97, 318–323	PrVersR 3	199
98, 69–70	HGB 3	72
98, 79–85	HGes 4	285
98, 95–98	EBR	47
98, 103–106	Bk-WR	419
98, 112–115	HGes 1	156
98, 115–118	SchiffR 1	333
98, 122–124*	HGB 2	155
98, 164–168	SchiffR 1	336
98, 168–171	PrVersR 3	204
98, 171–173	SchiffR 1	340
98, 186–190	SchiffR 1	343
98, 213–215	HGB 3	73
98, 276–279	HGes 2	98
98, 302–309*	HGes 2	101
98, 318–323	HGes 2	101
98, 335–339	SchiffR 1	348
99, 7–9	Bk-WR	422
99, 37–39	HGB 3	75
99, 75–78	Bk-WR	580
99, 136–140	HGes 4	69
99, 245–247	EBR	51
99, 247–250	HGB 3	77
99, 250–254	EBR	54
99, 280–283	PrVersR 1	197
100, 31–35	Bk-WR	584
100, 45–46	HGB 1	138
100, 48–50	HGB 1	304
100, 50–55	EBR	58
100, 55–60	Bk-WR	587
100, 110–112	EBR	64
100, 138–142	Bk-WR	592
100, 162–165	EBR	66
100, 167–171	Bk-WR	424
100, 175–178*	HGes 2	106
100, 200–204	HGes 2	106
100, 216–218	PrVersR 3	207
100, 222–224	PrVersR 1	15
100, 227–230	Bk-WR	428
101, 18–19*	HGB 3	80
101, 55–64	HGes 2	107
101, 90–94	HGB 3	81
101, 152–155	HGB 3	251
101, 199–206	HGes 1	158
101, 209–212	HGB 2	77
101, 213–217	PrVersR 1	317
101, 224–226	PrVersR 1	17
101, 242–246	HGes 3	98
101, 273–275	SchiffR 1	352
101, 279	HGes 1	166
101, 297–302	HGB 2	155
101, 342–344*	HGB 1	306
101, 348–350*	HGB 3	286
101, 361–365	Bk-WR	113
101, 375–379	HGB 2	20
101, 380–381	HGB 3	202
101, 383–385	HGes 1	166
101, 413–418	HGB 3	204
102, 15–16	HGB 3	209
102, 45–47	SchiffR 2	250
102, 47–51	SchiffR 2	253
102, 63–65*	HGes 2	110
102, 91–92	HGB 3	85
102, 92–95	EBR	69
102, 96–98	EBR	72
102, 111–114	PrVersR 1	289
102, 197–201*	HGes 2	110
102, 206–208	EBR	75
102, 215–217	PrVersR 1	322
102, 243–246	HGB 1	139
102, 257–262	EBR	77
102, 295–297	HGB 3	86
102, 301–304	HGes 3	100
102, 316–321	HGes 4	290
102, 328–332*	Bk-WR	596
102, 350–354	PrVersR 1	200
102, 375–377	HGes 3	102
102, 385–388	HGes 1	168
102, 388–390	HGB 3	89
103, 6–9	HGes 1	171
103, 30–33	HGB 3	293
103, 43–44	PrVersR 1	324
103, 44–47	Bk-WR	597
103, 64–68	HGes 2	110
103, 68–71	HGB 2	80
103, 77–82	HGB 3	91
103, 87–91	Bk-WR	599
103, 129–131	HGB 3	96
103, 146–151	EBR	83
103, 151–154	HGB 3	286
103, 184–187	EBR	88
103, 214–216	SchiffR 1	354
103, 221–231	HGes 4	292
103, 257–259	SchiffR 1	356
103, 280–284	SchiffR 1	360
103, 367–372	HGes 1	174
103, 376–381	HGB 3	98
103, 417–419	HGes 2	111
104, 6–15	EBR	91
104, 20–23	PrVersR 1	325

RGZ	Band	Seite
104, 37–39	Bk-WR	604
104, 47–50	EBR	100
104, 95–97	HGB 3	103
104, 97–98	EBR	103
104, 119–121	Bk-WR	116
104, 128–131	HGes 2	113
104, 150–153	EBR	105
104, 209–212	SchiffR 2	256
104, 283–286	HGB 3	105
104, 341–344	HGB 1	142
104, 344–346	EBR	107
104, 349–352	HGes 1	176
104, 382–385	HGB 3	108
104, 413–415	HGes 2	114
104, 415–417	EBR	110
105, 70–71	EBR	112
105, 101–106	HGes 2	115
105, 125–128	HGB 3	210
105, 141–143	Bk-WR	431
105, 143–147	Bk-WR	434
105, 152–156	HGes 2	116
105, 198–200	SchiffR 2	260
105, 205–206	HGB 2	83
105, 228–230	HGes 2	118
105, 233–236	HGB 2	159
105, 236–242	HGes 1	177
105, 283–285	EBR	113
105, 289–293*	HGes 1	181
105, 302–305	HGB 3	254
105, 312–318	EBR	116
105, 343–347	EBR	117
105, 347–349	EBR	121
105, 356–359	PrVersR 1	205
105, 389–390	HGB 2	162
106, 101–104	EBR	124
106, 194–198	EBR	127
106, 212–214	HGB 1	9
106, 258–264	HGes 1	181
106, 268–270	HGB 1	307
106, 309–311	HGB 3	111
106, 337–340	SchiffR 2	236
106, 359–362	HGB 3	113
106, 369–372	EBR	131
106, 403–406	HGes 4	71
106, 419–421	HGB 3	257
107, 26–28	EBR	135
107, 31–34	HGes 2	119
107, 34–36	Bk-WR	438
107, 171–173	HGes 3	103
107, 198–202	PrVersR 1	208
107, 229–233	SchiffR 1	364
107, 272–275	EBR	138
107, 305–308	SchiffR 1	368
107, 334–337	HGes 4	294
108, 25–28	HGB 3	116
108, 41–44	HGes 1	185
108, 48–50	HGB 1	308
108, 50–58†	EBR	140
108, 78–83	Bk-WR	440
108, 110–112	PrVersR 1	328
108, 158–160	HGB 3	119
108, 188–191	PrVersR 1	19
108, 191–194	HGB 3	213
108, 276–279	EBR	145
108, 304–307	SchiffR 1	371
108, 322–329	HGes 1	185
108, 337–341	Bk-WR	446
108, 389–391	Bk-WR	450
108, 341–344	EBR	148
108, 408–410	EBR	152
109, 16–22	EBR	154
109, 134–137	HGB 3	121
109, 150–152	EBR	160
109, 164–165	EBR	163
109, 254–258	HGB 2	67
109, 288–293*	HGB 3	259
109, 306–310	EBR	164
109, 324–331	Bk-WR	120
109, 355–357	HGB 2	24
109, 363–368	PrVersR 3	210
110, 43–45	EBR	167
110, 59–64	HGB 3	259
110, 119–124	HGB 3	216
110, 152–155	PrVersR 3	215
110, 155–160	HGB 3	124
110, 194–199	HGes 1	188
110, 199–203	EBR	169
110, 209–214	EBR	172
110, 224–228	SchiffR 1	374
110, 268–270	HGB 3	220
110, 324–327	EBR	177
110, 349–353	SchiffR 1	378
110, 418–422	HGes 3	105
110, 422–427	HGB 1	145
111, 37–40	SchiffR 1	382
111, 72–76	EBR	180
111, 227–232	HGes 4	73
111, 266–273	Bk-WR	606
111, 280–285†	Bk-WR	612
111, 335–337	EBR	183
112, 19–27	HGes 1	189
112, 88–95	EBR	186
112, 109–117	HGes 1	193
112, 119–124	PrVersR 1	22
112, 124–126	Bk-WR	453
112, 133–137	SchiffR 1	385
112, 137–140	Bk-WR	614
112, 202–205	Bk-WR	454
112, 229–233	EBR	192
112, 236–242	HGes 2	120

RGZ	Band	Seite
112, 273–280	HGes 2	123
112, 280–284	HGes 3	107
112, 284–290	EBR	196
112, 310–312	PrVersR 3	218
112, 341–345	EBR	201
112, 355–361	SchiffR 2	1
112, 371–373	PrVersR 1	331
112, 384–388	PrVersR 1	292
113, 65–69	SchiffR 2	7
113, 150–152	PrVersR 1	27
113, 188–197	HGes 1	199
113, 241–246	HGes 2	127
113, 250–255	EBR	205
113, 261–264†	HGB 2	70
113, 274–278	EBR	209
113, 278–281	PrVersR 2	321
113, 286–293	PrVersR 1	332
113, 306–309	HGB 1	149
113, 335–341†	Bk-WR	456
113, 427–430	HGB 3	263
114, 9–15	HGB 3	221
114, 77–82	HGes 1	205
114, 109–112	HGB 3	266
114, 117–119	PrVersR 1	338
114, 160–164	SchiffR 2	266
114, 262–266	HGes 2	323
114, 282–283	HGB 2	163
114, 283–288†	SchiffR 2	11
114, 308–316	EBR	213
114, 318–321	HGB 1	151
114, 321–324	PrVersR 1	29
114, 324–327	SchiffR 2	14
114, 347–351	PrVersR 1	32
114, 365–371	Bk-WR	462
114, 375–380	HGB 3	269
114, 387–392	EBR	221
114, 393–396	HGes 3	110
114, 396–399	HGes 1	206
115, 148–150	HGes 4	75
115, 192–193	EBR	225
115, 195–198	Bk-WR	617
115, 214–218	SchiffR 2	269
115, 224–227	HGes 4	296
115, 246–253	HGes 1	208
115, 311–319	Bk-WR	468
115, 378–385	HGes 1	210
116, 71–75	HGes 1	214
116, 83–88	HGes 4	76
116, 113–116	EBR	227
116, 116–119	HGes 3	113
116, 156–161	SchiffR 2	17
116, 198–208	HGB 3	227
116, 209–212	HGB 1	154
116, 224–227	PrVersR 3	220
116, 227–230	HGB 1	11
116, 247–255	HGB 2	165
116, 281–286	HGB 1	157
116, 289–292	EBR	229
117, 69–77	Bk-WR	476
117, 93–96	Bk-WR	126
117, 116–121	HGes 4	78
117, 131–136	EBR	232
117, 164–167	HGB 1	310
117, 172–176	SchiffR 2	22
117, 192–195	HGes 2	129
117, 249–252	SchiffR 2	26
117, 312–315	PrVersR 1	212
117, 327–332	PrVersR 1	214
117, 388–391	SchiffR 2	272
117, 391–397	PrVersR 3	223
118, 13–17	PrVersR 3	228
118, 57–59	PrVersR 2	186
118, 67–73	HGes 1	216
118, 217–218	PrVersR 1	36
118, 234–241	HGB 1	314
118, 254–261	PrVersR 1	296
118, 269–276	HGes 1	219
118, 295–304*	HGes 3	114
118, 330–335	HGes 1	222
118, 337–342	HGes 2	130
119, 64–70	HGes 3	115
119, 97–107	HGes 4	81
119, 119–126	HGB 2	172
119, 146–152	EBR	236
119, 198–204	Bk-WR	484
119, 215–220	SchiffR 2	275
119, 229–231	HGes 1	226
119, 243–248	HGes 4	85
119, 270–272	SchiffR 2	280
119, 339–347	HGes 4	88
119, 386–391	HGes 1	227
119, 422–427	Bk-WR	489
120, 18–20	PrVersR 2	265
120, 28–35	HGes 1	230
120, 39–41	PrVersR 3	232
120, 42–47	SchiffR 2	29
120, 54–58	HGes 2	132
120, 101–104	EBR	242
120, 121–126	SchiffR 2	282
120, 135–142	HGes 3	119
120, 177–181	HGes 1	231
120, 268–274	EBR	244
120, 313–317	EBR	250
120, 410–412	HGes 3	123
121 48–51	HGes 4	297
121, 99–106	HGes 1	233
121, 158–163	PrVersR 1	340
121, 177–180	HGB 3	235
121, 238–246	HGes 1	236
121, 294–299	HGes 2	133

RGZ	Band	Seite
121, 300–302	SchiffR 2	34
121, 396–400	PrVersR 3	234
122, 159–167	HGes 2	136
122, 172–175	HGes 2	138
122, 221–229	SchiffR 2	287
122, 233–236	PrVersR 3	238
122, 253–260	HGes 4	91
122, 260–266	HGes 2	139
122, 292–295	PrVersR 1	219
122, 312–316	HGes 3	125
122, 316–320	SchiffR 2	37
122, 351–360*	Bk-WR	494
122, 367–370	HGes 2	143
122, 387–392	HGes 3	129
123, 8–10	HGes 2	145
123, 10–14	PrVersR 3	241
123, 14–19	PrVersR 3	245
123, 97–102	HGB 2	84
123, 102–108	HGes 2	146
123, 108–112	SchiffR 2	41
123, 141–146	PrVersR 3	249
123, 159–163	PrVersR 3	254
123, 279–289	HGes 1	241
123, 320–327	PrVersR 3	258
124, 49–53	SchiffR 2	45
124, 65–68	Bk-WR	495
124, 91–95	PrVersR 1	222
124, 95–101	EBR	253
124, 182–192	HGes 4	93
124, 210–216	HGes 2	148
124, 235–239	PrVersR 1	345
124, 264–273	HGes 2	152
124, 279–308	HGes 1	244
124, 330–333	PrVersR 1	140
124, 371–380	HGes 2	158
124, 380–383	HGes 1	256
125, 65–68	SchiffR 2	49
125, 76–80	HGB 3	128
125, 114–122	HGes 2	166
125, 143–156	HGes 4	98
125, 156–159	HGes 4	100
125, 166–171	HGes 2	170
125, 193–196	PrVersR 1	37
125, 196–202	HGes 4	102
125, 228–230	HGB 1	25
125, 230–235	PrVersR 3	3
125, 380–384	HGes 3	132
125, 408–411†	HGB 2	177
125, 411–417	HGB 2	179
125, 417–420	HGes 3	137
125, 422–426	SchiffR 2	294
126, 1–8	Bk-WR	497
126, 35–40	SchiffR 2	53
126, 40–46	SchiffR 2	58
126, 70–76	HGB 3	238
126, 223–225	Bk-WR	504
126, 324–329	SchiffR 2	63
126, 329–333	SchiffR 2	297
127, 65–72	HGes 2	172
127, 72–77	SchiffR 2	301
127, 77–85	HGB 1	162
127, 98–100	HGes 3	138
127, 153–160	HGB 1	27
127, 186–194	HGes 1	259
127, 226–231	Bk-WR	130
127, 269–272	PrVersR 2	188
127, 289–295	EBR	258
127, 303–307	PrVersR 1	143
127, 367–370	PrVersR 1	40
128, 1–18	HGes 2	175
128, 34–39	HGes 4	105
128, 87–92	HGes 4	107
128, 116–121	PrVersR 1	43
128, 172–183	HGes 3	141
129, 1–6	PrVersR 3	335
129, 45–50	HGes 4	109
129, 180–184	HGes 1	263
129, 206–208	Bk-WR	135
129, 272–276	HGes 1	267
129, 336–339	Bk-WR	506
130, 47–52	PrVersR 3	264
130, 52–53*	HGB 1	169
130, 55–58	PrVersR 2	191
130, 76–82	EBR	264
130, 161–162	HGes 4	298
130, 209–213	HGes 4	112
130, 233–237	HGB 1	14
130, 248–257	HGes 1	269
130, 263–264	PrVersR 1	226
130, 271–275	PrVersR 2	193
130, 302–309	PrVersR 3	268
130, 367–375*	Bk-WR	137
131, 12–16	HGB 1	169
131, 27–31	HGes 1	270
131, 141–146	HGes 2	181
131, 146–149	HGes 2	184
131, 192–197	HGes 1	273
131, 300–303	SchiffR 2	69
132, 22–26	HGes 4	113
132, 33–42	HGes 1	275
132, 138–145	HGB 1	173
132, 149–166	HGes 1	281
132, 208–211	PrVersR 1	147
132, 218–223*	HGB 2	183
132, 305–311*	HGB 2	184
132, 386–392†	PrVersR 1	48
132, 392–398	HGes 2	185
133, 33–40	HGes 1	291
133, 81–84	HGes 2	187
133, 90–96	HGes 1	294

RGZ	Band	Seite
133, 97–101*	HGB 1	319
133, 102–113	PrVersR 3	340
133, 117–124	PrVersR 1	227
133, 167–170	SchiffR 2	71
133, 170–178	HGes 4	114
133, 318–326	HGB 1	178
134, 133–139	PrVersR 1	302
134, 148–153	PrVersR 2	197
134, 291–293	Bk-WR	509
134, 303–308	HGes 1	297
135, 55–62	HGes 4	116
135, 70–75	HGes 2	190
135, 91–94†	Bk-WR	138
135, 94–104	HGes 4	300
135, 136–139	PrVersR 2	267
135, 139–141	HGB 2	184
135, 159–161	PrVersR 1	234
135, 188–192	EBR	269
135, 295–298	PrVersR 1	348
135, 319–321	Bk-WR	139
135, 339–347*	HGB 2	186
135, 368–370	PrVersR 1	351
135, 370–372	PrVersR 1	235
136, 49–52*	PrVersR 2	202
136, 106–108	Bk-WR	142
136, 137–141*	Bk-WR	511
136, 178–185	HGB 2	186
136, 185–192	HGes 2	192
136, 207–210	Bk-WR	512
136, 260–266	HGes 2	196
136, 266–273	HGes 3	147
136, 313–319	HGes 1	299
136, 370–373	PrVersR 1	353
136, 395–401	PrVersR 2	202
137, 123–133	EBR	273
137, 140–150	HGes 4	305
137, 234–238	HGes 4	310
137, 243–251	HGes 4	119
137, 301–305	SchiffR 2	75
137, 305–320	HGes 2	197
138, 98–105	HGes 2	200
138, 106–114	HGes 2	202
138, 118–122	SchiffR 2	79
138, 122–125*	Bk-WR	144
138, 144–147	HGes 4	312
138, 243–247*	SchiffR 2	83
139, 114–118	Bk-WR	144
139, 168–172	HGes 4	120
139, 193–199	Bk-WR	515
139, 252–255*	HGes 3	152
139, 263–270	SchiffR 2	83
140, 10–18	HGes 3	152
140, 30–34	PrVersR 2	208
140, 80–83	HGB 2	72
140, 132–137	Bk-WR	148
140, 174–184	HGes 4	122
140, 197–205	HGes 4	127
140, 219–223	HGB 2	192
140, 314–318	HGes 2	204
140, 318–322	PrVersR 1	237
140, 345–348	Bk-WR	152
141, 82–89	PrVersR 1	241
141, 129–133	HGB 2	195
141, 178–185	HGes 4	131
141, 185–194	PrVersR 1	356
141, 204–212	HGes 2	205
141, 230–235	HGes 4	133
141, 277–283	HGes 3	156
141, 315–319	SchiffR 2	90
141, 410–420	PrVersR 2	1
142, 36–42	HGes 2	208
142, 66–69	PrVersR 1	248
142, 96–98	PrVersR 2	269
142, 98–109	HGB 1	185
142, 123–133	HGes 1	303
142, 134–139	HGes 1	306
142, 206–211	HGes 3	159
142, 219–223	HGes 1	309
142, 223–231*	HGes 1	311
142, 241–255	EBR	283
142, 286–291	HGes 2	210
142, 300–303	HGes 3	162
142, 314–317	Bk-WR	156
142, 373–379	HGes 2	211
142, 402–410	PrVersR 1	53
142, 410–417*	PrVersR 2	212
143, 14–19*	HGB 2	199
143, 20–24	HGes 1	311
143, 57–69†	EBR	296
143, 154–159	Bk-WR	520
143, 168–170	SchiffR 2	93
143, 296–301	HGes 4	135
143, 301–305	HGes 1	313
143, 368–374	HGB 1	194
143, 382–388	SchiffR 2	96
143, 394–401	HGes 1	314
144, 138–151	HGes 1	315
144, 163–170	PrVersR 2	11
144, 199–206	HGB 1	32
144, 242–246	Bk-WR	158
144, 277–281	HGes 4	138
144, 301–306	PrVersR 2	17
144, 311–314	Bk-WR	162
144, 384–389	HGes 4	140
144, 395–399	PrVersR 1	251
145, 21–26	PrVersR 2	22
145, 87–95	Bk-WR	525
145, 99–106	HGes 2	212
145, 121–131	Bk-WR	531
145, 143–151	PrVersR 1	150

RGZ	Band	Seite
145, 155–161	HGes 3	164
145, 274–284	HGB 1	199
145, 289–295*	HGes 3	169
145, 322–328†	PrVersR 2	212
145, 336–341	HGes 1	323
145, 384–390	PrVersR 1	158
146, 57–59	HGB 2	200
146, 84–97	HGes 1	325
146, 221–224	PrVersR 1	254
146, 275–281	HGes 4	314
146, 287–290	PrVersR 2	271
146, 385–397	HGes 1	333
147, 58–64	SchiffR 2	102
147, 69–77	PrVersR 3	351
147, 103–112	PrVersR 1	60
147, 112–120	Bk-WR	165
147, 149–154	Bk-WR	174
147, 161–174	HGes 4	315
147, 186–190	PrVersR 1	257
147, 201–211	HGes 4	144
147, 257–275	HGes 4	149
147, 340–344	HGes 3	169
148, 48–60*	HGB 2	27
148, 137–145*	PrVersR 1	164
148, 175–187	HGes 1	338
148, 190–192	HGB 3	243
148, 225–236	HGes 4	157
148, 282–286	PrVersR 2	26
148, 298–302	PrVersR 1	67
148, 357–364	HGes 4	165
149, 25–29	HGB 1	207
149, 69–75	PrVersR 1	71
149, 215–223	PrVersR 2	274
149, 257–270	PrVersR 2	29
149, 293–304	HGes 2	216
149, 365–374	PrVersR 1	164
149, 374–379	SchiffR 2	108
150, 28–36	HGes 2	223
150, 48–51	PrVersR 1	77
150, 115–118	HGes 4	167
150, 147–152	PrVersR 1	80
150, 163–174	HGes 3	171
150, 181–189	PrVersR 2	42
150, 227–231	PrVersR 2	49
150, 257–261	PrVersR 1	85
150, 261–265	PrVersR 3	275
150, 289–293	HGes 1	345
150, 308–315	EBR	302
151, 78–82	HGes 4	318
151, 86–92	HGes 2	228
151, 139–155	HGes 2	325
151, 271–279	SchiffR 2	112
151, 296–298	SchiffR 2	120
151, 321–330	HGes 2	331
151, 389–395*	PrVersR 1	261
152, 75–79	HGB 1	210
152, 119–124†	HGB 2	202
152, 199–201*	PrVersR 2	282
152, 235–248	PrVersR 2	53
152, 268–272	PrVersR 2	216
152, 273–282	HGes 4	169
152, 292–301*	HGes 1	346
152, 307–316	HGB 1	214
152, 330–345	PrVersR 2	282
152, 365–369	HGB 1	221
153, 113–123	PrVersR 3	279
153, 135–139†	PrVersR 1	173
153, 147–153	PrVersR 2	65
153, 171–173	SchiffR 2	121
153, 184–192	PrVersR 3	8
153, 197–200	Bk-WR	178
153, 220–231*	PrVersR 2	220
153, 274–280	HGes 3	176
153, 305–315	HGes 3	180
153, 371–375	HGes 3	186
154, 65–72	HGes 1	346
154, 72–87	HGes 4	173
154, 99–110	PrVersR 2	220
154, 155–160	PrVersR 2	231
154, 212–218	PrVersR 1	261
154, 276–291	HGes 1	353
154, 334–339	HGB 1	225
154, 340–343	PrVersR 2	70
155, 21–26	HGes 4	178
155, 50–55	PrVersR 1	175
155, 75–87	HGes 3	189
155, 103–108	PrVersR 1	88
155, 148–154*	HGB 3	245
155, 167–172	HGes 4	321
155, 180–186	SchiffR 2	305
155, 193–199	EBR	309
155, 211–218*	HGes 2	230
156, 16–23	HGB 1	230
156, 52–62	HGes 1	357
156, 113–121	PrVersR 2	296
156, 129–140	HGes 1	363
156, 146–150	PrVersR 2	74
156, 213–217	HGes 4	179
156, 363–366	HGB 1	236
156, 378–384	PrVersR 2	77
157, 6–11	PrVersR 2	235
157, 52–60	HGes 2	230
157, 67–77	PrVersR 1	94
157, 78–82	PrVersR 1	103
157, 83–89	PrVersR 2	240
157, 99–106	HGes 4	323
157, 213–228	HGes 1	374
157, 310–313	PrVersR 2	303
157, 314–320	PrVersR 1	267
158, 6–16	PrVersR 2	83

RGZ	Band	Seite
158, 113–119	PrVersR 1	108
158, 189–192	PrVersR 2	92
158, 226–235	HGes 3	193
158, 248–256	HGes 1	384
158, 284–291	PrVersR 1	113
158, 302–315	HGes 3	199
159, 16–21	PrVersR 2	95
159, 86–92	HGes 4	182
159, 147–151	PrVersR 2	100
159, 211–234	HGes 1	385
159, 243–247	PrVersR 1	273
159, 337–352	PrVersR 2	103
160, 3–7	PrVersR 1	120
160, 48–52	PrVersR 2	117
160, 220–225	PrVersR 2	121
160, 257–270	HGes 2	236
160, 317–320	PrVersR 2	125
160, 338–349	Bk-WR	541
161, 23–29	PrVersR 1	277
161, 86–90	PrVersR 1	286
161, 94–100	PrVersR 2	128
161, 129–145	HGes 2	240
161, 184–192	PrVersR 2	307
161, 203–209	HGes 4	329
161, 209–216	SchiffR 2	124
162, 121–124	HGB 1	238
162, 238–243	PrVersR 2	133
162, 244–256	HGB 2	204
162, 264–269	HGes 3	205
162, 302–308	Bk-WR	551
162, 370–377	HGes 3	209
163, 35–39	HGes 3	214
163, 200–210	HGes 4	185
163, 385–395	HGes 3	218
164, 10–15	Bk-WR	557
164, 49–52	PrVersR 2	315
164, 115–124	HGes 3	227
164, 129–147	HGes 2	248
164, 162–177*	HGes 2	253
164, 177–185	HGes 2	253
164, 257–264	HGes 2	256
164, 292–303	Bk-WR	181
165, 54–62	PrVersR 2	138
165, 68–85	HGes 2	260
165, 129–136	HGes 2	270
165, 166–186	SchiffR 2	129
165, 193–207	HGes 3	235
165, 260–271	HGes 3	244
165, 271–288	HGB 1	241
166, 51–61	HGes 2	274
166, 98–105	Bk-WR	620
166, 129–134	HGes 2	279
166, 134–150	HGes 2	336
166, 175–188	HGes 4	189
166, 240–246	HGB 1	256
166, 306–315	Bk-WR	562
166, 334–341	HGB 1	261
167, 40–55	HGes 1	395
167, 151–171	HGes 1	400
167, 243–249	PrVersR 2	145
167, 260–265	HGB 1	267
167, 305–308	SchiffR 2	311
168, 1–17†	SchiffR 2	148
168, 177–187*	PrVersR 2	246
168, 284–288	HGes 3	251
168, 288–291	HGes 4	335
168, 292–304	HGes 2	283
168, 372–384	PrVersR 2	151
169, 1–24	PrVersR 3	289
169, 24–36	PrVersR 3	311
169, 65–84*	HGes 2	294
169, 133–140	HGB 1	272
169, 147–153	HGB 1	278
169, 153–158	HGes 3	254
169, 203–213	SchiffR 2	314
169, 232–239	HGes 2	295
169, 257–266	SchiffR 2	155
169, 300–304	HGes 1	410
169, 368–376	PrVersR 3	321
170, 83–99	HGes 4	200
170, 116–128	HGes 4	336
170, 233–245	SchiffR 2	323
170, 285–292	PrVersR 1	125
170, 358–380	HGes 2	296
170, 392–397	HGes 3	259
170, 397–402	PrVersR 2	163
171, 43–51	PrVersR 2	167
171, 51–58	HGes 3	261
171, 97–99	SchiffR 2	335
171, 120–123	PrVersR 1	283
171, 205–209	HGes 4	208
171, 242–256	SchiffR 2	165
171, 321–328	HGB 1	284
171, 328–333	HGes 3	267
171, 345–354	HGes 3	271
171, 368–375	PrVersR 2	174
172, 36–43	HGB 1	290
172, 76–82	HGes 2	313
172, 92–97†	SchiffR 2	337
172, 187–191	HGB 2	88
172, 199–207*	HGes 3	277
172, 225–232	HGB 1	296
172, 268–271	PrVersR 2	318

Inhalt der Bände

Handelsgesetzbuch

Teil 1

Handelsstand

	Seite
Kaufleute	1
Handelsregister	17
Handelsfirma	38
Prokura und Handlungsvollmacht	302

Handelsgesetzbuch

Teil 2

Handelsstand

Handlungsgehilfen und Handlungslehrlinge	1
Handlungsagenten	27
Handelsmakler	75

Handelsgeschäfte

Allgemeine Vorschriften	92
Handelskauf	215

Handelsgesetzbuch

Teil 3

Handelsgeschäfte

Handelskauf (Fortsetzung)	1
Kommissionsgeschäft	131
Speditionsgeschäft	245
Lagergeschäft	273
Frachtgeschäft	289

Handelsgesellschaften

Teil 1

Seite

Aktiengesellschaft 1

Handelsgesellschaften

Teil 2

Gesellschaft mit beschränkter Haftung 1
Kartellrecht 319

Handelsgesellschaften

Teil 3

Offene Handelsgesellschaft und Kommanditgesellschaft 1

Handelsgesellschaften

Teil 4

Genossenschaften 1
Bergrecht 213

Bank- und Börsenrecht / Wechsel- und Scheckrecht

Bank- und Börsenrecht 1
Wechselrecht 193
Scheckrecht 571

Eisenbahnrecht

Eisenbahnrecht 1

Schiffahrtsrecht

Teil 1

Seite

Seerecht 1

Schiffahrtsrecht

Teil 2

Seerecht 1
Binnenschiffahrtsrecht 179

Privatversicherungsrecht

Teil 1

Versicherungsvertragsgesetz

Vorschriften für sämtliche Versicherungszweige 1
Schadensversicherung. Allgemeine Vorschriften 131
Feuerversicherung 179
Hagelversicherung 286
Transportversicherung 289
Haftpflichtversicherung 307

Privatversicherungsrecht

Teil 2

Versicherungsvertragsgesetz (Fortsetzung)

Haftpflichtversicherung (Fortsetzung) 1
Lebensversicherung 180
Unfallversicherung 247
Schlußvorschriften 321

Privatversicherungsrecht

Teil 3

Rückversicherung 1
Seeversicherung 17
Versicherungsaufsichtsgesetz 330

Sachregister

Die Abschnitte der Gruppe III Handelsrecht sind wie folgt abgekürzt:

Handelsgesetzbuch	=	HGB
Handelsgesellschaften	=	HGes.
Bank und Börsenrecht Wechsel- und Scheckrecht	=	Bk-WR
Eisenbahnrecht	=	EBR
Schiffartsrecht	=	SchiffR
Privatversicherungsrecht	=	PrVersR

Die erste Ziffer bedeutet den betreffenden Teil des Abschnitts, die letzte Ziffer die Seitenzahl des Bandes.

Sachregister

A

Abänderung des Gesellschaftsvertrages einer GmbH. kann nicht von der Zustimmung eines Nichtgesellschafters abhängig gemacht werden HGes 2 S. 294

—, Beweislast für den Zeitpunkt der — des ursprünglichen Wechselinhalts Bk-WR S. 359

—, Wirksamwerden nachträglicher —en, § 81 VVG. PrVersR 1 S. 212

—, Nachträgliche — der Versicherungsbedingungen PrVersR 2 S. 321

— s. auch Firmenänderung und Wechselfälschung

Abandon, Das Recht auf — (§ 130 BergGes.) kann durch die Satzung ausgeschlossen werden HGes. 4 S. 256

— des Gewerken, Wesen der Anheimstellung, § 130 BergGes. HGes. 4 S. 283

—, Sinn und Zweck des —s PrVersR 3 S. 117

—, Geltendmachung des —s bei Verlust der Konnossemente PrVersR 3 S. 137

— im Falle der Kriegsgefahr PrVersR 3 S. 167

—, Zu den Begriffen der Anhaltung und Bedrohung als Voraussetzungen des Abandons PrVersR 3 S. 179

—, Werteinbuße der Güter durch inneren Verderb vor dem — PrVersR 3 S. 186

—, Verpflichtung des Versicherers beim Versicherer— über die Versicherungssumme hinaus? PrVersR 3 S. 204

Abandonerklärung des Mitreeders, wenn nach Beendigung einer Reise die Reparatur des Schiffes beschlossen worden ist. Wirkung der vor Mitteilung des Beschlusses abgegebenen — für die Beitragspflicht zu den Reparaturkosten SchiffR 1 S 228

—, Zur Wirksamkeit einer vorzeitigen — PrVersR 3 S. 179

Abandonrecht wird durch Konkurs der Gewerkschaft und Verkauf des Bergwerks nicht beeinflußt HGes. 4 S. 239

Abbau innerhalb des Bergwerkseigentums grundsätzlich ohne Rücksicht auf schädliche Wirkungen für Nachbarfelder zulässig HGes. 4 S. 329

Abfertigungsgebühr, Zur Frage der Zulässigkeit ergänzender Auslegung von Eisenbahntarifen. Zur Berechtigung der Reichsbahn, — oder Vorführungsgebühr zu erheben EBB S. 273

Abfindungsanspruch der Erben eines Gesellschafters einer OHG. HGes. 3 S. 169

Abfindungsforderung des aus einer OHG. ausscheidenden Gesellschafters, Haftung des Geschäftsübernehmers für — HGB 1 S. 225

Abgeleitete Firma, Begriff HGB 1 S. 236

—, Änderung einer —n — HGB 1 S. 135

— und Prüfungspflicht des Registerrichters bei Veräußerung einer Zweigniederlassung HGB 1 S. 142

— und späterer Verlust des Doktortitels HGB 1 S. 278

Abhanden gekommener Wechsel, § 74 WO. Zur Anwendbarkeit des § 254 BGB. im Fall des § 74 WO. Bk-WR S. 599

Abhandenkommen von Frachtgut und Frachtbrief. Vermutung der Beteiligung von Bahnangestellten EBR S. 250
— in Versicherungsverträgen, Begriff PrVersR 1 S. 17
Abhängigkeit, Zum Begriff der — zweier Gesellschaften voneinander im Sinne des § 15 Abs. 2 AktG. HGes 1 S. 395
Abkäufer, Zur Frage der Rechtzeitigkeit der Mängelrüge bei Ablieferung der Ware vom Verkäufer unmittelbar an den — des Käufers HGB 3 S. 66
Abladegeschäft, Bedeutung der Verladungsanzeige beim überseeischen — HGB 2 S. 147
Abladeort, Recht des —es oder des Bestimmungsortes? SchiffR 1 S. 78
Ablader, Zur Haftung des Seeversicherers für Güterschaden, der von dem — verschuldet ist PrVersR 3 S. 218
Ablehnung, Keine Anfechtung von Gewerkschaftsbeschlüssen, die nur in — von Anträgen bestehen HGes. 4 S. 235
Ablieferung im Sinne des § 377 I HGB., Begriff HGB 3 S. 55, 59
—, Arglistiges Verschweigen des Mangels im Sinne des § 377 V HGB. liegt auch dann vor, wenn Verkäufer den Mangel der gelieferten Ware erst nach — erfährt, ihn aber nicht innerhalb der Rügefrist anzeigt HGB 3 S. 61
— im Sinne der EVO EBR S. 140
—, Art der — von Frachtgut auf einer nicht mit Bahnangestellten besetzten Haltestelle EBR S. 148
—, Zur Haftung der Eisenbahn für das beförderte Gut nach — EBR S. 201
— andersartiger Güter als der im Konnossement bezeichneten und unbeanstandete Annahme SchiffR 1 S. 196
— siehe auch Abnehmer und Abkäufer
Abnahme, Zur Anwendung des § 326 BGB. bei Verzug des Käufers mit der — und Untersuchung der Ware HGB 3 S. 63
— im Sinne der EVO EBR S. 140
— im Sinne des § 438 HGB. und der EVO. EBR S. 69
—, Zur Frage der — des Eisenbahnfrachtgutes durch Weiterversendung auf neuen Frachtbrief nach Ankunft EBR S. 213, 225
—, Differenzen über Modalitäten des Empfanges und Berechtigung des Schiffers zum Verkauf der Ladung SchiffR 1 S. 35
Abnahmepflicht des ausgeschiedenen Gesellschafters einer OHG. HGes. 3 S. 73
Abnehmer, Gewährleistungsansprüche des Käufers bei unmittelbarer Lieferung der Ware an den — des Käufers, der als Nichtkaufmann die unverzügliche Mängelanzeige an den Käufer unterlassen hat HGB 3 S. 85
Abonnenten-Unfallversicherung, Unfall mit Todesfolge vorsätzlich herbeigeführt PrVersR 2 S. 269
Abredewidrige Ausfüllung siehe Vertragswidrige Ausfüllung
Abrufung, Selbsthilfeverkauf von Koks, den der Verkäufer nach erfolgter — beziehen konnte, den er aber z. Z. des Verkaufs noch nicht bezogen hatte HGB 2 S. 272
Abschlagszahlung, Über Verpflichtung des Versicherers zur Leistung von —en PrVersR 1 S. 175
Abschlußagent, Rechtsstellung PrVersR 2 S. 1
Absender, Haftung des —s für Verschulden bei Abschluß des Frachtvertrages EBR S. 152
—, Mitverschulden des —s bei Gefährdung des Frachtgutes durch Aufruhr EBR S. 196
—, Anspruch des —s gegen die Versandbahn auf Zahlung einer eingelösten Nachnahme. Verjährung des Anspruchs EBR S. 253
Absonderungsrecht nach § 157 VVG., Wirkung und Ausübung PrVersR 1 S. 307
Abstempelung siehe Frachtbriefduplikat
Abstimmung eines Aktionärs mit mehreren eigenen Aktien HGes. 1 S. 216
—, Unzulässige Einwirkung auf die — der Vertreterversammlung durch Stimmzettel HGes. 4 S. 85

Abstimmungsergebnis siehe Verkündung
Abstrakte Schadensberechnung, Marktpreis des Ablieferungsortes bei —r— HGB 2 S. 232
—, Zur Frage des Zeitpunktes, der der —n — beim Handelskauf zugrunde zu legen ist HGB 3 S. 73
Atretung einer Saldoforderung aus dem Kontokorrent und nachträgliche Vereinbarung zwischen früherem Gläubiger und Schuldner über Fortsetzung des Kontokorrentverhältnisses HGB 2 S. 177
— einer Forderung des Kommissionärs aus dem Ausführungsgeschäft braucht der Kommittent nicht gegen sich gelten zu lassen, wenn sie an einen Gläubiger zur Sicherung erfolgt HGB 3 S. 243
— von Einlage-Ansprüchen einer AG. HGes. 1 S. 168, 256
— von Teilen eines Geschäftsanteils und gesetzliche Formvorschrift des § 15 III GmbHGes. HGes. 2 S. 1
—, Zur Formvorschrift des § 15 IV GmbHGes. bei Verpflichtung zur — der dem Gläubiger als Sicherheit übertragenen Geschäftsanteile an den zahlenden Bürgen HGes. 2 S. 87
—, Wirkung der — des Anspruchs auf einen Anteil am Reingewinn, der den Gesellschaftern der GmbH. zusteht HGes. 2 S. 101
—, Form der Genehmigung der — von Geschäftsanteilen oder Teilen von Geschäftsanteilen HGes. 2 S. 114
— des GmbH.-Anteils wegen unrichtiger Angabe des Erwerbspreises nicht nichtig HGes. 2 S. 120
—, Keine Heilung des richtigen Kausalgeschäfts durch Teilabtretung der GmbH.-Anteile HGes. 2 S. 120
—, Abhängigkeit der Gesellschaftereigenschaft von der Zugehörigkeit zu einem bestimmten Verein, — der Anteile beim Ausscheiden aus dem Verein an ein anderes Vereinsmitglied HGes. 2 S. 133
— von Geschäftsanteilen, Erfordernisse der Bestimmbarkeit der Person des Veräußerers u. Erwerbers HGes. 2 S. 190
— eines auf Vertragsverletzung gestützten Schadensersatzanspruchs, wenn Anspruch zugleich aus unerlaubter Handlung begründet PrVersR 1 S. 164
—, Einwendungen des Versicherers bei — des Anspruchs aus der Feuerversicherung gegen Zessionar PrVersR 1 S. 179
— des Anspruchs auf die Versicherungssumme, § 98 VVG PrVersR 1 S. 187
— der Rechte aus einer Lebensversicherung, Erfordernisse PrVersR 2 S. 202
— oder Verpfändung der Rechte aus der Versicherung bei Pensionsversicherungsvertrag PrVersR 2 S. 231
— siehe auch Haftung, Kündigung, Wechselzessionar
Abweichung der gelieferten von der bestellten Ware im Sinne des § 378, Begriff HGB 3 S. 55
—, Zur Nachrichtspflicht des Spediteurs bei — von Weisungen des Versenders HGB 3 S. 268
Abwesenheitsprotest, Erfordernisse Bk-WR S. 406
—, Ein in der Wohnung des Bezogenen aufgenommener —, der den Mangel eines Geschäftslokals nicht feststellt Bk-WR S. 193
Abwicklung, Zur Frage der Umgehung der gesetzlich vorgesehenen Form der — durch Übertragung des Vermögens der OHG. auf einen Dritten durch allein vertretungsberechtigten Gesellschafter HGes. 3 S. 209
Abzahlungsgeschäft und Wechselhingabe Bk-WR S. 511
Abzug des Versicherers bei Nichtzahlung Fremdwährungsprämie wegen fehlender Genehmigung der Devisenbewirtschaftungsstelle PrVersR 2 S. 216
Adäquate Verursachung und „nächste Ursache" im Seeversicherungsrecht PrVersR 3 S. 279, 289
Ädilitische Rechtsmittel, Zulässigkeit der —n — beim Gattungskauf HGB 2 S. 103
ADSVB siehe Allgemeine Deutsche Seeversicherungsbedingungen von 1919

Agent, Befugnisse des zur Annahme der Zahlung von Versicherungsprämien ermächtigten —en PrVersR 1 S. 32
— siehe auch Abschlußagent und Vermittlungsagent
Agenturvertrag, Begriff HGB 2 S. 37
— und Schadensersatzanspruch des Agenten bei vorzeitiger Einstellung der Produktion des Kommittenten? HGB 2 S. 34
—, Wichtiger Grund zum Rücktritt HGB 2 S. 47
Akkreditierung, Rechtliche Natur Bk-WR S. 8
Akkreditiv, Auslegung der Klausel „Kasse gegen —" HGB 3 S. 98
—, Zur Prüfungspflicht der die Stellung eines —s ausführenden Bank bzgl. Erfüllung des unterliegenden Geschäfts Bk-WR S. 108
Aktie, Zum Begriff der —n mit verschiedener Berechtigung im Sinne von § 275 Abs. 3 HGB., § 146 AktG. HGes. 1 S. 103
Aktienbuch, Bedeutung der Eintragung der Aktionäre in das — HGes. 1 S. 241
Aktienerwerber, Zahlungen der AG. im Auftrage des —s u. Verbot der Einlagerückgewähr HGes. 1 S. 325
Aktiengesellschaft HGes. 1 S. 1—Ende
Aktienurkunde, Verkauf von —n, Unterschied zum Verkauf von Aktienrechten, Unmöglichkeit der Erfüllung HGes. 1, S. 42
—, Über den Anspruch auf Ausfertigung von —n im Konkurs HGes. 1 S. 96
—, Nichterwähnung von Nebenleistungspflichten in der — HGes 1 S. 117
Aktienzeichner, Verfügungsberechtigung der Gründer über Einzahlungen der —? HGes. 1 S. 346
Aktienzeichnung, Rechtsnatur HGes 1 S. 96
— für Rechnung eines anderen Mitgliedes des zwecks Erhöhung des Grundkapitals gebildeten Konsortiums HGes. 1 S. 32
— durch einen der Gesellschafter der OHG. kann bei Gesamtvertretung durch nachträgliche Genehmigung des anderen wirksam werden HGes. 3 S. 47
Aktivlegitimation, Übertragung des Geschäfts von Teilhaber einer Handelsgesellschaft auf diese und — bei Geltendmachung der Ansprüche aus dem Konkurrenzverbot HGB 1 S. 113
— bei Wechselklagen Bk-WR S. 243
— und Passivlegitimation in einem Rechtsstreit über Berge- und Hilfslohn SchiffR 1 S. 220
Akzept siehe Blankoakzept und Wechselakzept
Akzeptant, *Erfordernisse für Identität* zwischen dem Bezogenen und —en Bk-WR S. 428
Alleinauftrag zur Vermittlung des Verkaufs einer fremden Sache und Anspruch des Maklers auf Vergütung bei Verkauf durch Verfügungsberechtigten HGB 2 S. 88
Alleingesellschafter, Verpflichtung des —s zur Abtretung von Geschäftsanteilen im Hinblick auf demnächstige Kapitalerhöhung HGes. 2 S. 158
Alleinvertretung, Form der Übertragung der — auf einen von mehreren Geschäftsführern HGes 2 S. 253
— Über Befugnis des zur — berechtigten Gesellschafters einer OHG zur Aufnahme eines stillen Gesellschafters HGes. 3 S. 186
Alleinvertretungsbefugnis, Bei der Gesamtvertretung zweier Geschäftsführer auch bei Verhinderung des einen, keine gesetzliche — des anderen HGes. 2 S. 111
Allgemeine Geschäftsbedingungen des Vereins Deutscher Spediteure HGB 3 S. 263
—, Berufung des Spediteurs auf Freizeichnungsklauseln in den —n — bei Abweichung von den Anweisungen des Auftraggebers HGB 3 S. 259
— Wesen und Bedeutung der —n — von Banken und ihre Anerkennung durch die Kunden Bk-WR S. 138
— als Vertragsinhalt bei Kenntnis des Kontrahenten, daß der andere Kontrahent sie in der Regel seinen Verträgen zu Grunde legt SchiffR 2 S. 222
— Auslegung SchiffR 2 S. 323

Allgemeine Deutsche Seeversicherungsbedingungen von 1919, Zur Frage der Schadensfeststellung PrVersR 3 S. 210
—, Vertragsauslegung, § 13 PrVersR 3 S. 311
—, Gefahrerhebliche und deshalb anzeigepflichtige Umstände nach § 19 PrVersR 3 S. 241
—, Allgemein bekannte Umstände im Sinne von § 19 der — PrVersR 3 S. 245
—, Voraussetzungen der Haftungsbefreiung nach § 97 VIII Satz 2 PrVersR 3 S. 275
Allgemeine Seeversicherungsbedingungen von 1867, Auslegung des § 83 PrVersR 3 S. 100
—, Tragweite des § 131 V PrVersR 3 S. 91
Allgemeine Versicherungsbedingungen einer öffentlichen Feuerversicherungsanstalt und ihre Nachprüfung durch das Revisionsgericht PrVersR 1 S. 140
— für Haftpflichtversicherung, Bedeutung PrVersR 2 S. 22
— siehe auch Auslegung der —n —
Amtslöschung siehe Löschung von Amts wegen
Amtspflichtverletzung des Handelsregisterführers HGB 1 S. 27
Analogie, Zur Frage der Rechts— HGB 2 S. 204
Anerkenntnis, Zum Begriff des —ses mangelhafter Verpackung EBR S. 163
Anerkennung siehe Bedingungslose —
Anerkennungsverträge, Zur Befugnis des Schiffers zum Abschluß von —n und Ausstellung von Beweisdokumenten außerhalb des Heimathafens SchiffR 1 S. 28
Anfallrecht eines Dritten im Fall der Auflösung der GmbH. Diese Satzungsbestimmung kann ohne Zustimmung des Anfallberechtigten geändert werden HGes 2 S. 294
Anfangstermin der Feuerversicherung. Bedeutung PrVersR 1 S. 180
Anfechtbarkeit der Generalversammlungsbeschlüsse bei Verstoß gegen den Grundsatz der Gleichberechtigung der Aktionäre HGes. 1 S. 216
—, Zur Haftung der Gesellschafter bei Nichtigkeit oder — des Gesellschaftsvertrages einer OHG. für namens der Gesellschaft abgeschlossene Verträge HGes 3 S. 164
—, Zur — oder Nichtigkeit von Generalversammlungsbeschlüssen bei fehlerhafter Einberufung HGes 4 S. 133
— siehe auch Nichtigkeit oder Anfechtbarkeit von Generalversammlungsbeschlüssen
Anfechtung des Gesellschaftsvertrages wegen arglistiger Täuschung nach erfolgtem Eintritt in das Geschäft eines Einzelkaufmanns, Schuldenhaftung HGB 1 S. 124, 185
— wegen arglistiger Täuschung des dem Erwerb zugrundeliegenden Handelsgeschäfts und Haftung gegenüber Altgläubigern, die den Anfechtungsgrund kannten HGB 1 S. 207
— und Nichtigkeit des dinglichen Erfüllungsgeschäfts HGB 2 S. 132
—, Befugnis des Legitimationsaktionärs zur — des Generalversammlungsbeschlusses einer AG. HGes. 1 S. 22
— des Abschlusses über Entlastung der Liquidatoren einer AG. in Liquidation HGes. 1 S. 24
— des Generalversammlungsbeschlusses einer AG. über Einschränkung der Redezeit HGes. 1 S. 25
—, Sicherheitsleistung bei — von Beschlüssen der Generalversammlung (§ 199 Abs. 4 AktG.) durch eigene Aktien der betr. AG. HGes. 1 S. 27
— des Generalversammlungsbeschlusses einer AG. wegen unzulässiger Zurückweisung eines Bevollmächtigten HGes. 1 S. 31
— des Generalversammlungsbeschlusses einer AG. wegen Verstoß gegen Gesellschaftsvertrag HGes. 1 S. 54
— des Beschlusses über Entlastung des Vorstandes und Aufsichtsrats einer AG. HGes. 1 S. 63
— von Generalversammlungsbeschlüssen einer AG. im Falle des Konkurses HGes. 1 S. 83

Anfechtung von Generalversammlungsbeschlüssen einer AG. wegen falscher Bezeichnung von Aktivposten in der Bilanzaufstellung HGes. 1 S. 128
— der Jahresbilanz einer AG. bei Zustimmung zur folgenden HGes. 1 S. 51, 156
— der Bilanzgenehmigung und Entlastung des Vorstandes und Aufsichtsrats der AG. HGes 1 S. 189
— des Generalversammlungsbeschlusses mit der Begründung, daß anderer als der verkündete Beschluß gefaßt HGes. 1 S. 303
— des Verkaufs eines GmbH.-Anteils durch die GmbH. selbst wegen einer vom Geschäftsführer verübten arglistigen Täuschung HGes. 2 S. 24
— eines Kaufvertrages über Geschäftsanteile einer GmbH. wegen arglistiger Täuschung HGes. 2 S. 41
—, Keine — der Beteiligung an einer GmbH. wegen Betruges HGes. 2 S. 82
— der Jahresbilanz einer GmbH. wegen willkürlicher Minderbewertung des Vermögens HGes. 2 S. 97
— der Übertragung des Stimmrechts wegen Willensmangels HGes. 2 S. 230
— des Gesellschaftsvertrages auf Grund von Willensmängeln bei einer bereits ins Leben getretenen OHG. oder KG. unzulässig HGes. 3 S. 235
— von Generalversammlungsbeschlüssen kann nicht auf sittenwidriges Verhalten des Vorstandes bei der Aufnahme mitstimmender Genossen gestützt werden, wohl aber auf Machtmißbrauch der Mehrheit HGes. 4 S. 81
—, Keine — der Beschlüsse der Vertreterversammlung durch Genossen, die nicht Vertreter sind HGes. 4 S. 178
— ablehnender Beschlüsse der Haupt- oder Vertreterversammlung einer Genossenschaft erfordert ein schutzwürdiges Interesse HGes. 4 S. 189
—, Keine — von Gewerkschaftsbeschlüssen, die nur in Ablehnung von Anträgen bestehen HGes. 4 S. 235
— des über einen Hilfslohn geschlossenen Vertrages wegen Übermaßes SchiffR 1 S. 207
—, Rechtsweg bei — der Entscheidung des Strandamts über Hilfslohn SchiffR 2 S. 7
Anfechtungsfrist, Berufung auf Versäumung der — als Verstoß gegen die gesellschaftliche Treupflicht HGes. 2 S. 296
— nach § 51 GenGes. beginnt immer am Tage der Generalversammlung HGes. 4 S. 29
Anfechtungsklage, Voraussetzung und Gegenstand (AG.) HGes. 1 S. 121
—, Über Zustellung der aktienrechtlichen — an den Aufsichtsrat HGes. 1 S. 138
—, Kein Nachschieben neuer Klagegründe bei der — HGes. 1 S. 150
—, Beweislast und Behauptungspflicht (AG.) HGes. 1 S. 171
—, Zur — nach § 271 HGB. HGes. 1 S. 181
— wegen Verletzung der Vorschrift des § 256 HGB. HGes. 1 S. 185
— gegen Kapitalerhöhungsbeschlüsse einer AG. und Eintragung im Handelsregister HGes. 1 S. 185, 244
— wegen Formverstoßes bei Berufung der Generalversammlung einer AG. HGes. 1 S. 188
— als unzulässige Rechtsausübung, § 271 HGB. HGes. 1 S. 333
—, Ausschließliche Zuständigkeit des Landgerichts für — und Nichtigkeitsfeststellungsklage gegen den Beschluß der Gesellschafterversammlung einer GmbH. HGes. 2 S. 313
—, Zur Frage der Legitimation zur — trotz Ausscheidens aus der Genossenschaft HGes. 4 S. 30
—, Verletzung einer Sollvorschrift der Satzung einer Genossenschaft als Grund der — HGes. 4 S. 200
Anfechtungsprozeß, Zur Gesamtvertretung der KG. a. A. im —, Kostenlast, wenn nur ein Vertreter handelt HGes 1 S. 56

Angehörige des Versicherungsnehmers siehe Ausgleichsansprüche

Angestellter, Unterzeichnung der Briefe über Abschluß eines Geschäfts durch —n und Handlungsvollmacht HGB 1 S. 304

—, Stillschweigende Bevollmächtigung eines kaufmännischen —n zur Eingehung von Wechselverbindlichkeiten HGB 1 S. 310

—, Bevollmächtigung der —n von Depositenkassen der Großbanken zum Abschluß von Geschäften HGB 1 S. 314

—, Verpflichtung des Geschäftsherrn durch Handlungen von —n HGB 1 S. 319

—, siehe auch Ladenangestellter

Anhaltung, Nehmung und —, Unterschied PrVersR 3 S. 145

— und Bedrohung, Begriff der — als Voraussetzung des Abandons PrVersR 3 S. 179

Anhänger, Haftpflichtversicherung von —n an Zugmaschinen PrVersR 2 S. 100

Anhangkähne, Haftung des Reeders eines Seeschiffes für Schaden, den — eines Schleppzuges bei Umfahrung des festgekommenen Seeschiffs erleiden SchiffR 2 S. 165

Anheimstellung, Wesen der — (Abandon), § 130 BergGes. HGes. 4 S. 283

Ankunft, Seeversicherung auf behaltene — PrVersR 3 S. 51, 57, 72

— siehe auch Glückliche —

Anlage, Bewertung von dauernd zum Geschäftsbetriebe der GmbH. bestimmten —n in der Liquidationseröffnungsbilanz HGes. 2 S. 46

— im Sinne des § 150 BergGes. ist nicht die Einrichtung einer Straßenbeleuchtung HGes. 4 S. 242

Anleihebezeichnung siehe Reichsbahnanleihe

Annahme im Sinne des § 464 BGB. HGB 3 S. 27

— im Sinne des § 438 HGB. und der EVO. EBR S. 69

— siehe auch Ablieferung und Vorbehaltlose —

Annahmeverweigerung der Ware und Ansprüche des Verkäufers gegen Käufer bei Versteigerung der Ware durch Eisenbahnverwaltung HGB 2 S. 286

— und Notverkauf entgegen dem Willen des Verkäufers. Ansprüche des Käufers wegen Mängel der Ware HGB 2 S. 290

Annahmeverzug des Käufers und Selbsthilfeverkauf des Verkäufers HGB 2 S. 218, 226

— des Verkäufers seinem Verkäufer gegenüber infolge —s des Käufers und Selbsthilfeverkauf HGB 2 S. 257

— des Käufers und Versteigerung der Kaufsache am unrechten Ort. Rechtsfolgen, Beweislast HGB 3 S. 220

—, Haftung der Eisenbahn bei — des Empfängers EBR S. 140

Anrechnung der Leistungen der Unfallversicherung auf den vom Kraftwagenhalter zu zahlenden Schadensersatz PrVersR 2 S. 271, 282

Anschlußgleis siehe Frachtvertrag

Anteile, Zum Vertragsrecht eines Teilhabers der OHG. auf Übernahme der — der übrigen Gesellschafter HGes. 3 S. 88

Antrag, Entscheidung des Vorsitzenden der Generalversammlung einer AG. über erfolgte Annahme oder Ablehnung eines —s HGes 1 S. 303

Antragsannahme, Zeitpunkt des Zugehens der Erklärung beim Postschließfach PrVersR 1 S. 53

Anzahlung, Selbsthilfeverkauf bei Annahmeverzug des Käufers und — HGB 2 S. 238

Anzeige, Zur Wirksamkeit der — des Kommissionärs vom Selbsteintritt HGB 3 S. 209

— des Schadens und Geltendmachung des Anspruchs auf die Leistung aus dem Versicherungsvertrag PrVersR 1 S. 103

—, Unterlassung des Vertreters der nach den Versicherungsbedingungen zu machenden — PrVersR 1 S. 194

Anzeige, Zur Erheblichkeit der — bei Abschluß des Vertrages über Versicherung der Frachtgelder einer bestimmten Seereise, daß das Schiff noch auf einer Zureise begriffen sei PrVersR 3 S. 21
— siehe auch Eintrittsanzeige, Veräußerung, Verspätete Schadensanzeige und Verwirkung
Anzeigeerstattung, Zur Wahrung der vorgeschriebenen Frist für die — bei der Feuerversicherung PrVersR 1 S. 237
Anzeigepflicht *der Mängel, nicht auch* der Mängelursache, § 377 HGB. HGB 3 S. 113
—, Zur Frage der Befreiung von der —bei Lieferung einer anderen Ware, § 378 HGB. HGB 3, S. 75
—, Verletzung der — durch Verschweigen oder unrichtige Angabe eines gefahrerheblichen Umstands und Rücktritt des Versicherers PrVersR 1 S. 43
— nach § 19 der Allgemeinen Deutschen Seeversicherungsbedingungen von 1919 PrVersR 3 S. 241, 245
— siehe auch Pensionsversicherung
Arbeitgeber, Einwirkung auf —, seinen Angestellten zur Aufgabe seines Stadtverordnetenmandats zu zwingen, sittenwidrig HGB 2 S. 27
Arbeitsfähigkeit im Sinne der allgemeinen Unfall-Versicherungsbedingungen PrVersR 2 S. 307
Arbitrageklausel, Rechtliche Wirkung HGB 3 S. 51
Arglist, Voraussetzungen der Einrede der —, wenn ein Prokurist oder vertretungsberechtigter Gesellschafter der OHG gehandelt hat HGes 3 S. 8
Arglisteinrede gegen Spieleinwand Bk-WR S. 70
Arglisteinwand gegenüber Geltendmachung der Verwirkung des Versicherungsanspruchs, Voraussetzungen PrVersR 1 S. 88
— siehe auch Verspätete Schadensanzeige
Arglistige Täuschung durch Verschweigen HGB 2 S. 132
—, Haftung der OHG. oder KG. und des persönlich haftenden Gesellschafters im Falle des § 28 HGB. bei Kenntnis der Gläubiger des Einzelkaufmanns der bei Abschluß des Gesellschaftsvertrages begangenen —n — HGes. 3 S. 227
— beim Abschluß des Versicherungsvertrags PrVersR 1 S. 1
—, Anfechtung des Versicherungsvertrages durch Versicherer wegen —r— oder Irrtums über die Person des Vertragschließenden PrVersR 1 S. 43
—, Anfechtung des Versicherungsvertrages wegen —r — durch den *Versicherungsnehmer und Verpflichtung* des Versicherers gegenüber dem Hypothekengläubiger PrVersR 1 S. 241
— bei Ermittlung eines Brandschadens PrVersR 1 S. 80, 254
—, Zur Erstattung der Prämienreserve bei —r — des Versicherers durch den Versicherungsnehmer PrVersR 2 S. 193
— siehe auch Anfechtung
Arglistiges Verschweigen von Mängeln beim Handelskauf, § 377 V HGB. HGB 3 S. 4
— eines Mangels im Sinne des § 377 V HGB liegt auch dann vor, wenn Verkäufer den Mangel erst nach Ablieferung erfährt, ihn aber nicht innerhalb der Rügefrist anzeigt HGB 3 S. 61
Arrestpfandgläubiger, Zum Widerruf des Bezugsrechts eines Dritten auf die Lebensversicherungssumme durch den — des Versicherungsnehmers PrVersR 2 S. 220
Arzt, Unfallversicherung eines —es gegen Infektion bei Ausübung des Berufs PrVersR 2 S. 267, 303
Ärzteausschuß siehe Schiedsgutachten
Ärztliche Untersuchung siehe Erkrankung
Aufbereitungsanstalten, Zur Frage des Schutzes der — des § 58 BergGes. gegen Unterlassungsklagen des Grundeigentümers HGes. 4 S. 285
Aufbewahrung der beanstandeten Ware und Haftung HGB 3 S. 72
Aufbewahrungspflicht, Dauer der — des Käufers HGB 2 S. 290
Aufbringung, Begriff der — im Gegensatz zur An- oder Festhaltung, § 861 HGB. PrVersR 3 S. 167

— eines Schiffes, die unter die Zeitversicherung gegen Kriegsgefahr fällt und Prämienverpflichtung PrVersR 3 S. 185
Aufenthaltsversicherung, Begriff des Verholens PrVersR 3 S. 156
Aufkündigung, Zur Schadensersatzpflicht des Vorstandes wegen verspäteter — eines Genossen HGes. 4 S. 18
Auflage siehe Bergpolizeiliche —
Auflassung der Grundstücke einer OHG. bei Geschäftsübernahme nach § 142 HGB. nicht erforderlich, auf vertragliche Geschäftsübernahme analog anzuwenden HGes. 3 S. 56
Auflösung einer OHG. durch den Tod eines Gesellschafters und Fortführung des Geschäfts ohne Eintragung der — im Handelsregister, Haftung der Erben HGB 1 S. 32
— der KG. und Fortführung der Gesellschaftsfirma durch Gesellschafter, Abschluß von Geschäften, mit denen sich Gesellschaft nicht befaßt hat HGB 1 S. 69
—, Stille — freiwilliger Rücklagen und Bilanzwahrheit und Bilanzklarheit im Aktienrecht HGes. 1 S. 357
—, Keine — der GmbH. bei vorübergehender Unmöglichkeit des Gesellschaftszweckes HGes. 2 S. 248
— der GmbH. wegen persönlicher Zerwürfnisse der Gesellschafter HGes. 2 S. 256
—, Die Satzungsbestimmung über das Anfallrecht eines Dritten im Fall der — der GmbH. kann ohne dessen Zustimmung geändert werden HGes. 2 S. 294
—, Zum Fortbestehen des Nießbrauchsrechts einer OHG nach — während der Liquidation oder des Konkurses HGes. 3 S. 9
—, Zum Ausgleichsanspruch der Gesellschafter nach — der OHG. vor Begleichung aller Gesellschaftsschulden HGes. 3 S. 29
—, Die Entscheidung über — einer OHG. aus wichtigem Grund kann einem Schiedsgericht übertragen werden HGes. 3 S. 59
—, Das Recht auf — der OHG. gibt gegenüber der Erfüllungsklage eine exceptio doli generalis HGes. 3 S. 107
— der KG. nach § 133 HGB. aus wichtigem Grund HGes. 3 S. 125
— einer klagenden KG., Folgen für die Parteistellung der Gesellschafter und des Rechtsnachfolgers HGes. 3 S. 156
— der OHG. oder KG. siehe auch Vergleichsverfahren
—, Zur Frage der — der Genossenschaft bei vollständiger Vermögensveräußerung HGes. 4 S. 73
—, Nach — der Genossenschaft weder Beitritt noch Erwerb weiterer Geschäftsanteile möglich HGes. 4 S. 78
— einer Genossenschaft steht für die Frage ihrer Mitgliedschaft bei einer anderen Genossenschaft dem Tod eines Genossen gleich HGes. 4 S. 91
Auflösungsbeschluß der GmbH. als Satzungsänderung; Zeitpunkt der Anmeldung HGes. 2 S. 212
Auflösungsklage, Art der Streitgenossenschaft zwischen GmbH. und dem ihr beitretenden Gesellschafter bei der — HGes. 2 S. 248
Aufrechnung bei Kommissionsgeschäft HGB 3 S. 235
—, Zur Frage der — des Schuldners gegenüber dem Kommittenten mit einer Forderung gegen den Kommissionär HGB 3 S. 165
—, Vertragsmäßige — gegenüber der Forderung der GmbH. auf die Stammeinlage HGes. 2 S. 69
— des Gesellschafters gegenüber dem Zessionar oder Pfandgläubiger der Forderung der GmbH. auf die Stammeinlage HGes. 2 S. 69
—, Verbot der — gegenüber der Ausfallforderung der GmbH. (gegen den ausgeschlossenen Gesellschafter) 98 (gegen die nach § 24 GmbHGes. Haftenden) HGes. 2 S. 145
— der GmbH. gegenüber den Gesellschaftern mit der Forderung auf die Stammeinlage HGes. 2 S. 205

Aufrechnung, Zur — seitens der OHG. mit einer Privatforderung ihres Gesellschafters HGes. 3 S. 17
—, Zulässigkeit der — des Kommanditisten gegenüber der Forderung auf Leistung der Einlage HGes. 3 S. 49
—, Zur — gegenüber Schadensersatzansprüchen wegen schuldhafter Beeinträchtigung der Haftsumme (§ 105 GenGes.) HGes. 4 S. 60
—, Zur — gegen den Anspruch der Genossenschaft auf Bezahlung des Geschäftsanteils HGes. 4 S. 157
— mit Forderungen der Gewerkschaft auf Beiträge ist unzulässig HGes. 4 S. 218
— der Aktiv- und Debetposten im Kontokorrent Bk-WR S. 47
— mit gezahlten früheren Gewinnen aus Börsenspiel Bk-WR S. 70
— gegenüber Forderungen aus Börsentermingeschäften. Regelung durch Bankbedingungen Bk-WR S. 162
— des Versicherers gegenüber dem Verletzten PrVersR 2 S. 83
Aufrechnungsverbot gegen Forderung aus unerlaubter Handlung auch gegenüber Geschäftsübernehmer HGB 1 S. 225
—, Zum — nach § 221 Satz 2 HGB. HGes. 1 S. 346
Aufruhr, Haftung der Eisenbahn für durch — entstandene Schäden EBR S. 145
—, Mitverschulden des Absenders bei Gefährdung des Frachtgutes durch — EBR S. 196
— und seine Folgen im Versicherungsrecht PrVersR 1 S. 313
Aufsichtspflicht des kaufmännischen Lehrherrn über Handlungslehrling, § 832 BGB. HGB 2 S. 20
Aufsichtsrat, Zusammensetzung und Wahl des —s einer AG. HGes. 1 S. 17
—, Generalversammlungsbeschluß einer AG. über Entlastung nur einzelner Mitglieder des Vorstandes oder —s HGes. 1 S. 54
—, Zur Nichtigkeit eines Beschlusses des —s einer AG. HGes. 1 S. 61
—, Verfahren bei ungültiger Wahl des Vorsitzenden des —s einer AG. HGes. 1 S. 68
—, Überschreitung der Vertretungsbefugnis des Vorstandes beim Abschluß von Kaufverträgen mit Mitgliedern des —s einer AG. HGes. 1 S. 69
—, Übertragung des Rechtes zur Satzungsänderung auf den — einer AG. HGes. 1 S. 72
—, Zur Klageerhebung gegen Vorstand und — einer KG. a. A. auf Grund eines Beschlusses der Generalversammlung der Kommanditisten HGes. 1 S. 75
—, Anspruch des —s einer AG. auf Gewinnanteil HGes. 1 S. 80
—, Einfluß liquidationsloser Fusion von Aktiengesellschaften auf die Vergütungsansprüche des —s HGes. 1 S. 108
—, Einfluß des Konkurses der AG. auf die Stellung des —s HGes. 1 S. 111
—, Über Zustellung der aktienrechtlichen Anfechtungsklage an den — HGes 1 S. 138
—, Überwachungspflicht des —s einer AG. HGes. 1 S. 155
—, Rechtsgeschäft mit — durch Zuteilung von Aktien HGes. 1 S. 185
—, Gerichtliche Vertretungsbefugnis des Vorstandes einer AG. bei Klagen von —smitgliedern auf Entlastung HGes. 1 S. 206
—, Wahl des ersten —s, § 243 Abs. 2 HGB. HGes. 1 S. 263
—, Verträge zwischen Aktionären über Ausübung des Stimmrechts bei Wahlen zum — HGes. 1 S. 294
—, Zum Stimmrechtsverbot für Mitglieder des —s nach § 118 Abs. 1 AktG. HGes. 1 S. 306
— der GmbH. kann nur aus zwei Personen bestehen; der einzige Anwesende kann beschlußunfähig sein HGes. 2 S. 58
—, Haftung der einzelnen Mitglieder trotz Beschlußunfähigkeit des —s der GmbH HGes. 2 S. 240
—, Sonderrecht auf Sitz im — der GmbH HGes. 2 S. 260
—, Verjährung von Schadensersatzansprüchen einer Genossenschaft gegen die Mitglieder des —s HGes. 4 S. 56

— kann nur durch die Generalversammlung gewählt werden. Rechtsstellung desjenigen, der sich als Mitglied des —s betätigt, ohne es zu sein HGes 4 S. 169
—, Zum Umfang der Haftung des —s HGes. 4 S. 185
Aufsichtsratsmitglied, Zur Wirksamkeit eines Vergleichs des Konkursverwalters mit —ern einer AG. über Ersatzansprüche aus Pflichtverletzung HGes. 1 S. 48
— siehe auch Haftung
Auftrag, Übernahme eines —s und Tätigwerden als Makler HGB 2 S. 75
—, Widerruflichkeit des Handelsmakler—s und Provisionsanspruch HGB 2 S. 77
Aufwendungen eines Gesellschafters nach § 110 HGB.; Zur Abgrenzung des Ersatzanspruchs an dem Anteil am Gesellschaftsvermögen HGes. 3 S. 20
—, Erstattungsfähigkeit der von dem Versicherten gemachten — PrVersR 1 S. 292
Aufwertung von Stammeinlagen einer GmbH. kraft Rückwirkung HGes. 2 S. 152
Ausbesserung des Teilschadens im Seeversicherungsrecht PrVersR 3 S. 234
Ausbesserungswerkstatt, Zum Versicherungsschutz des Angestellten einer — bei Führermitversicherung PrVersR 2 S. 128
Auseinandersetzung bei unwirksamer aber realisierter Erweiterung des Kapitals einer GmbH. HGes. 2 S. 274
— mit dem aus der Stillen Gesellschaft ausscheidenden Gesellschafter, Berücksichtigung des Geschäfts- oder Firmenwerts HGes. 3 S. 94
— mit ausgeschiedenen Genossen, die mit Einzahlungen im Rückstand sind HGes. 4 S. 21
Auseinandersetzungsanspruch, Bedeutung der Eintragung des Ausschlusses eines Genossen für seinen — HGes. 4 S. 107
Auseinandersetzungsguthaben, Einfluß der Bilanzberichtigung auf das — HGes. 4 S. 32
Auseinandersetzungsverfahren, Geltendmachung von Ansprüchen der OHG. oder KG. gegen Gesellschafter aus besonderen Rechtsgeschäften außerhalb des —s HGes. 3 S. 114
Ausfallforderung s. Aufrechnung
Ausfallprobe, Rechtliche Bedeutung HGB 2 S. 310
Ausführungsbestimmung, Zur Veröffentlichung von —en zur EVO. EBR S. 54
Ausgeschiedene Gesellschafter, Die Forrung des —n —s auf Zahlung seines Guthabens unterliegt der Verjährung nach § 159 HGB. HGes. 3 S. 4
—, Haftung des —n —s hört auf, wenn der Gläubiger zu erkennen gibt, daß er den Anspruch aufgegeben hat HGes. 3 S. 16
—, Zur persönlichen Haftung des —n —s für eine Kontokorrentforderung gegen die Gesellschaft, wenn das Kontokorrentverhältnis nach seinem Ausscheiden fortgesetzt worden ist HGes. 3 S. 67
—, An — — kann nicht mit befreiender Wirkung geliefert werden HGes. 3 S. 73
—, Haftung des —n —s für früher der OHG. in Verwahrung gegebene Wertpapiere HGes. 3 S. 137
—, Zur Haftung des —n —s für die sich aus § 52 Vergl.O. ergebende Schadensersatzforderung gegen die OHG. HGes. 3 S. 152
—, Zur Haftung des —n —s für Gesellschaftsschulden nach abgeschlossenem Zwangsvergleich. Kein Rückgriff gegen die in der Gesellschaft verbliebenen Gesellschafter HGes. 3 S. 159
Ausgleich, Anteilmäßiger Ausgleich der Versicherer untereinander bei der Doppelversicherung PrVersR 3 S. 264
Ausgleichsanspruch der Gesellschafter einer aufgelösten OHG., insbes. vor Begleichung aller Gesellschaftsschulden HGes. 3 S. 29
— unter mehreren am Unfall des Verwandten beteiligten Kraftfahrzeughaltern bei Ausschluß der Haftpflichtversicherung für An-

sprüche von Angehörigen des Versicherungsnehmers PrVersR 2 S. 125
Ausgleichspflicht, Zur — bei Haftung von Vorstand und Aufsichtsrat. Gesamtschuld, Verjährung, Rechtskraftwirkung des Vorprozesses HGes. 4 S. 182
— bei Haftpflichtversicherung PrVersR 1 S. 164
Auskunft, Zur Haftung der Versicherungsgesellschaft bei unrichtiger — der Versicherungsbedingungen EBR S. 107
Auskunftspflicht, Zur — der Organe und Liquidatoren der AG. HGes. 1 S. 121
— des Korrespondentreeders SchiffR 2 S. 58
Auskunftsrecht des Aktionärs HGes. 1 S. 400
Ausland, Ersatzleistung für verlorenes Frachtgut aus dem — EBR S. 116
Ausländer, Veräußerung einer Schiffspart an einen — SchiffR 1 S. 257
Ausländische AG., Herabsetzung des Grundkapitals und Gläubigerschutz für — — mit Zweigniederlassung in Deutschland HGes. 1 S. 70
Ausländische Bergwerksunternehmungen, Börsentermingeschäfte in Anteilen —r —, § 63 I BörsenGes. Bk-WR S. 92
Ausländische Börse, Börsentermingeschäfte an —n —n Bk-WR S. 42, 70
Ausländische Tochtergesellschaft, Zur Frage, ob — — mit selbständiger Rechtspersönlichkeit Besitzdienerin der deutschen Muttergesellschaft für Konnossemente, die ihr von dieser zur Weiterleitung übersandt worden sind, ist SchiffR 2 S. 148
Ausländische Währung, Zur Zahlungsverpflichtung des Wechselschuldners in —r — bei mündlicher Vereinbarung Bk-WR S. 431
— siehe auch Währung
Ausländisches Recht, Unterwerfung unter — — braucht nicht ausdrücklich in der Wechselurkunde enthalten zu sein Bk-WR S. 531
—, Zur Vorlegungsfrist für einen im Inland ausgestellten, in New York zahlbaren Scheck Bk-WR S. 617
— siehe auch Territoriales Recht
Auslegung, Ausdehnende — eines Haftpflicht-Versicherungsvertrages unzulässig PrVersR 2 S. 17
— der Policeklausel bei Seeversicherung PrVersR 3 S. 17
Auslegung der Allgemeinen Versicherungsbedingungen bei Einbruchsdiebstahlversicherung PrVersR 1 S. 324
— bei Kraftwagenversicherung PrVersR 1 S. 331
— bei Schmucksachenversicherung PrVersR 1 S. 340
— für Haftpflichtversicherung PrVersR 2 S. 22
— einer Lebensversicherung bzgl. Erkrankung seit der ärztlichen Untersuchung bzw. Antragstellung PrVersR 2 S. 191, 197
— Einholung des Schiedsgutachtens des Ärzteausschusses PrVersR 2, S. 274
Auslieferungspflicht, Zur — des Ausstellers eines Durchkonnossements, der nur die Stellung eines Spediteurs einnehmen will, gegenüber dem legitimierten Inhaber SchiffR 2 S. 124
Auslieferungsprovision, Ortsgebrauch bzgl. — des Kommissionärs HGB 3 S. 156
Ausrüster, Begriff nach § 2 BSchG und § 510 HGB SchiffR 2 S. 198
— und Eigentümer, § 2 BSchG SchiffR 2 S. 209
— Passivlegitimation des —s bei Pfandklage des Schiffsgläubigers SchiffR 2 S. 230
Ausrüsterverhältnis im Sinne des § 510 HGB, Begriff SchiffR 1 S. 360
Ausscheiden, Zur Frage der Legitimation zur Anfechtungsklage trotz —s aus der Genossenschaft HGes. 4 S. 30
—, Tragweite der Rückwirkung der Auflösung der Genossenschaft auf das —. Rechtslage bei Wiedereintritt innerhalb der Sechsmonatsfrist des § 75 GenGes., insbes. zur Vorschußberechnung im Konkurs HGes. 4 S. 131

Ausscheidende Gesellschafter, Recht des —n —s der OHG., die Geschäftspapiere zu prüfen HGes. 3 S. 14
— siehe auch Geschäftsübernahme
Ausschluß säumiger Aktionäre HGes. 1 S. 11
— eines Aktionärs nur aus gesetzlich geregeltem Grunde zulässig HGes. 1 S. 40
—, Wettbewerb des Gesellschafters der GmbH. kein „wichtiger Grund" zu seinem — aus dem Aufsichtsrat HGes. 2 S. 260
Ausschluß eines Gesellschafters der GmbH. in Analogie zu §§ 140, 142 HGB. nicht zulässig HGes. 2 S. 107
— nach § 140 HGB. nur durch Urteil möglich HGes. 3 S. 27
—, Keine — während der Liquidation der OHG. HGes. 3 S. 63
— aus der OHG., Welcher Zeitpunkt ist für die Auseinandersetzung bei Geschäftsübernahme nach § 142 HGB. maßgebend? HGes. 3 S. 98
—, Zur Frage der — nach Beginn der Liquidation der OHG., § 142 HGB. HGes. 3 S. 102
— aus der KG., 140 HGB. HGes. 3 S. 125
— siehe auch Geschäftsübernahme
Ausschluß eines Genossen, Zur Schadensersatzpflicht der Genossenschaft bei satzungswidrigem — HGes. 4 S. 38
—, Keine schriftliche Begründung des Beschlusses. Umfang der richterlichen Nachprüfung HGes. 4 S. 62
—, Bedeutung der Eintragung des —es für seinen Auseinandersetzungsanspruch HGes. 4 S. 107
—, Rechtliches Gehör, Nachprüfung durch das Gericht unabdingbar. Kein Rückgriff auf längst bekannte Tatsachen HGes. 4 S. 109
—, Zum Verschulden des Genossen als Voraussetzung des —es HGes. 4 S. 157
—, Anspruch auf Feststellung, daß — rechtsunwirksam sei, ist nicht nur vermögensrechtlicher Natur. Zur Frage des Verschuldens der Genossen, wenn Schädigung der Genossenschaft Ausschließungsgrund ist HGes. 4 S. 185
Ausschlußfrist, Berufung auf — als Verstoß gegen die gesellschaftliche Treupflicht HGes. 2 S. 296
— nach § 12 II VVG. PrVersR 1 S. 67
— zur Klageerhebung, Voraussetzungen für § 12 II VVG. PrVersR 1 S. 85
Ausschlußverfahren, Zur Frage der Gewährung rechtlichen Gehörs im genossenschaftlichen — HGes. 4 S. 208
Aussteller siehe Wechselaussteller
Außervertragliche Haftung siehe Haftung
Ausstellungsstand als Laden oder offenes Warenlager im Sinne des § 56 HGB. HGB 1 S. 302
Austritt eines Gesellschafters und Fortführung seines Namens in der neuen Firma durch Beifügen eines das Nachfolgeverhältnis bezeichnenden Zusatzes HGB 1 S. 42
Austrittsrecht des Genossen darf durch Nebenabkommen über Leistungen nach Ablauf der Kündigungsfrist nicht erschwert werden. Wirkung der nichtigen Erschwerung des Austritts auf den ganzen Vertrag, in dem sie enthalten ist HGes. 4 S. 36
— des Genossen nicht beeinträchtigt, wenn er bei Austritt ein Darlehn rechtzeitig zurückzahlen muß HGes. 4 S. 66
— des Genossen nicht beeinträchtigt durch Vereinbarung eines Wiederkaufsrechts HGes. 4 S. 112
Auto-Kaskoversicherung, Haftung des Versicherers bei Fahrlässigkeit des Versicherungsnehmers PrVersR 1 S. 147
Ausweichvorschriften siehe Seestraßenordnung
Avalist, Einrede der Arglist gegenüber dem —en bei verfälschten Wechseln Bk-WR S. 504

B

Bahnangestellte, Grobes Verschulden der —n bei Verwahrung des Frachtgutes EBR S. 75

Bahnangestellte, Streik der —n als höhere Gewalt EBR S. 105, 172
— siehe auch Abhandenkommen u. Verlust
Bagger und Baggerschuten als Schiffe im Sinne des BSchG SchiffR 2 S. 184
Ballastzureise siehe Besegelte Fracht
Baltcon-Charter, Auslegung SchiffR 2 S. 17
Bank, Durch Kontokorrentverkehr und — entsteht für den Kunden eine pfändbare Forderung auf Auszahlung erst später entstehender Guthaben HGB 2 S. 184
— als Zeichnungsstelle für Reichsbahnanleihe 1931 hat kein Pfand- oder Zurückbehaltungsrecht an den bei ihr gezeichneten Stücken HGB 2 S. 200
—, Prüfungspflicht der — beim Antrag auf Eröffnung eines Bankkontos und bei Erwerb eines Schecks von einem Kontoinhaber Bk-WR S. 620
—, Prüfungspflicht einer —, die beauftragt worden ist, die Verschiffungsurkunden gegen Zahlung des Kaufpreises aufzunehmen SchiffR 1 S. 364
Bank- und Börsenrecht Bk-WR S. 1—191
Bankbedingungen, Wirksamkeit von —, welche die Aufrechnung gegenüber Forderungen aus Börsentermingeschäften regeln Bk-WR S. 162
Bankdepotgesetz siehe Depotgesetz
Bankgeschäfte von städt. Sparkasse. Haftung der Stadt Bk-WR S. 130
Bankier, Stellung des —s bei der Zeichnung neu aufgelegter Wertpapiere HGB 3 S. 198
Bankkredite, Gewerbsmäßiger Vermittler von —n für hypothekarische Darlehen auf Grundstücke als Handelsmakler HGB 2 S. 75
Bankscheck, Zur Gültigkeit des Wechsels bei Überschrift „zahlbar in —" Bk-WR S. 434
—, Präsentierung des auf eine bestimmte Depositenkasse einer Bank gezogenen Schecks bei der Zentrale. Indossament der auswärtigen Filiale Bk-WR S. 606
Bankverwahrung und Verpfändung von Wertpapieren, § 12 DepotGes. Bk-WR S. 181
Baratterie, Begriff SchiffR 1 S. 265
Bareinzahlung, Zum Begriff der — im Aktienrecht HGes. 1 S. 315
—, Haftung der Vorstandsmitglieder einer AG. aus unerlaubter Handlung wegen unwahrer Erklärung über — anläßlich einer Kapitalerhöhung HGes. 1 S. 385
Bar-Kapitalserhöhung, Erfordernisse nach § 279 HGB. HGes. 1 S. 374
Bauerrichtung trotz Berggefahr schließt die vor — entstandenen Bergschadensansprüche nicht aus HGes. 4 S. 240
—, Bei — durch einen Pächter genügt zum Ausschluß des Bergschadensanspruchs die Kenntnis des Eigentümers von drohender Berggefahr HGes. 4 S. 310
Baugenossenschaft, Zur Entstehung des Anspruchs des Genossen einer — auf Übertragung eines Grundstücks HGes. 4 S. 179
Bauzinsen bei Kapitalerhöhung (§ 215 Abs. 2 HGB., § 54 Abs. 2 AktG.) HGes. 1 S. 88
Beamte, Zur Haftung des Reiches für seine — SchiffR 1 S. 318
Beauftragter, Über Verpflichtung des —n des Gesellschafters einer GmbH. zur Herausgabe des Erlangten HGes. 2 S. 197
Bedingte Wechselerklärungen, Zur Gültigkeit —r — Bk-WR S. 489
Bedingtheit, Nichtigkeit einer GmbH. wegen — der Übernahmeerklärungen HGes. 2 S. 61
Bedingung, Lebensversicherung mit — bzgl. Erkrankung, Auslegung PrVersR 2 S. 191, 197
Bedingungslose Anerkennung der Schadensregelung des Rückversicherten, Tragweite dieser Vereinbarung PrVersR 3 S. 1
Bedrohtsein infolge einer Aufbringung, § 861 I Ziff. 2 HGB. PrVersR 3 S. 167
Bedrohung, Begriffe der Anhaltung und — als Voraussetzung des Abandons PrVersR 3 S. 179

Beeinträchtigung der auf den Versicherer im Fall der Zahlung übergehenden Rechte, § 804 III HGB. PrVersR 3 S. 126
Beendigung, Haftung der Eisenbahn für Frachtgut vor Beginn und nach — des eigentlichen Transports EBR S. 75
Beförderung, Verpflichtung zur Mängelrüge im Fall der Entstehung der Mängel bei der — nach dem Ablieferungsort HGB 3 S. 111
Beförderungskosten, Spediteurhaftung bei Einigung mit dem Versender auf einen bestimmten Satz der — HGB 3 S. 245
Beförderungstarife im Eisenbahnfrachtverkehr EBR S. 244
Beförderungszwang der Eisenbahn, Haftung für Aufruhrschäden EBR S. 145
— der Eisenbahn. Zur Ablehnungsbefugnis hinsichtlich der vom Empfänger beantragten unmittelbaren Weitersendung des Frachtguts EBR S. 177
—, Freie Vereinbarungen mit einem Beförderungsbeteiligten außerhalb des Tarifzwangs EBR S. 264
Befrachter, Verpflichtung des Schiffers zur Herausgabe der Güter an — bei Ablehnung der Güter durch Empfänger? SchiffR 1 S. 55
—, Zur Haftung des —s bei Verladung gefährlicher Ware, § 45 BSchG SchiffR 2 S. 245
Befreiungsklausel im Schleppvertrag SchiffR 2 S.212
Begebungsvertrag, Bedeutung und Inhalt des wechselrechtlichen —s. Empfang eines blanco girierten Wechsels mit dem Auftrag, ihn für Rechnung des Gebers diskontieren zu lassen Bk-WR S. 476
Beginn der Versicherung im Sinne von § 141 VVG. bei einer auf Zeit geschlossenen Transportversicherung PrVersR 1 S. 292
Begleitung des gefährdeten Schiffes als Hilfsleistung in Seenot SchiffR 2 S. 26
Beiträge, Inwieweit sind — zu einer Gewerkschaft Massekosten im Konkurs des Gewerken? HGes. 4 S. 216
Beitragspflicht der Mitglieder eines Kartells kann sich aus den Umständen ergeben. Form und Maßstab HGes. 2 S. 331
— zur großen Haverei SchiffR 1 S. 323
Beitragssätze, Umstellung der Kraftfahrzeugversicherungsverträge auf die — des Einheitstarifs PrVersR 2 S. 163
Beitritt, Zum — zum Kartell ist der Außenseiter nur unter besonderen Umständen verpflichtet HGes. 2 S. 336
—, Nach Auflösung der Genossenschaft weder — noch Erwerb weiterer Geschäftsanteile möglich HGes. 4 S. 78
Beitrittserklärung zur Genossenschaft durch betrügerische Vorspiegelung eines Vorstandsmitgliedes als Einwand des Genossen gegen die Klage des Konkursverwalters auf Zahlung der statutenmäßigen Vorschußbeträge HGes. 4 S. 6
—, Wirkung der vor Anmeldung des Statuts zum Genossenschaftsregister abgegebene — HGes. 4 S. 49
—, Unwirksamkeit, wenn § 120 Gen.-Ges. nicht beabsichtigt HGes. 4 S. 67
—, Rechtsnatur und Beweiswert der —. Bedeutung verspäteter Eintragung, Prüfungspflicht des Registerrichters. Zur Nichtigkeit und Anfechtbarkeit. Zulässigkeit ausdrücklicher Befristung HGes. 4 S. 149
Beitrittsversprechen zu einer Genossenschaft. Wirksamkeit HGes. 4 S. 4
Bekannter Gläubiger im Sinne des § 73 II GmbHGes. HGes. 2 S. 93
Beladung, Schaden, entstanden aus mangelnder Seetüchtigkeit des Schiffes, die auf nicht gehöriger — beruht PrVersR 3 S. 232
Belgien siehe Eisenbahngütertarif
Bemängelung bestimmter Posten des Jahresabschlusses im Sinne von § 263 HGB., § 125 Abs. 7 AktG. HGes. 1 S. 146
Bemannung, Gehörige — eines Kahns, Begriff PrVersR 1 S. 289
—, Nicht gehörige — im Sinne des § 821 Ziff. 1 HGB. PrVersR 3 S. 238

Benachrichtigung, Zur Schadensersatzpflicht der Eisenbahn wegen verspäteter — des Empfängers von der Ankunft des Gutes, Art. 41 IÜ. EBR S. 38
—, Schleunigste — im Sinne des § 577 HGB SchiffR 1 S. 217
Beraubung des versicherten Frachtgutes durch die frachtmäßig bestimmten, aber noch nicht legitimierten Empfänger PrVersR 1 S. 296
Berechnung der Seefracht, § 656 HGB. PrVersR 3 S. 112
— siehe auch Schadensberechnung und Abstrakte Schadensberechnung
Bereicherung, Herausgabe wegen Ungültigkeit des Börsentermingeschäfts und Wegfall der — Bk-WR S. 144
Bereicherungsanspruch, Voraussetzungen des Wechsel- —s Bk-WR S. 414
—, Zum Wechsel— des Vormanns, der einen bereits präjudizierten Wechsel einlöst, gegen den Aussteller Bk-WR S. 515
Bereicherungsklage nach Art. 83 WO. bei Fortbestehen des der Wechselausstellung oder Wechselannahme zugrunde liegenden Rechtsverhältnisse Bk-WR S. 278
— siehe auch Ungerechtfertigte Bereicherung
Bergbaubetrieb ist vorübergehend im Sinne des § 95 BGB. HGes. 4 S. 244
Bergbauliche Anlagen auf fremdem Grundstück können Bestandteil der Bergbaugerechtigkeit sein HGes. 4 S. 244
Berge- oder Hilfslohn nach Binnenschiffahrtsrecht. Voraussetzungen SchiffR 2 S. 201
Bergelohn bei Bergung von Gegenständen, die „vom Meeresgrund heraufgebracht". Zum Besitzverlust SchiffR 2 S. 79, 93
Berggefahr, Bauerrichtung trotz — schließt die vor Bauerrichtung entstandenen Bergschadensansprüche nicht aus HGes. 4 S. 240
Bergpolizei, Zum Entschädigungsanspruch aus Maßnahmen der — HGes. 4 S. 274
Bergpolizeiliche Auflage, Zur Frage eines Entschädigungsanspruchs des Bergwerkseigentümers gegen den Eigentümer der Anlage bei —n —n HGes. 4 S. 262
Bergrecht HGes. 4 S. 213—Ende
Bergschaden, Keine Gesamthaft, wenn zur Entstehung oder Vergrößerung des —s schuldhafte Handlungen Dritter mitgewirkt haben HGes. 4 S. 253
—, Über Zeitpunkt der Entstehung des —s HGes. 4 S. 279
—, Beweislast bei Gesamthaftung mehrerer Bergwerke für den — HGes. 4 S. 290
—, Zur Haftung für — bei Mitwirkung eines von keinem Dritten zu vertretenden, im Rechtssinne zufälligen Ereignisses HGes. 4 S. 298
—, Inhalt des Anspruchs auf Ersatz von — HGes. 4 S. 323
—, Haftung für — bei Rohrbrüchen an im Boden verlegten Leitungen umfaßt auch den Verlust an Leitungsgut (Wasser, Gas usw.) HGes. 4 S. 335
— siehe auch Wissenschaft
Bergschadensanspruch, Zur Begrenzung des —s HGes. 4 S. 250
— steht dem dinglich und dem nur persönlich berechtigten Geschädigten in gleicher Weise zu HGes. 4 S. 268
—, Zum — öffentlicher Verkehrsanstalten HGes. 4 S. 292, 296
— siehe auch Berggefahr
Bergung, Begriff im Sinne der §§ 93 flg. BSchG SchiffR 2 S. 227
Bergungs- und Hilfeleistungskosten als große Haverei SchiffR 2 S. 129
Bergungsvertrag, Zur Befugnis des Schiffers zum Abschluß von —en. § 15 BSchG SchiffR 2 S. 227
Bergwerksbesitzer im Sinne des § 148 BergGes., Begriff HGes. 4 S. 265
Bergwerkseigentum, Abgrenzung der im — enthaltenen Berechtigungen gegen das Grundeigentumsrecht HGes. 4 S. 225
—, Widerstreit von — mit Abbau des Grundeigentümers auf ein diesem gehöriges Mineral HGes. 4 S. 315

—, Bei Teilung eines Grubenfeldes setzt sich das alte — in dem neuen fort HGes. 4 S. 321
— kann wesentliche Bestandteile haben HGes. 4 S. 329
Bergwerkspächter als Nutzungsberechtigter im Sinne des § 135 BergGes. HGes. 4 S. 278
—, Dem — steht auch die Kohle zu, die der verpachtende Bergwerkseigentümer vertragswidrig gewinnt HGes. 4 S. 300
Bergwerksunternehmung. Preußische Kuxe als Anteile von —en Bk-WR S. 27
Berichtigung eines ungenügend beurkundeten Wechselprotests Bk-WR S. 497
Beruf, Bedeutung der Angaben über — und Tätigkeit des Versicherungsnehmers im Antrag und im Versicherungsschein PrVersR 2 S. 296
Berufsbehinderung und Invalidität PrVersR 2 S. 307
Berufung, Weiterverfolgung der — durch Nebenintervenient bei Zurücknahme der — durch Hauptpartei HGB 2 S. 154
Berufungsinstanz, Nachträgliche Geltendmachung von Angriffs- und Verteidigungsmitteln in der — HGes. 3 S. 115
Berufungsrichter, Voraussetzung der Berechtigung des —s zur Verweisung der Sache in die erste Instanz HGB 3 S. 148
Beschädigung, Beweislast bei — des Kommissionsgutes, das dem Kommissionär in Verwahrung gegeben war HGB 3 S. 238
—, Gegensatz zwischen Verlust und — im Sinne der Seeversicherung PrVersR 3 S. 93, 96
Beschlagnahme, Zum Begriff des Sachmangels bei Ware, die aus dem Ausland eingeschmuggelt ist und die trotz gutgläubigen Erwerbs noch der — unterliegt HGB 3 S. 204
— siehe Kriegsklausel
Beschlußfähigkeit des Aufsichtsrats einer GmbH. HGes. 2 S. 58
Beschlußfassung über nicht angekündigte Anträge in der Generalversammlung der AG. HGes. 1 S. 144
—, Zur Geltung und Auslegung des § 47 IV 2 GmbHGes. HGes. 2 S. 313
—, Zur Frage, wann die — der OHG. einstimmig sein muß und wann sie durch die Mehrheit bestimmt werden kann HGes. 3 S. 110
—, Der Gesellschafter einer OHG. ist von der Mitwirkung bei der — darüber ausgeschlossen, ob die Gesellschaft Ansprüche gegen ihn geltend machen soll HGes. 3 S. 209
—, Zur Wirksamkeit des Kapitalerhöhungsbeschlusses gegenüber den Gesellschaftern der KG., die nicht an der — teilgenommen haben HGes. 3 S. 218
Beschränkt persönliche Haftung des Schiffseigners für späteren Erwerber SchiffR 1 S. 368
— des Reeders, § 486 II HGB SchiffR 2 S. 71
Beschränkte Haftung des Schiffseigners nach § 4 II 2 BSchG bei sich auf die Führung des Schiffes beziehender fehlerhafter Anweisung? SchiffR 2 S. 225
Beschränkung, Vertragsmäßige — des Gewerbetriebes HGB 1 S. 74
—, Wirkung vertraglicher — des Stimmrechts der Gesellschafter einer GmbH. HGes. 2 S. 230
Beschwerdesumme, Zur Frage der Notwendigkeit der — bei Nichtigkeitsfeststellungsklagen gegen Hauptversammlungsbeschlüsse der Gesellschaften und Genossenschaften HGes. 4 S. 189
Besegelte Fracht, Frachtversicherung. Ballastzureise und Transportreise PrVersR 3 S. 100
Besitzdiener siehe Ausländische Tochtergesellschaft
Besitzkonstitut siehe Miteigentum
Besitzlosigkeit im Sinne der Strandungsordnung, Begriff SchiffR 1 S. 11
Besitzverlust, Zum Erfordernis des —es bei Bergung von Gegenständen, die „vom Meeresgrund heraufgebracht" SchiffR 2 S. 79, 93

Besondere Vertreter, Befugnis der Generalversammlung einer AG. zur Bestellung von —n —n HGes. 1 S. 206
—, Einwirkung der Liquidation auf die Stellung der —n — (§ 268 II HGB., § 122 II AG.) HGes. 1 S. 75
—, Befugnisse —r — zur Geltendmachung von Ersatzansprüchen im Sinne von § 268 HGB., § 122 AktG. HGes. 1 S. 131
Bestandteil, Bergbauliche Anlagen auf fremdem Grundstück können — der Bergbaugerechtigkeit sein HGes. 4 S. 244
Bestätigungsschreiben, Gerichtsstand des Erfüllungsorts auf Grund eines Vermerks im — HGB 2 S. 125
—, Bedeutung des Stillschweigens bei kaufmännischen — HGB 2 S. 144
—, Zum Widerspruch gegen —, wenn dessen Inhalt willkürlich erfunden HGB 2 S. 150
—, Wirkung des Stillschweigens auf ein —, wenn Empfänger irrtümlich annimmt, daß sein Inhalt sich mit seinem Willen deckt HGB 2 S. 154
—, Fiktion des Einverständnisses bei Nichtbeantwortung trotz des Nachweises, daß Empfänger des —s verreist war HGB 2 S. 162
—, Beweislast bei Behauptung des Empfängers eines —s, rechtzeitig Widerspruch dagegen erhoben zu haben HGB 2 S. 163
Bestimmbarkeit der Person des Veräußerers und Erwerbers bei Abtretung von Geschäftsanteilen einer GmbH. HGes. 2 S. 190
Bestimmungsort, Zur Frage des Erreichens des —s bei Ankerlegung auf der Reede des —s wegen Tiefgang des Schiffes SchiffR 1 S. 35
—, Recht des Abladeorts oder des —s SchiffR 1 S. 78
Betrieb, Im — des Geschäfts entstandene Verbindlichkeiten im Sinne des § 28 I HGB., Begriff HGB 1 S. 139
Betriebsgegenstände, Behandlung von Aufwendungen für — des Tochterunternehmens einer AG. in der Bilanz HGes. 1 S. 128
Betriebsüberlassungsvertrag einer AG HGes. 1 S. 1.
Betrug siehe Anfechtung
Beurkundung, Unrichtige oder unvollständige — eines Einbringungsabkommens im Gesellschaftsvertrag einer AG. HGes. 1 S. 205, 259
—, Folgen der Nichtbeachtung von Satzungsbestimmungen über — von Gesellschafterbeschlüssen HGes. 2 S. 143
— des Vertrages, der auf freihändige Veräußerung eines gepfändeten GmbH.-Anteils gerichtet ist HGes 2 S. 253
Bevollmächtigte, Über Beschränkung des Aktionärs in der Wahl seines —n HGes. 1 S. 43
—, Anfechtung eines Generalversammlungsbeschlusses einer AG. wegen Nichtzulassung eines —n HGes. 1 S. 31
Bevorzugte Befriedigung siehe Verzicht
Beweis des ersten Anscheins, Über beschränkte Anwendbarkeit der Regeln vom — HGB 3 S. 238
— beim seerechtlichen Überfahrtsvertrag SchiffR 2 S. 45
—, Zur Beweispflicht des Versicherers für die Behauptung, der Schaden sei durch Verschulden des Versicherungsnehmers verursacht PrVersR 1 S. 226
Beweisfälligkeit einer Partei auch in Punkten, die von Amts wegen zu berücksichtigen sind Bk-WR S. 541
Beweisführung des Kommanditisten für Kenntnis des Gläubigers über seine Kommanditisten-Beteiligung HGes. 3 S. 141
— des Totalverlusts bei der Seeversicherung PrVersR 3 S. 199
Beweislast im Falle des § 355 III HGB., Kontokorrent HGB 2 S. 141
— bei Behauptung des Empfängers eines Bestätigungsschreibens, rechtzeitig Widerspruch dagegen erhoben zu haben HGB 2 S. 163
— betreffs Beschaffenheit der Ware HGB 2 S. 216
—, wenn der Käufer bestreitet, daß die Ware die vereinbarte Herkunft habe (kalifornische Santa-Clara-Pflaume) HGB 3 S. 186

— bei Beschädigung des Kommissionsgutes, das dem Kommissionär in Verwahrung gegeben war HGB 3 S. 238
— in der Klage der Gesellschaftsorgane einer AG. auf Entlastung HGes 1 S. 145
— und Behauptungspflicht in der Anfechtungsklage (AG.) HGes 1 S. 171
— bei der Schadensersatzklage gegen früheres Aufsichtsratsmitglied der GmbH HGes 2 S. 240
— bei Gesamthaftung mehrerer Bergwerke für den Bergschaden HGes 4 S. 290
— bei Rückforderung des zur Erfüllung einer Verbindlichkeit angeblich unter Vorbehalt Geleisteten Bk-WR S. 144
—, wenn es nach dem Wechsel zweifelhaft ist, ob der Einlösende als Mitaussteller oder als Bürge des Ausstellers unterzeichnet hatte Bk-WR S. 322
— für den Zeitpunkt der Veränderung des ursprünglichen Wechselinhalts Bk-WR S. 359
— bei der Wechselklage, wenn nach Begebung des Wechsels für dessen Hingabe ein neuer Rechtsgrund geschaffen worden sein soll Bk-WR S. 495
—, Verteilung der — bei Verstoß gegen Art. 27, 29 der Seestraßenordnung SchiffR 1 S. 329
—, Umfang der — des Frachtführers, der die Verantwortlichkeit für die Beschädigung des übernommenen Frachtgutes ablehnt SchiffR 2 S. 222
— bei der Einbruchsdiebstahlversicherung PrVersR 1 S. 173
— zwischen Versicherer und Mieter, wenn der Versicherer von diesem Ersatz der dem Vermieter gezahlten Brandschadensumme verlangt PrVersR 1 S. 219
— für das Vorliegen von Selbstmord bei einer Lebens- und Unfalltodesversicherung PrVersR 2 S. 212
— und Beweisführung bei Tod durch Unfall PrVersR 2 S. 240
— bei dem Einwand der Seeuntüchtigkeit des Schiffes durch den Versicherer PrVersR 3 S. 109
—, Verteilung der — im Seeversicherungsrecht PrVersR 3 S. 153
— siehe auch Domizilvermerk, Selbstverladung
Beweispflicht des Einkaufskommissionärs bzgl. des Geschäftsabschlusses in Beziehung auf den erteilten Auftrag durch Vorlegung der Handelsbücher HGB 3 S. 158
— für Unfall in der Versicherungszeit PrVersR 1 S. 88
—, Anforderungen an die — des Versicherungsnehmers für die Unfreiwilligkeit des Hergangs bei dem Unfall PrVersR 2 S. 296
— siehe auch Vorläufige Deckung
Beweiswürdigung, Grundsätze der — PrVersR 3 S. 109
Bewertung von Anlagen in der Liquidationseröffnungsbilanz derGmbH. HGes. 2 S. 46
— der zum Wiederaufbau nicht zugelassenen Mauerreste bei Feststellung der Brandentschädigung PrVersR 1 S. 183, 205
Bewußtseinsstörung im Sinne des § 3 d der Allgemeinen Unfall-Zusatzversicherungsbedingungen PrVersR 2 S. 315
Bezirksagent, Provisionsanspruch des —en bei Verhinderung durch Kriegsdienst HGB 2 S. 67
—, Provisionsanspruch des —en für ohne seine Mitwirkung abgeschlossene Geschäfte HGB 2 S. 72
Bezogener, Wechselziehung auf Mehrere Bk-WR S. 287
—, Unrichtige Angabe der Adresse des —n, Rechtliche Bedeutung Bk-WR S. 349
—, Unvollständige Angabe der Firma des —n im Wechsel Bk-WR S. 377
—, Erfordernisse für Identität zwischen dem —n und Akzeptanten Bk-WR S. 428
—, Zu der nach Firmenrecht richtigen Bezeichnung der bezogenen Firma für Gültigkeit des Wechsels Bk-WR S. 484
— Stempelaufdruck eines anderen Namens auf den Namen des —n. Mehrere — im Scheck Bk-WR S. 614

Bezugsberechtigung, Widerruf der — aus einer Lebensversicherung PrVersR 2 S. 202, 220
—, Bestimmung über die — aus einer Lebensversicherung muß dem Versicherer zugehen PrVersR 2 S. 208
—, Widerruf der — der Kinder aus einer Lebensversicherung zugunsten der Zweiten Ehefrau PrVersR 2 S. 212
—, Nichtigkeit der — wegen Sittenwidrigkeit. Unkenntnis des Versicherers PrVersR 2 S. 220
—, Erlöschen der — aus einer Lebensversicherung kraft letztwilliger Verfügung des Erblassers PrVersR 2 S. 246
Bezugsrecht auf die Lebensversicherung und Vermögen des Versicherungsnehmers. Einfluß der Klausel „zahlbar an den Inhaber" auf das — bei der Lebensversicherung PrVersR 2 S. 180
—, Rechte des Versicherungsnehmers, der einem Dritten ein unwiderrufliches — eingeräumt hat PrVersR 2 S. 231
Bilanz, Zu den Wertansätzen in der Jahres — der AG. HGes. 1 S. 14
—, Feststellung der Jahres— einer AG. durch das Gericht, bei erfolgreicher Durchführung der Anfechtungsklage HGes. 1 S. 51
—, Zur Anfechtung der — einer AG. bei Zustimmung zur folgenden HGes. 1 S. 51, 156
—, Bewertung von Darlehnsschulden, die nur aus dem Reingewinn zurückzuzahlen sind, in der — einer AG. HGes. 1 S. 106
—, Bemängelung eines —postens, § 263 HGB., § 125 Abs. 7 AktG. HGes. 1 S. 146
—, Über die Aufnahme von rechtlich noch nicht feststehenden Einnahmen aus der Beteiligung der AG. an anderen Unternehmungen in die — HGes. 1 S. 189
—, Unterbewertung von Vermögensstücken in der Goldmarkeröffnungs— HGes. 1 S. 210
—, Kein klagbares Recht des geschäftsführenden Gesellschafters einer GmbH. auf Anerkennung der von ihm aufgestellten — HGes. 2 S. 5
—, Anfechtung der Jahres— einer GmbH. wegen willkürlicher Minderbewertung des Vermögens HGes. 2 S. 97
Bilanzanfechtung, § 271 III Satz 2 HGB., § 198 AktG. HGes. 1 S. 273
Bilanzaufstellung, Anfechtung von Generalversammlungsbeschlüssen einer AG. wegen falscher Bezeichnung von Aktivposten in der — HGes. 1 S. 128
Bilanzberichtigung, Einfluß einer — auf das Auseinandersetzungsguthaben HGes. 4 S. 32
Bilanzgenehmigung, Anfechtung der — und Entlastung des Vorstandes und Aufsichtsrats der AG. HGes. 1 S. 189
—, Zur Nichtigkeit oder Anfechtbarkeit der Gesellschafterbeschlüsse einer GmbH., insbesondere der — HGes. 2 S. 181
Bilanzierungsvorschriften, Reingewinn und Reinverlust im Sinne der — im Aktienrecht HGes. 1 S. 357
Bilanzunterzeichnung, Rechtliche Bedeutung HGes. 1 S. 189
Bilanzwahrheit, Über Vereinbarkeit stiller Auflösung freiwilliger Rücklagen mit — und Bilanzklarheit im Aktienrecht HGes. 1 S. 357
Bindung des Kommittenten an die festgesetzten Preise, Geldentwertung 216 HGB 3 S. 216
—, Zur Frage der — der Versicherten auch ohne ihre Zustimmung an eine Übertragung ihrer Verträge auf ein anderes Unternehmen PrVersR 1 S. 22
Binnengewässer, Begriff der Seefahrt im Gegensatz zu der Schiffahrt auf Flüssen und —n SchiffR 1 S. 18
Binnenschiffahrt, Begriff SchiffR 2 S. 250
Binnenschiffahrtsrecht **SchiffR 2 S. 179—Ende**
Blankoabtretung, Bedeutung und Folgen der — von Kuxen zur Sicherheitsleistung HGes. 4 S. 294
Blankoakzept, Zur Frage der Ermächtigung des Nehmers eines —s zur Domizilierung des Wechsels Bk-WR S. 206

—, Entstehung der Wechselforderung aus —en. Ausfüllung des —s von den Erben des Empfängers Bk-WR S. 212
—, Einreden aus der Person des Verkäufers gegenüber dem gutgläubigen Käufer eines —s Bk-WR S 354
—, Ausfüllung des Blanketts während des Rechtsstreits Bk-WR S. 450
— siehe auch Wechselfälschung
Blanco-girierter Wechsel siehe Begebungsvertrag
Blankogiro, Legitimation eines Wechselerwerbers nach Verfall und Protest durch Benutzung eines vorprotestlichen —s Bk-WR S. 197
Blankoindossament, Legitimation des Inhabers eines kaufmännischen Verpflichtungsscheins durch — Bk-WR S. 305
Blankowechsel, Abredewidrige Ausfüllung eines —s Bk-WR S. 251, 255, 557
—, Wesen der Hingabe eines —s. Einwand vertragswidriger Ausfüllung Bk-WR S. 255
—, Mit Tinte ausgeschriebener Wechsel, dessen Verfalltag als einziges mit Bleistift ausgefüllt ist, ist als — zu behandeln. Eintragung eines beliebigen Verfalltags mit Tinte durch gutgläubigen Erwerber Bk-WR S. 343
—, Einsetzung eines späteren Verfalltages als vereinbart war Bk-WR S. 392
—, Einrede des mangelnden Wechselvertrages gegenüber dem gutgläubigen Erwerber des —s Bk-WR S. 411
—, Beginn der Verjährung des Wechselanspruchs Bk-WR S. 422
—, Zum guten Glauben bei Vollendung des Wechsels über das Recht des Vormanns zu der von diesem vorgenommenen Teilausfüllung Bk-WR S. 506
Bleistiftvermerke auf einem mit Tinte ausgeschriebenen Wechsel Bk-WR S. 343, 349
Börse, Sprachgebrauch der — PrVersR 3 S. 51
Börsen- oder Marktpreis als Voraussetzung des Selbsteintrittsrechts des Kommissionärs HGB 3 S. 178
Börsenhandel, Satzungsmäßig gebundene Namensaktien im — HGes. 1 S. 281
Börsenkommissionsgeschäft oder Eigengeschäft? HGB 3 S. 221
Börsenrecht und Bankrecht **Bk-WR S. 1–191**
Börsentermineinwand, Abtretung einer Grundschuld zur Deckung der Terminschuld. Verlust des —s Bk-WR S. 174
Börsentermingeschäft, Saldoanerkenntnis und Berufung auf Unwirksamkeit von in der Abrechnung enthaltenen —en HGB 2 S. 183
—, Haftung des Aufsichtsratsmitgliedes einer Genossenschaft für Abschluß unwirksamer —e HGes. 4 S. 165
—, Zur Unwirksamkeit solcher Geschäfte, bei denen nicht beide Kontrahenten in einem entsprechenden Börsenregister eingetragen sind Bk-WR S. 15
—, Zur Anwendung des Börsengesetzes für an einer ausländischen Börse geschlossene —e Bk-WR S. 42
— in nicht zugelassenen Wertpapieren an ausländischen Börsen. Sicherheitsstellung. Spieleinwand. Aufrechnung mit älteren Gewinnen Bk-WR S. 70
— in Anteilen ausländischer Unternehmungen, § 63 I BörsenGes. Bk-WR S. 92
— im Ausland und Differenzeinwand Bk-WR S. 94
—, Beweislast für die Wirksamkeit von —en Bk-WR S. 96
— in Waren und handelsrechtliches Lieferungsgeschäft, Unterscheidung Bk-WR S. 113
—, Herausgabe wegen Ungültigkeit des —s und Wegfall der Bereicherung Bk-WR S. 144
—, Berufung des Schuldners auf Unwirksamkeit der —e. Beschränkung der Unwirksamkeit auf einen Teil der —e Bk-WR S. 152
—, Unterschied von —, Kassageschäft, Spielgeschäft Bk-WR S. 165
Börsenterminhandel, Begriff. Folgen des verbotenen —s Bk-WR S. 27

Böser Glaube auch nur eines Gesellschafters hindert gutgläubigen Eigentumserwerb HGes. 3 S. 6
Bösliche Handlungsweise, Begriff, Beweislast SchiffR 1 S. 3
Brandgefahr durch Kurzschluß auf elektrisch betriebener Strecke bei Beförderung in offenen Wagen, Verschulden EBR S. 309
Brandstiftung, Fahrlässige — durch die Ehefrau des Versicherungsnehmers PrVersR 1 S. 214
—, Zur Brandentschädigung bei — durch den Vater des minderjährigen Versicherungsnehmers PrVersR 1 S. 235
— eines Miteigentümers und Anspruch der anderen Miteigentümer gegen den Versicherer PrVersR 1 S. 267
Branntweinmonopol, Berechnung des gemeinen Handelswerts von nicht in Verkehr gebrachtem Monopolsprit für Ersatzpflicht der Eisenbahn EBR S. 232
Briefverkehr, Bedeutung der Wendung „oder für Ihre Order" im kaufmännischen — HGB 2 S. 172
Büchereinsicht, Recht des Handlungsagenten auf — HGB 2 S. 54
Bürge, Zahlungen der AG. als — des Aktienerwerbers und Verbot der Einlagerückgewähr HGes. 1 S. 325
—, Die dem Gläubiger als Sicherungseigentum übertragenen Geschäftsanteile sind dem zahlenden —n zu übertragen HGes. 2 S. 87
—, Bedeutung des einer Wechselunterschrift beigefügten Zusatzes „als —" Bk-WR S. 216
—, Wirkung der Einlösung eines trockenen Wechsels durch einen Wechselschuldner, der neben dem Aussteller als — unterzeichnet hat Bk-WR S. 322
Bürgerliche Unruhen, Begriff der —n — im Versicherungsrecht PrVersR 1 S. 19
Bürgschaft für einen einzuräumenden Kredit. Einstellung der verbürgten Forderung in ein Kontokorrent HGB 2 S. 186
— des Komplementärs für Schulden der KG. HGes. 3 S. 152
—, Zur Übernahme der — einer nicht börsentermingeschäftsfähigen Person für eine Verbindlichkeit des Hauptschuldners aus einem voll wirksamen Börsentermingeschäft Bk-WR S. 148
— des Versicherers für Havereibeiträge PrVersR 3 S. 139
— siehe auch Verbürgung

C

Charterpartie, Bezugnahme des Konnossements auf die — SchiffR 1 S. 307
—, Wesen und Inhalt der — SchiffR 2 S. 14
— mit Zusicherungen des Verfrachters über den Zeitpunkt der Ladebereitschaft SchiffR 2 S. 17
—, Anzuwendendes Recht SchiffR 2 S. 37
Charterer, Haftung des —s für Beschädigung des Schiffes SchiffR 1 S. 271
—, Zur Haftung aus einem Konnossement, das der Schiffer seines gecharterten Schiffes auf Konnossementsformularen des —s ausgestellt hat? SchiffR 1 S. 343
Charterfracht, Zur Haftung des Unterbefrachters für — SchiffR 2 S. 1
Chartervertrag siehe Rücktritt
„Cif„-Käufer, Zum Interesse des —s an der ihm cedierten, vom Verkäufer auf Frachtvorschuß genommenen Seeversicherung PrVersR 3 S. 43
Cif-Verkäufer, Seeversicherung des —s für Rechnung wen es angeht PrVersR 3 S. 132, 145

D

Darlehen, Austrittsrecht des Genossen nicht beeinträchtigt, wenn er bei Austritt ein — rechtzeitig zurückzahlen muß HGes. 4 S. 66
Darlehnsschulden, Bewertung von —, die nur aus dem Reingewinn zurückzuzahlen sind, in der Jahresbilanz der AG. HGes. 1 S. 106
Datum der Vorlegungsbescheinigung des § 16 Nr. 1 ScheckGes. Bk-WR S. 592

Dauer-Rechtsverhältnis, Über Fortsetzung eines vor Eintragung der AG. begründeten — —ses, § 200 HGB. HGes. 1 S. 214
Decklast, Versicherung von — mit der Klausel „frei von Beschädigung" PrVersR 3 S. 153
Deckung siehe Vorläufige —
Deckungskauf vor Ablauf der Nachfrist HGB 2 S. 234
—, Natur des —s HGB 2 S. 243
—, Natur und Ort der Vornahme des —s HGB 2 S. 249
Deckungsprozeß, Schadensprozeß und —, Einwendungen des Versicherers gegen Versicherungsschutzpflicht PrVersR 2 S. 145
Deckungsrücklage, Haftpflichtversicherung und — PrVersR 2 S. 29
Deckungsverkauf, Begriff HGB 3 S. 124
Deckungszusage, Zum Wesen und zur Wirkung einer sog. — bei einer Feuerversicherung PrVersR 1 S. 208
—, Rechtliche Bedeutung PrVersR 2 S. 1
— siehe auch Vorläufige —
Deklarationspflicht, Verletzung der — des Versicherungsnehmers im Seeversicherungsrecht. Gefahrerhebliche Umstände PrVersR 3 S. 241
— und laufende Versicherung PrVersR 3 S. 254
Depositenkasse der Großbanken, Bevollmächtigung der Angestellten von —n zum Abschluß von Geschäften HGB 1 S. 314
—, Scheck, der auf die — einer Bank gezogen, aber bei der Zentrale präsentiert wird. Indossament der auswärtigen FilialeBk-WR S. 606
Depositum irregulare, Kompensation und Retention beim — — Bk-WR S. 1
Depotgesetz, Verzicht auf Übersendung des Stückeverzeichnisses nach § 3 II — Bk-WR S. 55
—, Verzug des Kommissionärs nach fruchtlosem Ablauf der in § 3 I — bestimmten Frist Bk-WR S. 61
Depotverkehr, Regelung des —s (§ 8 DepotGes.), durch Bankkaufleute oder auch die übrigen Kaufleute? Bk-WR S. 87
deutsch, Über Zulässigkeit des Firmenzusatzes „—" HGB 1 S. 296
Deutsches Recht, Haftung des Reeders eines ausländischen, nach einem deutschen Hafen bestimmten und dort eingetroffenen Schiffes dem legitimierten Inhaber eines vom Schiffer ausgestellten Orderkonnossements nach den Grundsätzen des —n —s SchiffR 1 S. 170
— anwendbar, wenn die nach England bestimmte, in Schweden abgeladene Ladung wegen drohender Kriegsgefahr im deutschen Heimathafen des Schiffes gelöscht worden ist SchiffR 2 S. 155
Devisenbewirtschaftungsstelle siehe Abzug
Diebstahl, Haftung des Lagerhalters für —e, die sein Lagermeister außerhalb der Dienststunden an eingelagerten Sachen begeht HGB 3 S. 286
— des Wechsels, Hinterlegung der Wechselsumme, wenn Vormann der indossierten Tratte behauptet, der Wechsel sei ihm gestohlen und vom Inhaber grob fahrlässig erworben Bk-WR S. 325, 338
—, Haftung der Eisenbahn bei — von Umzugsgut aus geschlossenen Möbelwagen EBR S. 100
—, Ansprüche des Versicherers nach Auszahlung bei Wiedererlangung der gestohlenen Sache PrVersR 1 S. 328
— siehe auch Einbruchsdiebstahlversicherung
Diebstahlsgefahr bei Beförderung in offenen Eisenbahnwagen EBR S. 113
Dienstverschaffungsvertrag, Haftung beim — HGB 2 S. 18
Dienstvertrag, Einwirkung der Auflösung einer AG. auf —e HGes. 1 S. 20
—, Bedeutung der Beendigung des —es zwischen GmbH. und ihrem Geschäftsführer für seine Stellung als Organ der GmbH. HGes. 2 S. 204
Differenzeinwand, Ausschluß des —es bei Börsentermingeschäften Bk-WR S. 51

Differenzeinwand, bei Börsentermingeschäften im Ausland. Zulässigkeit Bk-WR S. 94
— als Verstoß gegen die guten Sitten? Bk-WR S. 158
—, Zum — und Spieleinwand bei Börsentermin- und Kassageschäften Bk-WR S. 165
Differenzgeschäft HGB 2 S. 27
—, Natur und Begriff des reinen —es; Kommissionsgeschäft als — HGB 3 S. 169
Dingliche Wirkung, Zur Frage der —n — nach § 647 HGB. des Durchkonnossements, dessen Aussteller nur die Stellung eines Spediteurs einnehmen will SchiffR 2 S. 124
Diskontgeschäft, Zum Wesen des —s Bk-WR S. 414
Dispache, Anfechtung einer — SchiffR 1 S. 7
SchiffR 2 S. 102
Dissens siehe Versteckter —
Distanzgeschäft, Begriff HGB 2 S. 236
— und Fixgeschäft HGB 2 S. 280
Distanzkauf, Inhalt der Versendungspflicht beim — HGB 3 S. 96
Dividende, Zum Zeitpunkt der Entstehung des Anspruchs auf — und zur Möglichkeit der Abänderung durch späteren Generalversammlungsbeschluß einer AG. HGes 1 S. 26
—, Zulässigkeit und Wirkungen vertraglicher Beschränkungen in der Verteilung von —n im Aktienrecht HGes. 1 S. 134
—, Herabsetzung des Grundkapitals einer AG. und Verwendung des Rücklagekontos zur —verteilung HGes. 1 174
Doktortitel, Fortführung des —s bei Erwerb der Firma eines Einzelkaufmanns mit — HGB 1 S. 238
—, Abgeleitete Firma und späterer Verlust des —s HGB 1 S. 278
Domiziliat, Zahlung des —en. Umwandlung der Leistung in eine Ehrenzahlung Bk-WR S. 375
Domizilierung des Wechsels siehe Blankoakzept u. Nachträgliche —
Domizilvermerk, Beifügung der Benennung eines Gasthofes und seiner Straßennummer zum — in einem Wechsel enthält nicht die Benennung eines bestimmten Domiziliaten Bk-WR S. 295
—, Beweislast für nachträgliche Hinzufügung des —s auf dem Wechsel Bk-WR S. 456
Doppelversicherung, Ausgleichungspflicht unter den Versicherern PrVersR 1 S. 164
—, Zur Einrede der — PrVersR 3 S. 17
— bei Versicherung des Hinterhangsfahrzeuges und des Schleppschiffs PrVersR 3 S. 83
—, Zur Frage der — PrVersR 3 S. 105
—, Abhängigkeit zweier Seeversicherungen voneinander. Anteilmäßiger Ausgleich der Versicherer untereinander PrVersR 3 S. 264
Dritter, Haftung des Spediteurs bei Abschluß des Speditionsvertrages mit —n und nicht mit dem Eigentümer HGB 3 S. 254
—, Zur Feststellungsklage des Aktionärs auf Nichtigkeit des Vertrages eines —n mit der AG. HGes. 1 S. 311
—, Im Gesellschaftsvertrag der GmbH kann für den Fall der Stimmgleichheit ein — als ausschlaggebend bezeichnet werden HGes. 2 S. 5
—, Im Gründungsvertrag der GmbH. kann für den Todesfall eines Gesellschafters rechtswirksam die Nachfolge eines —n unter Ausschluß des Erben vereinbart werden HGes. 2 S. 47
—, Haftung des Versicherungsnehmers für falsche Angaben eines —n PrVersR 1 S. 273
—, Lebensversicherung zugunsten eines —n PrVersR 2 S. 188
—, Haftung des Versicherers für den Schadensersatz, den der Reeder einem Dritten gegenüber für Ansegelung eines Piers oder einer Hafenmauer zu leisten hat PrVersR 3 S. 67
— siehe auch Gesamtschuldverhältnis
Drittschuldner, Einwendungen des —s gegenüber dem Zessionar bei Sicherungsabtretung der Forderung auf Einzahlung der Einlage des Aktionärs HGes. 1 S. 168

Duplikat siehe Frachtbrief—
Durchkonnossement über See- und anschließende Binnenschiffs-Beförderung SchiffR 2 S. 75
—, dessen Aussteller nur die Stellung eines Spediteurs einnehmen will. Zur dinglichen Wirkung nach § 647 HGB., Auslieferungspflicht und Haftungsbeschränkung SchiffR 2 S. 124

E

Ehefrau, Fahrlässige Brandstiftung durch die — des Versicherungsnehmers PrVersR 1 S. 214
—, Zum Versicherungsvertrag des Ehemanns über Sachen der — im eigenen Namen PrVersR 1 S. 267
—, siehe auch Widerruf
Ehrenzahlung, Zahlung des Domiziliaten und Umwandlung der Leistung in eine — Bk-WR S. 375
— und Rückforderung der Zahlung als ungerechtfertigte Bereicherung Bk-WR S. 381
Eigene Geschäfte des Handlungsgehilfen HGB 2 S. 24
Eigengeschäft oder Börsenkommissionsgeschäft? HGB 3 S. 221
Eigenschaft siehe Zusicherung
Eigentümer verstößt gegen Treu und Glauben, wenn er entgegen den Bestimmungen des mit seinem Wissen und Willen über seine Sachen abgeschlossenen Frachtvertrages Rechte aus dem § 25 des preuß. EisenbahnGes. von 1938 herzuleiten versucht EBR S. 25
—, Versicherungsschutz, wenn Ersatzberechtigter nicht — PrVersR 2 S. 117
Eigentümergrundschuld siehe Haftung der Versicherungsentschädigung
Eigentumserwerb des Käufers an der übersandten, unter Vorbehalt der Untersuchung angenommenen, aber verspätet zur Verfügung gestellten Ware? HGB 3 S. 116
— am Frachtgut durch Abtretung des Herausgabeanspruchs und Übergabe eines Ladescheins. Zur Kenntnis vom Vorhandensein eines nicht übergebenen Ladescheins SchiffR 2 S. 275
— siehe auch Gutgläubiger —
Eigentumsinteresse bei der Feuerversicherung PrVersR 1 S. 181
Eigentumsübergang auf den Käufer bei von anderem Ort übersandter Ware HGB 2 S. 103
— bei den vom Kommissionär eingekauften Wertpapieren HGB 3 S. 227
—, Zur Frage des —s an der Ware bei Lieferung durch Übergabe eines Lieferscheins HGB 3 S. 286
— an Wertpapieren Bk-WR S. 120
—, Bedeutung der Klausel „Netto Kasse gegen Frachtbriefduplikat" für den — EBR S. 72
— bei Nehmung und Kondemnation PrVersR 3 S. 159
Eigentumsvorbehalt, Zur Prüfungspflicht des Pfandnehmers bei — an der verpfändeten Sache. Guter Glaube im Lombardverkehr HGB 2 S. 195
—, Tragweite eines beim Verkauf eines Kraftwagens vereinbarten —s HGB 2 S. 199
— und Rücktritt vom Kaufvertrag HGes. 3 S. 115
Eigentumswechsel, Über Zeitpunkte der Entstehung des Bergschadens und Geltendmachung des Schadensersatzanspruchs bei — HGes. 4 S. 279
—, Zur Bedeutung der Kenntnis von drohender Berggefahr für den Bergschadensanspruch bei —, § 150 BergGes. HGes. 4 S. 310
—, Arten des —s als Veräußerung der versicherten Sache im Sinne der §§ 69—71 VVG. PrVersR 1 S. 37
Einberufung, Rücknahme der — einer Gesellschafterversammlung der GmbH. HGes 2 S. 279
—, Zur Anfechtbarkeit oder Nichtigkeit von Generalversammlungsbeschlüssen bei fehlerhafter — HGes 4 S. 133
— der Generalversammlung durch Genossen auf Grund einer Ermächtigung nach § 45 III GenGes. HGes. 4 S. 200
Einbringungsabkommen, Unrichtige oder unvollständige Beurkundung eines —s im Gesellschaftsvertrage einer AG. HGes. 1 S. 205, 259
Einbruchsdiebstahlversicherung, Beweislast PrVersR 1 S. 173

Einbruchsdiebstahlversicherung, Haftung des Versicherungsnehmers für Verschulden des Wächters PrVersR 1 S. 322
—, Auslegung der Allgemeinen Versicherungsbedingungen PrVersR 1 S. 324
— nach Umzug des Versicherungsnehmers PrVersR 1 S. 325
Eindeckung, Zeit der — des Käufers bei Säumnis des Verkäufers HGB 3 S. 81
Einfrieren im Nothafen ein Havariegrund? SchiffR 1 S. 189
Einheitstarif siehe Beitragssätze
Einkaufskommission, Eigentumsübergang bei den vom Kommissionär eingekauften Wertpapieren HGB 3 S. 227
Einkaufskommissionär, Voraussetzungen des Ersatzanspruchs des —s HGB 3 S. 186
—, Beweispflicht des —s bzgl. des Geschäftsabschlusses in Beziehung auf den erteilten Auftrag durch Vorlegung der Handelsbücher HGB 3 S. 158
Einladung der Gesellschafter im Sinne des § 51 GmbHGes. ist mit Absendung bewirkt HGes. 2 S. 16
Einlage, Erwerb eines Handelsgeschäfts zwecks Einbringung als — in eine zu gründende GmbH. und Haftung aus § 25 HGB. HGB 1 S. 194
—, Folgen nicht rechtzeitiger Einzahlung der — der Aktionäre HGes. 1 S. 11
—, Verbot der Rückgewähr von —n im Aktienrecht HGes. 1 S. 153, 325
—, Zulässigkeit der Aufrechnung des Kommanditisten gegenüber der Forderung auf Leistung der — HGes. 3 S. 49
—, Sicherungsübereignung als Rückgewähr der — des stillen Gesellschafters HGes. 3 S. 77
—, Anspruch des Kommanditisten auf Feststellung seines Rechts bei Kapitalerhöhung auf Vorwegerhöhung seiner — ist gegenüber den Mitgesellschaftern geltend zu machen HGes. 3 S. 218
— siehe auch Rückständige —n und Sacheinlagen
Einlageansprüche, Über Abtretung von —n einer AG. HGes. 1 S. 168, 256
Einlagerung siehe Spediteur
Einlösung eines präjudizierten Wechsels durch denjenigen, der für denselben früher Valuta von dem Inhaber erhalten hat, als Anstandspflicht im Sinne des § 814 BGB. Bk-WR S. 295
Einmanngesellschaft, Form der Entlastung für Vorstand und Aufsichtsrat (AG.) HGes. 1 S. 226
—, Zulässigkeit der — bei der GmbH. HGes. 2 S. 19
—, Bedeutung von Buchungen über Bezahlung der Stammeinlage bei der — HGes. 2 S. 202
—, Veräußerung von Teilen der Geschäftsanteile einer GmbH. bei — ohne Genehmigung des Geschäftsführers HGes. 2 S. 208
—, Verurteilung des Gesellschafters der — zur Herbeiführung einer Leistung der GmbH. auf Grund einer von ihm persönlich übernommenen Verpflichtung HGes 2 S. 236
Einmanngewerkschaft, Bei der — ist der Inhaber der Kuxe natürlicher Repräsentant HGes. 4 S. 318
Einrede, Zulässigkeit von —n gegen die Verpflichtung aus einem nicht an Order gestellten kaufmännischen Verpflichtungsschein HGB 2 S. 117
— des Akkreditierenden gegen den Anspruch aus dem Akkreditiv Bk-WR S. 8
— der Arglist gegen Spieleinwand Bk-WR S. 70
— der Rechtskraft aus einem den Wechselinkassomandatars abweisenden Urteil gegen einen neuen Inkassomandatar Bk-WR S. 274
— der Rechtshängigkeit im Wechselprozeß Bk-WR S. 541
— aus § 702 HGB siehe Große Haverei
Einschuß des Beitragspflichtigen bei großer Haverei, Rechtlicher Charakter SchiffR 2 S. 11

Einschüsse, die auf den künftigen Saldo im Kontokorrentverkehr geleistet werden, als Leistungen zur Erfüllung von Verbindlichkeiten aus Börsentermingeschäften? Bk-WR S. 47

Einseitiger Handelskauf und Mängelrüge HGB 2 S. 318

—, Erfordernisse der Mängelanzeige bei nur —m — HGB 3 S. 103

Einsicht, Grenzen des Rechts der Gesellschafter der GmbH. auf — in Geschäftsbücher und Belege HGes. 2 S. 5

— in Urkunden siehe Tatbestandsaufnahme

Einspruch, Abgrenzung der Verleihungs-, —s und Widerspruchklage gegeneinander, §§ 23, 31, 35 BergGes. HGes. 4 S. 226

Einstehen des Geschäftsherrn für Erklärungen des Handlungsagenten über die zu liefernde Ware HGB 2 S. 39

Einstellung des Geschäftsbetriebes, Fortbestehen des Handelsgeschäfts trotz zeitweiliger — HGB 1 S. 145

Einstellung der Produktion, Schadensersatzanspruch gegen Kommittenten des Agenten bei — — — vor Ablauf der Vertragsfrist HGB 2 S. 34

Einstweilige Verfügung, Notverkauf auf Grund —r — HGB 3 S. 105

Eintragung, Unterlassung von —en ins Handelsregister, Auswirkung HGB 1 S. 17

—, Übertragung des Handelsgeschäfts mit Firma und Haftung des bisherigen Geschäftsinhabers bei nicht erfolgter — der Firma HGB 1 S. 50

—, Erloschene Firma, die noch im Handelsregister eingetragen ist, kein Hindernis für — einer gleichlautenden anderen Firma HGB I S. 56

—, Pflicht des Kaufmanns zur Nachprüfung einer — des Registergerichts HGB 1 S. 169

—, Haftung für Handeln namens einer nicht eingetragenen AG. HGes. 1 S. 38

—, Fortsetzung eines vor — der AG. begründeten Dauer-Rechtsverhältnisses, § 200 HGB. HGes. 1 S. 214

—, Bedeutung der — der Aktionäre im Aktienbuch HGes. 1 S. 241

—, Nichtigkeit des Vertrags über Errichtung einer GmbH. wird durch — nicht geheilt HGes. 2 S. 12

—, Grenzen der Haftung des vor der — für eine GmbH. Handelnden HGes. 2 S. 28, 31, 116, 129

— des Ausschlusses eines Genossen, Bedeutung der — für seinen Auseinandersetzungsanspruch HGes. 4 S. 107

—, Rechtsnatur und Beweiswert der Beitrittserklärung. Bedeutung verspäteter — HGes. 4 S. 149

Eintritt eines neuen Gesellschafters in die OHG. und § 313 BGB. HGes. 3 S. 72

—, Über Vollziehung des —s eines neuen Gesellschafters bei den Personalgesellschaften HGes. 3 S. 141

— eines persönlich haftenden Gesellschafters oder Kommanditisten in das Geschäft eines Minderkaufmanns, Haftung der OHG. oder KG. nach § 28 HGB. HGes. 3 S. 227

Eintritt in das Geschäft eines Einzelkaufmanns und Anfechtung des Gesellschaftsvertrages. Schuldenhaftung HGB 1 S. 124, 185

—, der geschäftsunfähig ist, Haftung für Geschäftsschulden HGB 1 S. 130, 132

—, Vorvertrag über Errichtung einer OHG. (KG.) durch — HGes. 3 S. 244

Eintrittsanzeige des Kommissionärs, § 405 I HGB HGB 3, S. 193, 209

Eintrittsrecht des Prinzipals in die Geschäfte des Handlungsgehilfen HGB 2 S. 15

Einwilligung, Begriff der — im Sinne der §§ 60, 61 HGB. HGB 2 S. 24

Einzahlung, Verfügungsberechtigung der Gründer über —en der Aktienzeichner? HGes. 1 S. 346

— siehe auch Einlage und Rückständige Einlage

Einzahlungsansprüche auf Geschäftsanteil sind unabtretbar und unpfändbar HGes. 4 S. 116
Einzahlungspflicht zur Deckung von Geschäftsverlusten einer Genossenschaft HGes 4 S. 71
Einzahlungsverpflichtung d. Aktionäre bei Nichtigkeit der im Handelsregister eingetragenen Goldumstellungsbeschlüsse HGes. 1 S. 314
Einzelkaufmann, Verwechslungsgefahr mit Firma eines —s, Anspruch auf Löschung HGB 1 S. 154
— siehe Eintritt in das Geschäft eines —s
Einziehung eines Geschäftsanteils nach dem Ausscheiden des Gesellschafters aus der kartellmäßigen Bindung der GmbH. und nach deren Eintritt in die Liquidation HGes. 2 S. 166
— einer GmbH. ist unwirksam, wenn dadurch Stammkapital angegriffen wird HGes. 2 S. 210
—, Unzulässigkeit einer Satzungsbestimmung über unentgeltliche — — bei Pfändung HGes. 2 S. 211
— gegen Entgelt. Berücksichtigung vollwertiger Gegenleistungen der betroffenen Gesellschafter HGes. 2 S. 223
Eisenbahnangestellte siehe Bahnangestellte
Eisenbahnbauunternehmer, Über Kaufmannseigenschaft des —s HGB 1 S. 3
Eisenbahnerausstand siehe Höhere Gewalt
Eisenbahngütertarif, Zum Begriff „Packpapier" im Sinne des —s. Unterschied zwischen Packpapier und Spinnpapier EBR S. 47
—, Tarifbestimmung über Beschränkung der Haftung der Eisenbahn für den Verlust von Kostbarkeiten auf einen Höchstbetrag EBR S. 91
—, Bezeichnung des Frachtguts im Frachtbrief, wenn Abfertigung nach einem Spezialtarif erfolgen soll EBR S. 135
—, Tarifmäßige Bezeichnung im Eisenbahnfrachtbrief EBR S. 229
—, Tarifberechnung im — EBR S. 242
—, Einstellung von Privatgüterwagen unter Tarifermäßigung für Leerbeförderung. Verstöße gegen den Vertrag EBR S. 258
—, Freie Vereinbarungen mit einem Beförderungsbeteiligten außerhalb des Tarifzwangs EBR S. 264
—, Zur Frage der Zulässigkeit ergänzender Auslegung von —en. Zur Berechtigung der Reichsbahn, Abfertigungsgebühr oder Vorführungsgebühr zu erheben EBR S. 273
—, Genehmigung des Reichsverkehrsministers zur Abkürzung der Veröffentlichungsfrist bei Tariferhöhungen. Bedeutung dieser Genehmigung und ihrer Veröffentlichung. Sinn und Tragweite von § 33 Reichsbahngesetz EBR S. 283
—, Deutsch-belgischer —. Inkrafttreten von Tariferhöhungen EBR S. 283
Eisenbahnrecht EBR S. 1—Ende
Eisenbahnverwaltung, Versteigerung der Ware durch — bei Annahmeverweigerung; Ansprüche des Verkäufers gegen Käufer HGB 2 S. 286
Eisenbahnwagen, Pflichten bei Gestellung von — für die Verladung von Möbelwagen EBR S. 183
— siehe auch Offene Wagen
Elblotsenbeförderung und Haftung des Reeders SchiffR 2 S. 69
Emission von Wertpapieren; zur rechtlichen Bedeutung der Vorgänge HGB 3 S. 198
Empfänger im Sinne des § 435 HGB., Begriff HGB 3 S. 293
—, Haftung des —s für Fracht und Nachnahme, auch wenn er nur das Frachtgut, nicht den Frachtbrief annimmt HGB 3 S. 290
Empfangnahme im Sinne des Art. 343 HGB., Begriff HGB 2 S. 300
Entdecken des Minerals im Sinne des § 15 BergGes. HGes. 4 S. 260
Enteignung, Bergrechtliche — gegen den Pächter HGes. 4 S. 278
Enteignungsbeschluß, Der — nach § 142 BergGes. enthält eine Verfügungsbeschränkung im Sinne von § 892 I 2 BGB HGes. 4 S. 247

—, Die Widerspruchsklage gegen den — nach § 145 II BergGes. erschöpft sich nicht in der einmaligen Geltendmachung HGes. 4 S. 252
Entgelt, Maßgebender Zeitpunkt für die Bestimmung des —s für einen eingezogenen Geschäftsanteil HGes. 2 S. 166
Entlassung des Handlungsgehilfen nach erfolgter Übernahme des Unternehmens. Ansprüche gegen Veräußerer HGB 2 S. 1
— siehe auch Fristlose —
Entlastung, Anfechtung des Beschlusses der Generalversammlung einer AG. wegen unzulässiger — des Liquidators HGes. 1 S. 24
—, Zur Anfechtbarkeit des Generalversammlungsbeschlusses einer AG. über — HGes. 1 S. 63
—, Generalversammlungsbeschluß einer AG. über — nur einzelner Mitglieder der Gesellschaftsorgane HGes. 1 S. 54
—, Klage der Gesellschaftsorgane einer AG. auf —, Beweislast, Tragweite HGes. 1 S. 145
—, Anfechtung der Bilanzgenehmigung und — des Vorstandes und Aufsichtsrats der AG. HGes. 1 S. 189
—, Gerichtliche Vertretungsbefugnis des Vorstandes einer AG. bei Klagen von Aufsichtsratsmitgliedern auf — HGes. 1 S. 206
—, Form der — für Vorstand und Aufsichtsrat bei AG., bei der alle Aktien in einer Hand vereinigt sind HGes. 1 S. 226
—, Nichtigkeit des Beschlusses über — des Vorstandes wegen Auskunftsverweigerung gegenüber einem Aktionär HGes. 1 S. 400
— durch Beschluß der Gesellschafterversammlung der GmbH. kann u. U. sittenwidrig sein HGes. 2 S. 240
—, Zur Bedeutung der —, wenn die Generalversammlung irregeführt worden ist HGes. 4 S. 169
Entlöschen, Haftung des Verfrachters für Unfälle der Ladung beim — des BinnenschiffsSchiffR 2 S. 190
Entschädigungsanspruch aus Maßnahmen der Bergpolizei HGes. 4 S. 274
— siehe auch Schadensersatzanspruch
Entschädigungspflicht, Zur Anwendung des § 148 BergGes. bei Schädigung nicht privaten Grundeigentums HGes. 4 S. 258
—, Zur — bei wissentlich falschen Angaben des Versicherungsnehmers PrVersR 1 S. 80
Entschuldigungsbeweis bei Versäumung der Veräußerungsanzeige der versicherten Gegenstände PrVersR 1 S. 251
Entstehung, Zur — einer OHG. HGes. 3 S. 107
Erben, Haftung der — bei Auflösung einer OHG. und Fortführung des Geschäfts ohne Eintragung der Auflösung im Handelsregister HGB 1 S. 32
—, Übertragung des Geschäfts nebst Firma von —n auf einen anderen und § 27 II HGB. HGB 1 S. 89
—, Kündigungsrecht der Mieter—, § 569 BGB., § 27 HGB. HGB 1 S. 169
—, Haftung nach § 27 HGB. bei Fortführung des Geschäfts durch einen Teil der — HGB 1 S. 225
—, Abfindungsanspruch der — eines Gesellschafters der OHG. HGes. 3 S. 169
— eines Kommanditisten können nicht in ungeteilter Erbengemeinschaft in dessen Rechtsstellung eintreten HGes. 3 S. 267
— eines Kommanditisten, Ausübung der Mitgliedschaftsrechte der — durch den Testamentsvollstrecker HGes. 3 S. 277
—, Zur Ausfüllung des Blankoakzepts von den — des Empfängers und auf einen anderen Namen als den des Empfängers Bk-WR S. 212
— siehe auch Vererblichkeit
Erfüllungsgehilfe, Haftung des Dienstberechtigten bei Dienstvertrag für Dienstverpflichteten als —n HGB 2 S. 17
—, Spediteur als — HGB 3 S. 250
—, Haftung des Versicherungsnehmers für Verschulden des Wächters als eines —n PrVersR 1 S. 322
Erfüllungsort, Gerichtsstand des —s auf Grund eines Vermerks im Bestätigungsschreiben HGB 2 S. 125

Erfüllungsort und Gerichtsstand für Ansprüche aus § 128 HGB. sind dieselben wie für die Verbindlichkeit der OHG. selbst HGes. 3 S. 24
— bei dem Verkauf einer schwimmenden Ladung SchiffR 1 S. 69
Erfüllungsweigerung, Stillschweigen gegenüber unberechtigter — des Verkäufers HGB 2 S. 148
—, Schadensersatz bei — HGB 3 S. 1
Erhöhung der Taxe im Falle eines Partialschadens im Seeversicherungsrecht PrVersR 3 S. 26
Erkrankung, Auslegung der Allgemeinen Versicherungs-Bedingungen einer Lebensversicherung bzgl. — seit ärztlicher Untersuchung bzw. Antragstellung PrVersR 2 S. 191, 197
Erlöschen, Kein — der GmbH., die ihr Geschäft mit der Firma veräußert HGes. 2 S. 119
Ermächtigung des Verletzten zur Geltendmachung der Ansprüche aus dem Haftpflichtversicherungsvertrag gegen den Versicherer PrVersR 2 S. 1
Ersitzung einer Firma HGB 1 S. 45
Erstattungsanspruch aus § 31 GmbHGes. in Konkurrenz mit Ansprüchen aus §§ 134, 812ff. BGB. HGes. 2 S. 283
Erstversicherer, Anspruch des Rückversicherers auf Anteil an einer vom — erlangten Rückentschädigung (Provenue) PrVersR 3 S. 3
Erwerb eines Handelsgeschäfts und Vereinbarung über Ausschluß der Haftung, § 25 II HGB. HGB 1 S. 105
—, Haftung für Verbindlichkeiten des früheren Geschäftsinhabers durch Beteiligung an einer GmbH. HGB 1 S. 118
— zwecks Einbringung in eine zu gründende GmbH. und Haftung aus § 25 HGB. HGB 1 S. 194
— und Feststellung des Umfangs der Verbindlichkeiten bei Vorhandensein einer Liste über übernommene Verträge HGB 1 S. 199
—, das auf einem anderen Rechtsgeschäfts als Kauf beruht, und § 25 HGB. HGB 1 S. 207
— und Schuldenhaftung bei Vereinbarung, die Schulden bis zu einer bestimmten Summe zu übernehmen HGB 1 S. 210
Erwerbsbeschränktheit. Nachträglich hervortretende — bei der Unfallversicherung PrVersR 2 S. 247
Etablissementsname, Begriff. Veräußerung des Geschäfts und Überlassung des —ns HGB 1 S. 127
Etikettierung der Fabrikate und Verletzung des Firmenrechts eines anderen Fabrikinhabers HGB 1 S. 38
Exceptio doli generalis im Falle des § 364 HGB beim Seekonnossement SchiffR 1 S. 225
Explosionsschäden, Brandschadenvergütung für — PrVersR 1 S. 197

F

Fahrlässigkeit siehe Grobe —
Fahrtüchtigkeit, Begriff PrVersR 3 S. 223
Fälschung, Einlösung eines verfälschten Schecks. Ersatzanspruch gegen den Aussteller Bk-WR S. 587
—, Nachträgliche — des Scheckinhalts Bk-WR S. 612
— siehe auch Wechselfälschung und Verrechnungsscheck
Familienname, Führung eines fremden —s als Firma HGB 1 S. 45
—, Überlassung des Vor- und —ns zum Firmengebrauch gem. § 22 HGB. und spätere Bildung einer Einzelfirma HGB 1 S. 290
Fautfracht, Rücktritt vom Chartervertrag und — SchiffR 1 S. 356
—, Kündigung des Frachtvertrags durch Absender und — im Binnenschiffahrtsrecht SchiffR 2 S. 314
Fehler, Verkauf eines Geschäftsbetriebs und verborgene —, Gewährleistung HGB 1 S. 106
Fehlerhafte Führung des Schiffes im Sinne des § 4 II BSchG SchiffR 2 S. 233
Felle, Verpackung von —n im Eisenbahnfrachtverkehr EBR S. 77
— als Kostbarkeiten im Sinne des Eisenbahnrechts EBR S. 250
Fernsprecher, Mängelanzeige durch — HGB 3 S. 86

Festkommen eines Schiffes und Schaden bei Anhangkähnen eines Schleppzuges bei Umfahren SchiffR 2 S. 165
Festmacher, Haftung des Schiffseigners für das Verschulden des sog. —s, § 3 BSchG SchiffR 2 S. 280
Feststellungsklage, Voraussetzungen für die Zulässigkeit einer — HGB 1 S. 66
— des Aktionärs auf Nichtigkeit des Vertrages eines Dritten mit der AG. HGes. 1 S. 311
— bei Geltendmachung, daß anderer Beschluß als der verkündete in der Generalversammlung der AG. gefaßt? HGes. 1 S. 303
— des Versicherungsnehmers gegen den Versicherer, Voraussetzungen PrVersR 1 S. 351
Feuergefahr, Haftung der Eisenbahn für unterlassenen Schutz gegen — bei Beförderung in offenen Wagen EBR S. 5
Feuergefährliche Flüssigkeiten, die in Fässern versandt werden, sind nicht durch ihre Beschaffenheit in besonderem, erhöhten Maße der Beschädigungs- oder Verlustgefahr ausgesetzt EBR S. 205
Feuerschaden siehe Werft
Feuerversicherung **PrVersR 1 S. 179—286**
—, Übergang der — bei Veräußerung des Grundstücks PrVersR 1 S. 125
—, Gefahrerhöhung bei oder nach Abschluß des Vertrages im Fall nachträglicher Erhöhung der — PrVersR 3 S. 215
Feuerversicherungsanstalten nach dem preuß. Gesetz vom 25. 7. 1910. Änderung der Bedingungen ohne Zustimmung der Versicherten PrVersR 2 S. 321
Firma, Gebrauch einer —, Begriff HGB 1 S. 83
—, Zulässigkeit der Klage auf Übertragung einer — eines bestehenden Handelsgeschäfts HGB 1 S. 97
—, Veräußerung von Handelsgeschäft und —, § 23 HGB. HGB 1 S. 145
—, Keine Weiterübertragung der — eines erworbenen und unter Firmenvereinigung mit dem eigenen Unternehmen verbundenen Geschäfts HGB 1 S. 221
—, Verhältnis des zeitlichen Vorrangs der Eintragung einer — am Ort im Sinne des § 30 HGB. zu dem des Firmengebrauchs im Sinne des § 16 UnlWG. HGB 1 S. 284
—, Kein Erlöschen der GmbH., die ihr Geschäft mit der — veräußert HGes. 2 S. 119
—, Übernahme nach § 142 HGB. berührt die Bestimmung über Fortführung der — nach § 24 II HGB. nicht HGes. 3 S. 52
—, Das Recht auf die — der OHG. kann einem einzelnen Gesellschafter eingeräumt werden, die sich hieraus ergebende Verpflichtung kann eine Verpflichtung der OHG. darstellen, so daß sie auch neu Eintretende bindet HGes. 3 S. 53
— siehe auch Abgeleitete Firma, Fortführung der —, Personen—, Sachfirmen, Unbefugter Gebrauch einer —
Firmenänderung, Vereinbarung über — und § 25 HGB. HGB 1 S. 92
— einer abgeleiteten Firma HGB 1 S. 135
—, Bedeutung der Eintragung der — in das Handelsregister HGB 1 S. 178
Firmenbezeichnung einer GmbH., § 18 HGB. Firmenkern oder Zusatz HGB 1 S. 162
Firmengleichheit bei Weglassung von Teilen des bisherigen Firmennamens („und Sohn")? HGB 1 S. 178
Firmenrecht und Namensrecht, § 12 BGB., § 37 II HGB. HGB 1 S. 95
Firmenschutz bei Aufnahme des Namens eines ausgetretenen Gesellschafters in die neue Firma durch Beifügen eines das Nachfolgeverhältnis bezeichnenden Zusatzes HGB 1 S. 42
— einer GmbH. gegenüber einer KG. mit gleichem Personennamen. Anspruch auf Annahme einer anderen Gesellschaftsform? HGB 1 S. 241

Firmenübergang, Beschränkung auf die Person des Erwerbers HGB 1 S. 122
Firmenwert siehe Stille Gesellschaft
Firmenzusatz siehe Zusatz
Fiskus siehe Reichsfiskus
Fixgeschäft, Begriff HGB 2 S. 215, 280
—, Lieferungskauf als — nach § 376 HGB. HGB 3 S. 1
—, Zum Rücktrittsrecht beim — HGB 3 S. 119
— bei Vertragsbestimmung „im April 19 . . . .“ Bk-WR S. 113
Flußkonnossement siehe Durchkonnossement
Flußschiff, Reiseversicherung eines —es für Seefahrt PrVersR 3 S. 228
Flußschiffahrt, Unabwendbarkeit der Bestimmungen des HGB über den Seehandel auf die — SchiffR 1 S. 11
—, Seefahrt u. —, Begriff SchiffR 1 S. 18
Fob-Anlieferung, Rechtsverhältnis des Spediteurs zum Verkäufer bei Anlieferung fob verkaufter Ware an Bord mit Schiffszettel, der den Spediteur des Käufers als Anlieferer bezeichnet SchiffR 1 S. 385
Fob-Klausel, Bedeutung der — für den Übergang der Gefahr des Transports HGB 1 S. 9
—, Bedeutung gegenüber einer Freizeichnungsklausel HGB 2 S. 84
Forderungsübergang siehe Übergang
Form der Genehmigung der Abtretung von Geschäftsanteilen oder Teilen von Geschäftsanteilen HGes. 2 S. 114
Formgültiger Vertrag nicht Voraussetzung der Haftung der Handelnden im Sinne des § 11 GmbHGes. HGes. 2 S. 138
Formgültigkeit, Zur Replik der Arglist gegenüber Berufung auf — des Zeichnungsscheines einer AG. HGes. 1 S. 219
Formmangel, Wegen —s ungültiger Wechsel als kaufmännischer Verpflichtungsschein Bk-WR S. 305
Formulare siehe Scheckformulare
Formverstoß bei Berufung der Generalversammlung einer AG., Anfechtungsklage HGes. 1 S. 188
Formvorschrift des § 259 HGB. (§ 111 AktG.) unabänderlich HGes. 1 S. 54
— des § 5 IV GmbHGes. betr. Sacheinlagen kann nicht durch privatschriftliche Abmachungen der Gesellschafter umgangen werden HGes. 2 S. 54
— des § 15 III GmbHGes. für Abtretung von Teilen eines Geschäftsanteils einer GmbH. HGes. 2 S. 1
—, Keine unmittelbare Anwendung der — des § 15 GmbHGes. auf Verpfändung und Verpflichtung zur Verpfändung eines Geschäftsanteils HGes. 2 S. 14
— des § 15 IV GmbHGes. gilt auch, wenn das Verpflichtungsgeschäft zum Erwerb eines Geschäftsanteils vor Errichtung der GmbH. eingegangen wird HGes. 2 S. 35
— des § 15 IV GmbHGes. bei Verpflichtung zur Abtretung der dem Gläubiger als Sicherheit übertragenen Geschäftsanteile an den zahlenden Bürgen? HGes. 2 S. 87
— des § 15 IV GmbHGes. auch anwendbar bei Verpflichtung zur Abnahme eines Geschäftsanteils, sei es gegenüber der Gesellschaft oder gegenüber einem Gesellschafter HGes. 2 S. 110, 172
— des § 15 IV GmbHGes. gilt nicht für Verpflichtung zur Verschaffung eines Anteils und Übernahme der Garantie hierfür HGes. 2 S. 132
—, Bedeutung der — des § 55 I GmbHGes. betr. Übernahme einer Stammeinlage HGes. 2 S. 34
Formzwang, Kein — für den Auftrag zum Erwerb von Anteilen einer GmbH. HGes. 2 S. 57
—, Kein — für Garantievertrag, durch den Aufkommen für Stammeinlage einer GmbH. zugesagt wird HGes. 2 S. 57
—, Kein — für den Eintritt eines neuen Gesellschafters in die OHG., auch wenn zum Gesellschaftsvermögen Grundstücke gehören HGes. 3 S. 72

—, Kein — für die schuldrechtliche Verpflichtung zur Übertragung von Kuxen HGes. 4 S. 270

Fortführung der Firma, § 22 HGB. und später herbeigeführte Löschung der Firma im Handelsregister durch bisherigen Geschäftsinhaber HGB 1 S. 99

—, Beschränkung der — auf die Person HGB 1 S. 122

—, Unveränderte —, § 22 HGB. HGB 1 S. 142

Fortführung der Gesellschaftsfirma nach Auflösung der KG. durch Gesellschafter und Abschluß von Geschäften, mit denen sich Gesellschaft nicht befaßt hat HGB 1 S. 69

Fortführung der gleichen Firma, wenn Erwerber die schlagwortartige Bezeichnung des Handelsgeschäfts unter Beifügung eines die Gesellschaftsart kennzeichnenden Zusatzes annimmt? HGB 1 S. 199

Fortführung des Handelsgeschäfts, Auflösung einer OHG. durch Tod eines Gesellschafters und — ohne Eintragung der Auflösung im Handelsregister, Haftung der Erben HGB 1 S. 32

— eines Minderkaufmanns unter Weiterbenutzung dessen Namens und § 25 HGB. HGB 1 S. 80

— unter der bisherigen Firma und Beifügung eines Zusatzes über das Nachfolgeverhältnis, Haftung nach § 25 I HGB. HGB 1 S. 149

— und Eintragung ins Handelsregister, Haftung aus § 25 HGB. bei Nichtigkeit des dem Erwerb zugrundeliegenden Handelsgeschäfts HGB 1 S. 207

—, Haftung nach § 27 HGB. bei — durch einen Teil der Erben HGB 1 S. 225

— im Sinne des § 25 HGB. bei Übernahme nur einzelner Unternehmensteile HGB 1 S. 272

Fortführung zweier Handelsgeschäfte unter einer durch Verbindung der beiden Firmennamen gebildeten Firma und Haftung gemäß § 25 HGB. HGB 1 S. 71

Frachtberechtigter siehe Tatbestandsaufnahme

Frachtbrief, Haftung des Empfängers für Fracht und Nachnahme, auch wenn er nur das Frachtgut, nicht den — annimmt HGB 3 S. 290

—, Rechtliche Bedeutung des —s für den Eisenbahnfrachtverkehr EBR S. 51

—, Zur Bezeichnung der Kostbarkeiten als solche im — EBR S. 77

—, Zur Haftung der Eisenbahn im Falle unvollständiger Angaben im — EBR S. 107

—, Bezeichnung des Frachtguts im —, wenn Abfertigung nach einem Spezialtarif erfolgen soll EBR S. 135

—, Tarifmäßige Bezeichnung im — EBR S. 209, 229

—, Unrichtige Bezeichnung des Gutes im —, Frachtzuschläge EBR S. 236

—, Bei gleichzeitigem Abhandenkommen von — und Frachtgut besteht Vermutung der Beteiligung von Bahnangestellten EBR S. 250

— mit Verzollungsklausel. Eigenmächtige Abänderung der letzteren durch den späteren Frachtführer. Schadensersatzpflicht des ersten Frachtführers SchiffR 1 S. 1

Frachtbriefduplikat, Bedeutung der Klausel „Netto Kasse gegen —" für den Eigentumsübergang EBR S. 72

—, Abstempelung eines unrichtigen —s und Haftung der Eisenbahn EBR S. 138

—, Befolgung einer nachträglichen Verfügung des Absenders seitens der Bahn ohne Vorlegung des —s. Sachberechtigung des Empfängers zur Schadensersatzklage EBR S. 169

Frachtführer, Pfandrecht des —s bei sukzessivem Transport der Güter HGB 3 S. 289

—, Umfang der Haftung des ersten —s für den späteren SchiffR 1 S. 1

—, Umfang der Haftbarkeit des —s SchiffR 1 S. 68

Frachtgelder, Versicherung der — einer bestimmten Seereise PrVersR 3 S. 21

Frachtgeschäft HGB 3 S. 289–296
—, Zum Begriff des Verlusts beim — HGB 3 S. 245
Frachtgut, Hinterlegung unanbringlichen —s. Rechte des Verfügungsberechtigten gegen den Verwahrer EBR S. 66
—, Art der Ablieferung von — auf einer nicht mit Bahnangestellten besetzten Haltestelle EBR S. 148
—, Beschädigung des —s und Ersatzpflicht SchiffR 1 S. 3
—, Schiff als — SchiffR 1 S. 248
Frachtversicherung siehe Besegelte Fracht
Frachtvertrag, Über Zeitpunkt, in dem Eisenbahn— als abgeschlossen zu gelten hat, insbesondere bei Beladung des Bahnwagens auf einem privaten Anschlußgleis EBR S. 221
—, Voraussetzung der persönlichen Haftung des Schiffseigners für sein Verschulden bei Ausführung eines —s bei der Binnenschiffahrt SchiffR 2 S. 179
Frachtzuschläge nach der EVO., Voraussetzungen EBR S. 34, 152
— nach dem IÜ. Rechtliche Natur der Zuschläge. Haftung des Empfängers EBR S. 236
Freight and all conditions and exceptions as per Charter Party, Bedeutung der Konnossementsklausel SchiffR 2 S. 37
Freihändiger Verkauf, Berechnung des Schadensersatzanspruchs wegen Nichterfüllung auf Grund —n —s HGB 3 S. 24
Freikux gibt Anspruch auf Rechnungslegung HGes. 4 S. 222
Freiprozente, Taxierte Police und Berechnung der — PrVersR 3 S. 173
Freiwillige Reserven, Deckung des Verlustes aus —n — einer AG. HGes. 1 S. 323
Freizeichnung, Konnossementsmäßige — des Verfrachters SchiffR 1 S. 127
— für Nautische Fehler SchiffR 1 S. 280
— des Verfrachters von seiner Haftung für Reisetüchtigkeit des Schiffes gegenüber den Befrachtern SchiffR 2 S. 29
— von der Haftung für Fahruntüchtigkeit des Schiffes im Binnenschiffahrtsrecht SchiffR 2 S. 294
— siehe auch Große Haverei
Freizeichnungsklausel und fob-Klausel HGB 2 S. 84
—, „Lieferungsmöglichkeit vorbehalten", Rechtliche Bedeutung HGB 2 S. 184
—, Berufung des Spediteurs auf — bei Abweichung von den Anweisungen des Auftraggebers
— siehe auch Konnossement
Fremde Rechnung siehe Versicherung für — — PrVersR 1
Fremde Schuld, Übernahme einer Wechselverpflichtung für — — Bk-WR S. 419
Fremdwährung, Lebensversicherung in — und Devisenbewirtschaftungsstelle PrVersR 2 S. 216
Frist für die Anfechtungsklage nach § 51 GenGes. beginnt immer am Tage der Generalversammlung HGes. 4 S. 29
— für Übersendung des Stückeverzeichnisses, §§ 3, 4 Depotgesetz Bk-WR S. 103
— für die Anzeigeerstattung bei der Feuerversicherung PrVersR 1 S. 237
— siehe auch Nachfrist
Fristablauf nach § 12 II VVG., Beginn PrVersR 2 S. 42
—, Erlöschen der nicht vor den Richter gebrachten Versicherungsansprüche durch —. Nachträgliche Erweiterung des Klaganspruchs PrVersR 2 S. 247
Fristbestimmung zur Einreichung der Aktien bei Zusammenlegung der Aktien HGes. 1 S. 99
— im Versicherungsverhältnis bei nicht rechtzeitiger Prämienzahlung PrVersR 1 S. 1, 11
Fristlose Entlassung eines Handlungsgehilfen aus wichtigem Grunde HGB 2 S. 18
— des Vorstandsmitgliedes einer Genossenschaft nur durch Generalversammlung, auch wenn er nicht Genosse geworden HGes. 4 S. 140
Fristlose Kündigung aus wichtigem Grund, § 626 BGB., § 92 HGB. HGB 2 S. 64

Fristsetzung, Erneute —, nachdem klargestellt ist, daß der Versicherer die Entschädigung ablehnt, § 12 II VVG. PrVersR 1 S. 67
— nach § 39 VVG. PrVersR 1 S. 125
Fristversäumnung, Ungültigkeitserklärung von Aktien wegen — bei der Kapitalherabsetzung HGes. 1 S. 28
Führer, „Berechtigter —" im Sinne des § 3 Nr. 2 der Allgemeinen Versicherungsbedingungen für Kraftfahrzeug-Versicherung PrVersR 2 S. 70
Führerflucht, Haftpflichtversicherung bei — PrVersR 1 S. 120
Führermitversicherung, Zum unmittelbaren Anspruch auf Versicherungsschutz bei — PrVersR 2 S. 128
Führerschein, Zur Prüfungspflicht des —s des Kraftfahrzeugführers durch den Kraftfahrzeugversicherungsnehmer PrVersR 1 S. 113
—, Ersatz des —s durch Nachweis der erforderlichen Kraftfahrkenntnisse? PrVersR 2 S. 121
Führerscheinabrede, Guter Glaube des Versicherungsnehmers PrVersR 2 S. 138
Führerscheinklausel der Allgemeinen Versicherungsbedingungen für die Haftpflichtversicherung PrVersR 2 S. 121
Fund, Bei Kollision bevorrechtigter Mutungen entscheidet der Zeitpunkt des —es HGes. 4 S. 229
Fündigkeit, Zur Frage der Berücksichtigung von Tatsachen, die sich nach Einlegung der Mutung ereignet und der Bergbehörde nicht vorgelegen haben, bei Prüfung der — durch den Richter, § 15 BergGes. HGes. 4 S. 260
Funkenflug, Verladung von Torfstreu ohne Bedeckung und Haftung bei Schaden durch — EBR S. 117
Fusion siehe Verschmelzung

G

Garantie für Saatguteigenschaften im Samenhandel HGB 3 S. 91
—, Formvorschrift des § 15 IV GmbHGes. gilt nicht für Verpflichtung zur Verschaffung eines Anteils und Übernahme der — hierfür HGes. 2 S. 132
Garantievertrag, Kein Formzwang für —, durch den jemand einem Gesellschafter einer GmbH. das Aufkommen für Stammeinlage zusagt HGes. 2 S. 57
Garnierung des Schiffes, Zur Frage der Sorge für die — SchiffR 1 S. 127
Gasröhrenleitung siehe Anlage
Gattungskauf, Zulässigkeit der ädilitischen Rechtsmittel beim — HGB 2 S. 103
Gattungsschuld, Zur Individualisierung der — HGB 2 S. 147
Gebäudereste siehe Mauerreste
Gefahr, Begriff der — im Sinne der Vorschriften über Große Haverei SchiffR 1 S. 182
— im Sinne des § 16 I VVG. PrVersR 1 S. 48
—, Zum Grundsatz der Unteilbarkeit der — im Seeversicherungsrecht PrVersR 3 S. 191
— siehe auch Große Haverei
Gefahrerhöhung bei der Haftpflichtversicherung PrVersR 1 S. 77
— bei Feuerversicherung für fremde Rechnung; Verletzung von Obliegenheiten PrVersR 1 S. 277
— bei der Kraftwagen-Haftpflichtversicherung PrVersR 1 S. 356
— bei Unfallversicherung PrVersR 2 S. 253, 296
—, Versicherung gegen Unfall für fremde Rechnung. Anzeigepflicht des Versicherten PrVersR 2 S. 257
— bei oder nach Abschluß des Vertrages im Fall nachträglicher Erhöhung der Feuerversicherungssumme PrVersR 3 S. 215
Gefährliche Ware, Zur Haftung des Befrachters bei Verladung —r —, § 45 BSchG SchiffR 2 S. 245
Gefahrübergang, Bedeutung der Fob-Klausel für den — beim Transport HGB 1 S. 9
— bei überseeischen Kaufgeschäften SchiffR 1 S. 310
Gefahrübernahme, Zeit der — bei der Feuerversicherung PrVersR 1 S. 180

Gefahrumstände siehe Vordruck
Gefälligkeitsfahrt, Versicherungsschutz bei Unfall anläßlich einer — PrVersR 2 S. 151
Gegenbeweis gegen die Vermutung, daß ein beim Eisenbahnfrachtverkehr eingetretener Schaden, wenn er aus der nicht übernommenen Gefahr entstehen konnte, aus derselben wirklich entstanden ist EBR S. 1
Gegenkurs im Sinne von Art. 18 SeestrO. SchiffR 2 S. 22
Gegenstand des Unternehmens im Sinne des § 3 Ziff. 4 des GmbH-Ges. bedarf keiner weitgehenden Individualisierung HGes. 2 S. 16
Gehör, Zur Frage der Gewährung rechtlichen —s im genossenschaftlichen Ausschließungsverfahren HGes. 4 S. 208
Geisteskrankheit, Zur Haftung der Gesellschafter einer OGH. bei Nichtigkeit des Gesellschaftsvertrages wegen — eines Gesellschafters für namens der Gesellschaft abgeschlossene Verträge HGes. 3 S. 164
Geldentwertung, Auftrag zur Lieferung von Vorkriegspfandbriefen z. Z. stärkster — HGB 3 S. 245
—, Hinterlegung der in ausländischer Währung ausgedrückten Wechselsumme in entwerteter Mark Bk-WR S. 446
Geldnotierung im Börsenbericht, Bedeutung HGB 3 S. 178
Genehmigung, Vertragsabschluß des Handlungsagenten unter Vorbehalt der — des Geschäftsherrn und § 85 HGB. HGB 2 S. 70
—, Nachträglicher —sbeschluß der Generalversammlung einer AG. über ein vom Vorstand abgeschlossenes Rechtsgeschäft HGes. 1 S. 208
—, Verpflichtung des Gesellschafters, der einen Teil seines GmbH.-Anteils veräußert, die — der GmbH. zu beschaffen HGes. 2 S. 86
—, Form der — der Abtretung von Geschäftsanteilen oder Teilen von Geschäftsanteilen HGes. 2 S. 114
— nach § 17 GmbHGes. muß ausdrücklich sein HGes. 2 S. 116
— von Verträgen, welche in der Gründungszeit für die GmbH. abgeschlossen worden sind HGes. 2 S. 118
Generalversammlung, Befugnis der — einer AG. zur Bestellung von besonderen Vertretern HGes. 1 S. 206
—, Verkündung eines falschen Abstimmungsergebnisses unter einhelliger Zustimmung der — macht das verkündete Ergebnis wirksam, das nicht verkündete hinfällig HGes. 4 S. 76
Generalversammlungsbeschluß, Befugnis des Legitimationsaktionärs zur Anfechtung des —es einer AG. HGes. 1 S. 22
—, Rückstellungen gegen das Statut einer AG. durch — HGes. 1 S. 30
—, Ungleichmäßige Behandlung der Aktionäre bei kombinierter Sanierung HGes. 1 S. 99
—, Zum Begriff des —es der AG. als Voraussetzung der Anfechtungsklage HGes. 1 S. 121
—, Einfluß der Überschreitung der angekündigten Tagesordnung auf —e der AG. HGes. 1 S. 144
—, Einfluß unheilbarer Nichtigkeit von —en einer AG. auf spätere derartige Beschlüsse HGes. 1 S. 230
—, Bedeutung der Verkündung des —es einer Genossenschaft HGes. 4 S. 98
—, Zur Nichtigkeit mehrerer innerlich zusammenhängender —e. Prüfungspflicht des Registerrichters HGes. 4 S. 122
—, Bedeutung eines —es über den Verkauf von Häusern HGes. 4 S. 144
— siehe auch Nichtigkeit oder Anfechtbarkeit von —en
Genossenschaft, Kartell in Form einer —. Wirkung der Kündigung aus § 8 KartellVO. HGes. 2 S. 325
—, Zum Wesen der —. Mögliche Verknüpfung wirtschaftlicher und ideeller Zwecke (Kegelklub als Genossenschaft) HGes. 4 S. 114
Genossenschaften **HGes. 4 S. 1–210**

Genossenschaftliches Recht entsteht durch Generalversammlungsbeschluß ohne besondere Mitteilung, wenn der Betroffene anwesend ist HGes. 4 S. 144
Genossenschaftsregister, Bedeutung der Eintragung nichtiger Beschlüsse ins — HGes. 4 S. 98
—, Auf Eintragungen ins — findet § 139 BGB. keine Anwendung HGes. 4 S. 113
Genußscheine, Rechte aus —en, Einfluß auf Geschäftsführung der AG. HGes. 1 S. 177
Gepäckträger siehe Handgepäck
Gericht, Ausschließung eines Genossen. Rechtliche Gehör, Nachprüfung durch das — unabdingbar. Kein Rückgriff auf längst bekannte Tatsachen HGes. 4 S. 109
Gerichtliche Vertretungsbefugnis des Vorstandes einer AG. bei Klagen von Aufsichtsratsmitgliedern auf Entlastung HGes. 1 S. 206
Gerichtsstand siehe Erfüllungsort
Gerichtsvollzieher, Rechtliche Stellung des —s bei der Versteigerung verderblicher Ware auf Grund einer vom Käufer erwirkten einstweiligen Verfügung HGB 3 S. 105
Gesamtprokura, Unterschrift bei — HGB 1 S. 307
Gesamtschuldner, Die Haftung der Gesellschafter gemäß § 128 HGB. als — ist auch während der Liquidation anwendbar HGes. 3 S. 60
Gesamtschuldnerische Haftung des Vorstandes einer Genossenschaft trotz interner Aufteilung der Arbeitsgebiete HGes. 4 S. 1
—, Beweislast bei —r — mehrerer Bergwerke für den Bergschadensanspruch HGes. 4 S. 290
— siehe auch Ausgleichspflicht
Gesamtschuldverhältnis, Kein —, wenn zur Entstehung oder Vergrößerung des Bergschadens schuldhafte Handlungen Dritter mitgewirkt haben HGes. 4 S. 253
—, Wechselmäßige Schuldhilfe und — Bk-WR S. 419
Gesamtvertretung, Zur Frage der — HGB 1 S. 306
— der KG. a. A. im Anfechtungsprozeß; Kostenlast wenn nur ein Vertreter handelt HGes. 1 S. 56
—, Erteilung und Anmeldung der Prokura durch sog. unechte — der AG. HGes. 1 S. 297
—, Zur — bei einer KG HGes. 3 S. 13
—, Aktienzeichnung durch einen der Gesellschafter der OHG. kann durch nachträgliche Genehmigung des anderen wirksam werden HGes. 3 S. 47
—, Zur Unterzeichnung der Vorlegungsbescheinigung des § 16 Nr. 1 ScheckGes. Bk-WR S. 592
Gesamtvertretungsmacht zweier Geschäftsführer. Auch bei Verhinderung des einen keine gesetzliche Alleinvertretungsbefugnis des anderen HGes. 2 S. 111
Geschäftsanteil, Keine Einzahlungspflicht hinsichtlich des neuen —s, wenn die GmbH. vor Eintragung der Kapitalerhöhung in Konkurs gerät HGes. 2 S. 42
—, Verpflichtung des Gesellschafters, der einen Teil seines —s veräußert, die Genehmigung der GmbH. zu verschaffen HGes. 2 S. 86
—, Verbot des Erwerbs eigener —e durch die GmbH. gilt auch bei öffentlicher Versteigerung nach § 23 GmbHGes. HGes. 2 S. 98
—, Auch bei Verkauf aller —e einer GmbH., die ein Geschäft betreibt, kommen keineswegs immer die Bestimmungen über den Sachkauf zur Anwendung HGes. 2 S. 106
—, Entgelt für einen eingezogenen — HGes. 2 S. 166
—, Keine Anmeldung der Veräußerung eines —s der GmbH. nach § 16 I GmbHGes., wenn der Geschäftsführer selbst veräußert HGes. 2 S. 184
—, Veräußerung von Teilen der —e einer GmbH. bei Einmanngesellschaft ohne Genehmigung des Geschäftsführers HGes. 2 S. 208
—, Zusammenlegung und Neueinteilung von —en der GmbH. u. U. trotz § 15 II GmbHGes. HGes. 2 S. 208

Geschäftsanteil, Nichtigkeit der Genossenschaft wegen ungleicher —. Zu den Grenzen der Geltendmachung im Liquidationsverfahren HGes. 4 S. 26
— dürfen nicht in Sacheinlagen bestehen HGes. 4 S. 27
—, Keine Verpflichtung zu Einzahlungen auf den —, die nach Konkurseröffnung fällig werden HGes. 4 S. 44
—, Unzulässigkeit des Erforderns von Neueinzahlungen auf vollbezahlte —e einer Genossenschaft HGes. 4 S. 71
—, Die Übernahme weiterer — ist u. U. trotz Verstoß gegen §§ 136, 137 GenGes. wirksam HGes. 4 S. 75
—, Nach Auflösung der Genossenschaft weder Beitritt noch Erwerb weiterer —e möglich HGes. 4 S. 78
—, Kein Schadensersatzanspruch der Genossenschaft, die ihre Auflösung beschlossen hat, gegen Genossen, die mit der satzungsmäßigen Verpflichtung zur Übernahme weiterer —e im Verzug waren HGes. 4 S. 102
—, Ansprüche auf Einzahlungen auf —e sind unabtretbar und unpfändbar HGes. 4 S. 116
—, Voraussetzungen der Herabsetzung des —s. Rechtsfolgen der Nichtigkeit eines Herabsetzungsbeschlusses auf die Haftung später eintretender Genossen HGes. 4 S. 127
—, Keine Abtretung oder Kündigung mit einigen von mehreren —en HGes. 4 S. 135
— siehe auch Einziehung eines —s, Form, Formvorschriften und Formzwang
Geschäftsbedingungen siehe Allgemeine —
Geschäftsbetrieb, Verkauf eines —es und verborgene Fehler HGB 1 S. 106
—, Haftpflicht aus —, § 151 II VVG. PrVersR 2 S. 42
Geschäftsbücher, Grenzen des Rechts der Gesellschafter der GmbH. auf Einsicht in — und Belege HGes. 2 S. 5
—, Keine Einsicht in — und Papiere nach § 157 III HGB., wenn das Geschäft der OHG von einem Gesellschafter übernommen worden ist HGes. 3 S. 32
— siehe auch Geschäftspapiere
Geschäftsführender Gesellschafter, Zum Anspruch des —n —s auf Vergütung für seine Tätigkeit HGes. 3 S. 259
— siehe auch Klage des Einzelgesellschafters
Geschäftsführer, Rechtliche Wirkung des Beschlusses der Gesellschafterversammlung, den — der GmbH. seines Amtes zu entheben HGes. 2 S. 25
—, Zur Rechtswirksamkeit von Rechtsgeschäften, die von einem durch eine einstweilige Verfügung bestellten — abgeschlossen sind HGes. 2 S. 110
— bei Gesamtvertretungsmacht zweier —. Auch bei Verhinderung des einen, keine gesetzliche Alleinvertretungsbefugnis des anderen HGes. 2 S. 111
—, Schuldrechtliche Verpflichtung des Alleingesellschafters gegenüber einem —, zu einem gewissen Betrage nach dessen Ansicht zu stimmen. Keine Verpflichtung hierzu bei Vorliegen eines wichtigen Grundes zur Abberufung des Geschäftsführers HGes. 2 S. 158
—, Stimmrecht des Gesellschafters der GmbH. beim Beschluß über Widerruf seiner Bestellung zum — HGes. 2 S. 200
—, Bedeutung der Beendigung seines Dienstvertrages für seine Stellung als Organ der GmbH. HGes. 2 S. 204
—, Form der Übertragung der Alleinvertretung auf einen von mehreren —n HGes. 2 S. 253
—, Sonderrecht auf Bestellung zum — der GmbH. HGes. 2 S. 296
—, Zur Haftung des —s der OHG. oder KG. gegenüber wegen Überschreitung seiner Befugnisse HGes. 3 S. 199
Geschäftsführung, Notverkauf einer beanstandeten Ware durch Käufer als — ohne Auftrag für Verkäufer HGB 3 S. 80

—, Rechte aus Genußscheinen, Einfluß auf — der AG. HGes. 1 S. 177

Geschäftsführungsbefugnis des Kommanditisten ist nur nach § 117 HGB. entziehbar, nicht kündbar HGes. 3 S. 105

Geschäftsgeheimnisse, An —n der OHG. sind die Gesellschafter gemeinschaftlich berechtigt HGes. 3 S. 103

Geschäftsgewinn siehe Gewinn

Geschäftsgrundlage, Mitgliedschaft als — für den Verkauf eines Hauses der Genossenschaft an einen Genossen HGes. 4 S. 144

Geschäftslokal siehe Abwesenheitsprotest

Geschäftspapiere, Recht des ausscheidenden Gesellschafters der OHG., die — zu prüfen HGes. 3 S. 14

— siehe auch Geschäftsbücher

Geschäftsschulden, Zur Wirksamkeit der Vereinbarung über Nichthaftung für — bei Erwerb eines Geschäfts Dritten gegenüber bei rechtzeitiger Anmeldung zum Handelsregister HGB 1 S. 115

—, Übergang von —, § 28 II HGB. HGB 1 S. 139

— siehe auch Schuldenhaftung

Geschäftsübernahme, Haftung für Abfindungsforderung des aus einer OHG. ausscheidenden Gesellschafters bei — HGB 1 S. 225

—, Betätigung des ausscheidenden Gesellschafters an z. Z. des Ausscheidens schwebenden Geschäften der OHG. oder KG. bei — durch den Mitgesellschafter HGes. 3 S. 44

—, Auflassung bei — nach § 142 HGB. nicht erforderlich, auf vertragliche — analog anzuwenden HGes. 3 S. 56

—, Welcher Zeitpunkt ist für die Auseinandersetzung bei — nach § 142 HGB. maßgebend? HGes. 3 S. 98

— im Sinne der §§ 142, 140 HGB. bei Fortsetzung der Gesellschaft durch den Erben des schuldigen oder des treuen Gesellschafters HGes. 3 S. 176

—, Schuldenhaftung und Verjährung bei der — Bk-WR S. 520

— siehe auch Übernahme

Geschäftsunfähiger Einzelkaufmann, Eintritt in das Geschäft eines —n —s, Haftung für Geschäftsschulden HGB 1 S. 130, 132

Geschäftsveräußerung siehe Veräußerung

Geschäftsverbindlichkeiten siehe Verbindlichkeit

Geschäftswert, Begriff des inneren —s eines Handelsunternehmens HGB 1 S. 267

— oder Firmenwert siehe Stille Gesellschaft

Geschäftszweig, Unbefugter Gebrauch einer Firma beim Verkauf eines einzelnen —s unter Fortführung der Firma HGB 1 S. 87

Gesellschaft mit beschränkter Haftung HGes. 2 S. 1—318

—, Haftung für Verbindlichkeiten des früheren Geschäftsinhabers durch Beteiligung an einer — bei Übernahme eines Handelsgeschäfts HGB 1 S. 118

—, Erwerb eines Handelsgeschäfts zwecks Einbringung in eine zu gründende — und Haftung aus § 25 HGB. Identität der Vorgesellschaft mit der — HGB 1 S. 194

— und Inhaber sämtlicher Geschäftsanteile verschiedene Rechtspersönlichkeiten Bk-WR S. 80

Gesellschafter, Fortführung der Gesellschaftsfirma nach Auflösung der K.G. durch — und Abschluß von Geschäften, mit denen sich Gesellschaft nicht befaßt hat HGB 1 S. 69

—, Zur Klagebefugnis des —s einer OHG. oder K.G. HGes. 3 S. 86, 199

—, Zur Frage, inwieweit der — persönlich für Verpflichtungen der OHG. haftet HGes. 3 S. 147

—, Veräußerung des Geschäfts einer OHG. mit der Firma bedarf, wenn sich die OHG. in Liquidation befindet, der Einwilligung der — HGes. 3 S. 193

Gesellschafterbeschluß, Folgen der Nichtbeachtung von Satzungsbestimmungen über Beurkundung von —en HGes. 2 S. 143

Gesellschafterbeschluß, Notwendigkeit eines —es zur Einforderung ausstehender Einzahlungen auf Stammeinlagen HGes. 2 S. 202
— siehe auch Nichtigkeit oder Anfechtbarkeit der —e einer GmbH.

Gesellschaftereinlage siehe Einlage

Gesellschafterforderung, Haftung der Mitgesellschafter einer OHG. für —en, die mit dem Gesellschaftsverhältnis nicht zusammenhängen HGes. 3 S. 180

Gesellschafterversammlung kann nicht *Schiedrichter zwischen der GmbH.* und ihren Gesellschaftern sein HGes. 2 S. 13
— der GmbH. kann durch Satzung nicht völlig beseitigt werden HGes. 2 S. 197
—, Rücknahme der Einberufung einer — der GmbH. HGes. 2 S. 279

Gesellschaftsähnliches Vertragsverhältnis, Anwendung von §§ 320ff. BGB. und Kündigung aus wichtigem Grund HGB 1 S. 199

Gesellschaftsgläubiger, „Bekannter Gläubiger" im Sinne des § 73 II GmbHGes. HGes. 2 S. 93
—, Zur Haftung der Mitgesellschafter, wenn ein Gesellschafter — ist, § 110 HGB. HGes. 3 S. 45

Gesellschaftsverhältnis siehe Vergleichsverfahren

Gesellschaftsvermögen, Verwertung des —s einer AG. durch Veräußerung des Vermögens im ganzen im Sinne von § 303 1 HGB. HGes 1 S. 244

Gesellschaftsvertrag, Zur Haftung der Gesellschafter einer OHG. bei Nichtigkeit des —es wegen Geisteskrankheit eines Gesellschafters für namens der Gesellschaft abgeschlossene Verträge HGes. 3 S. 164
— siehe auch Anfechtung des —s, Rücktritt vom —, und Arglistige Täuschung

Gesellschaftszweck, Keine Auflösung der GmbH. bei vorübergehender Unmöglichkeit des —s HGes. 2 S. 248

Gesetz, Undurchführbarkeit satzungsmäßiger Gewinnverteilung infolge neuer —e (AG.) HGes. 1 S. 176

Gesetzesumgehung, Zur Lehre von der — HGB 1 S. 62

Gewährleistung wegen Fehler beim Verkauf eines Geschäftsbetriebes HGB 1 S. 106
— im Sinne von § 868 II HGB. PrVersR 3 S. 117

Gewahrsam, Selbsthilfeverkauf bei Ware, die der Verkäufer nicht selbst in — hat HGB 2, S. 272, 275

Gewerbefreiheit, Vertragsmäßige Beschränkung der — HGB 1 S. 74

Gewerbsmäßigkeit als Voraussetzung der *Kaufmannseigenschaft* HGB 1 S. 6

Gewerken, die zum Vorstand gehören, haben Stimmrecht auch bei dessen Entlastung HGes. 4 S. 213
—, Keine Vertretungsbefugnis der einzelnen — HGes. 4 S. 273

Gewerkenbuch, Bedeutung der Eintragung für die Abstimmung HGes. 4 S. 236

Gewerkenversammlung, Einladung zur — muß eine angemessene Frist freilassen HGes. 4 S. 236
—, Ort der — HGes. 4 S. 271

Gewerkschaft, Keine Beschränkung der Rechts- und Handlungsfähigkeit der — auf das verliehene Bergwerk HGes. 4 S. 232

Gewerkschaftsbeschlüsse, Keine Anfechtung von —n, die nur in Ablehnung von Anträgen bestehen HGes. 4 S. 235

Gewerkschaftsrepräsentant siehe Repräsentant

Gewichtsfeststellung, Erfordernisse der nach § 61 BSchG. SchiffR 2 S. 256

Gewinn, Nichtbeteiligung eines Gesellschafters am — und Verlust der OHG. schließt nicht den Bestand einer OGH. aus HGes. 3 S. 83
—, Passivlegitimation des Mitgesellschafters der OHG. für die Klage auf Geschäfts— HGes. 3 S. 259
—, Zum Begriff des entgehenden —s im Sinne des § 53 VVG PrVersR 1 S. 188

Gewinnanteil als wechselnde Bezüge im Sinne des § 74b II HGB. HGB 2 S. 20
—, Über Anspruch des Aufsichtsrats einer AG. auf — HGes. 1 S. 80

—, Keine persönliche Haftung der Mitgesellschafter für den — des Kommanditisten. Auslegung vertraglicher Ausschaltung von § 169 HGB. HGes. 3 S. 119
Gewinnanteilscheine, Rechtliche Natur von —n im Aktienrecht HGes. 1 S. 95
Gewinnausschüttung, Zulässigkeit und Wirkungen vertraglicher Beschränkung der — im Aktienrecht HGes. 1 S. 134
Gewinnbeteiligungsrecht, Zur Frage des —s des stillen Gesellschafters HGes. 3 S. 123
Gewinnbezug bei OHG., die laut Gesellschaftsvertrag nach dem Tode eines Gesellschafters mit dessen Witwe fortgesetzt wird. Zum Anspruch der neben der Witwe kraft Gesetzes zur Erbfolge Berufenen auf — HGes. 3 S. 271
Gewinnverteilung, Undurchführbarkeit der satzungsmäßigen — infolge neuer Gesetzgebung (AG.) HGes. 1 S. 176
Gewohnheitsrecht, Bildung von — HGB 2 S. 165 Bk-WR S. 468
Giro, Begebung eines Wechsels nach Protest. Legitimation durch das — des Ausstellers Bk-WR S. 391
Girokonto, Rechtliche Natur Bk-WR S. 1
Giroverkehr der Reichsbank bei Kenntnis der Zahlungseinstellung des Empfängers der Überweisung. Widerruf einer Überweisung auf Girokonto Bk-WR S. 36
Gläubiger siehe Gesellschaftsgläubiger
Gläubigerbenachteiligung, Anfechtung wegen — bei Umstellung des Bezugsrechts PrVersR 2 S. 220
Gläubigerschaft, Nichtige Übertragung einer Handelsfirma und Frage der — bei den Geschäften, die unter dem Namen dieser Firma geschlossen sind HGB 1 S. 101
Gläubigerschutzbestimmungen, Vorschriften über die Pflichten der Vorstandsmitglieder als — HGes. 1 S. 385
Gleichberechtigung, Anfechtbarkeit der Generalversammlungsbeschlüsse b. Verstoß gegen den Grundsatz der — der Aktionäre HGes. 1 S. 216
Gleiche Personennamen, Firmenschutz einer GmbH. gegenüber der jüngeren KG. mit —m —n HGB 1 S. 241
Gleichlautende Firmen, Zusatz „in Liquidation" als Unterscheidungsmerkmal HGB 1 S. 56
Gleichmäßige Behandlung der Aktionäre HGes. 1 S. 216
— bei Verteilung der Liquidationsmasse HGes. 1 S. 46
„Glückliche Ankunft vorbehalten", Bedeutung und Anwendungsgebiet der Kaufvertragsklausel SchiffR 1 S. 315, 316
Goldmarkeröffnungsbilanz, Unterbewertung von Vermögensstücken in der — HGes. 1 S. 210
Goldmarkumstellungsbeschlüsse, Einzahlungsverpflichtungen der Aktionäre bei Nichtigkeit der im Handelsregister eingetragenen — HGes. 1 S. 314
Grobe Fahrlässigkeit, Umtausch eines Verrechnungsschecks in einen Barscheck als — — Bk-WR S. 599
—, Haftung der Eisenbahn für — — im internationalen Eisenbahnverkehr EBR S. 58, 154
Große Haverei, Begriff der Gefahr im Sinne der Vorschriften über — —. Örtliches Recht SchiffR 1 S. 182
—, Sind die Bestimmungen über die — — auf die Flußschiffahrt, insbes. die Rheinschiffahrt anzuwenden? SchiffR 1 S. 182
—, Einfrieren im Nothafen SchiffR 1 S. 189
—, Voraussetzungen bei Aufwendung von Kosten und absichtlicher Zufügung von Schäden zum Zweck der Anbringung nach unabsichtlicher Strandung SchiffR 1 S. 191
— und Einrede aus § 702 HGB. Beschränkung der Haftung des Reeders aus Verschulden des Schiffers durch Freizeichnung im Frachtvertrag von der Haftung für nautisches Verschulden des Schiffers SchiffR 1 S. 239
—, Zur Auslegung des § 702 HGB. und des § 254 BGB. SchiffR 1 S. 244

Große Haverei und Beitragspflicht der Post SchiffR 1 S. 295
— und Havarie, Begriff SchiffR 1 S. 310
—, Beitragspflicht zur —n — SchiffR 1 S. 323
—, Zum Begriff der außerordentlichen Aufwendungen SchiffR 1 S. 333
—, Zur Bedeutung der Worte „von dem Schiffer oder auf dessen Geheiß" in § 700 HGB. SchiffR 1 S. 340
—, Rechte des Reeders an einer Sicherheit für Beiträge zur —n — SchiffR 1 S. 371
—, Rechtlicher Charakter des Einschusses des Beitragspflichtigen SchiffR 2 S. 11
—, Zum Begriff der gemeinsamen Gefahr SchiffR 2 S. 129
Grubenvorstand, Stimmrechte der Mitglieder des —es bei Entlastung des —s HGes. 4 S. 213
—, Zur Haftung der Mitglieder des —s gegenüber Dritten HGes. 4 S. 237
Grundbuchvertreter, Aktiengesellschaft als — nach § 1189 BGB. u. Verschmelzung HGes. 1 S. 345
Grundeigentum, Zur Anwendung des § 148 BergGes. bei Schädigung nicht privaten —s HGes. 4 S. 258
Grundeigentümer, Umfang der Eigentumsrechte des —s trotz verliehenen Bergwerkseigentums HGes. 4 S. 225
—, Über den Widerstreit von Bergwerkseigentum mit Abbau des —s auf ein diesem gehöriges Mineral HGes. 4 S. 315
Gründerhaftung bei einer AG. HGes. 1 S. 259
—, Über Ausschluß der — durch Vergleich vor Ablauf der Sperrfrist nach § 205 HGB., § 43 AktG. HGes. 1 S. 291
— bei Scheitern der geplanten Stufengründung im Aktienrecht HGes. 1 S. 346
— bei einer GmbH. wegen betrügerischer Überbewertung von Sacheinlagen HGes. 2 S. 106
Gründerprovision, Vereinbarung einer — ohne Rücksicht auf Gewinn und Verlust; Aufnahme in die Satzung HGes. 2 S. 127
—, Nachträgliche Einräumung einer — nur durch Satzungsänderung HGes. 2 S. 270
Grundschuld, Abtretung einer — zur Tilgung einer Börsenterminschuld. Verlust des Termineinwands Bk-WR S. 174
Grundstück, Übernahme eines —s durch AG., Formerfordernisse nach § 186 HGB. HGes. 1 S. 233
—, Keine Formbedürftigkeit des Eintritts eines neuen Gesellschafters in die OHG., auch wenn zum Gesellschaftsvermögen —e gehören HGes. 3 S. 72
—, Zur Entstehung des Anspruchs des Genossen einer Baugenossenschaft auf Übertragung eines —s HGes. 4 S. 179
Gründung, Mündliche Zusage einer Beteiligung an der beabsichtigten — einer GmbH. mit Zeichnung eines bestimmten Betrages als rechtliche Verpflichtung HGes. 2 S. 1
—, Genehmigung von Verträgen, welche in der Zeit der — für die GmbH. abgeschlossen worden sind HGes. 2 S. 118
—, Zur Nichtigkeit der Beteiligungserklärung an einer GmbH. wegen sittenwidrigen Verhaltens eines Mitgesellschafters bei der — HGes. 2 S. 146
—, Wirkung von Rechtsgeschäften der Genossen für die Genossenschaft vor deren — HGes. 4 S. 26
Gute Sitten, Verstoß gegen — — siehe Sittenverstoß, Sittenwidrigkeit
Guter Glaube im Lombardverkehr. Zur Prüfungspflicht des Pfandnehmers bei Eigentumsvorbehalt an der verpfändeten Sache HGB 2 S. 195
— im Sinne von § 217 HGB., § 56 AktG. HGes. 1 S. 87
— einer Bank beim Pfanderwerb Bk-WR S. 87, 126
— des formell legitimierten Wechselinhabers Bk-WR S. 389
—, Kein Versicherungsanspruch bei —m —n des Versicherungsneh-

mers bzgl. Fahrerlaubnis seines Kraftfahrers PrVersR 2 S. 138
— siehe auch Blankowechsel, Gutgläubiger

Güterschaden, Zur Haftung des Seeversicherers für —, der von dem Ablader verschuldet ist PrVersR 3 S. 218

Gütertarif, Tarifberechnung im Eisenbahnfrachtverkehr EBR S. 242
—, Verwendung der im — gebrauchten Ausdrücke im Frachtbrief EBR S. 209

Güterversicherung und Erlös der Güter, der für die versicherten Güter erzielt wird PrVersR 3 S. 194

Gutgläubiger Eigentumserwerb, Böser Glaube auch nur eines Gesellschafters hindert —n — HGes. 3 S. 6

Gutgläubiger Erwerber eines Wechselblanketts. Einrede des mangelnden Wechselvertrags gegenüber —m — Bk-WR S. 411
—, Zur Einrede des mangelnden Wechselbegebungsvertrags gegenüber dem —n — des Wechsels Wk-WR S. 454

Gutgläubiger Käufer eines Blankoakzepts. Einreden aus der Person des Verkäufers ihm gegenüber Bk-WR S. 354

Gutsüberlassungsvertrag als Veräußerung im Sinne der §§ 69—71 VVG. PrVersR 1 S. 37

H

Hafen- und Reviergefahr, Versicherung gegen — — PrVersR 3 S. 156

Haftpflicht der Eisenbahn aus unerlaubter Handlung neben der — aus dem Transportvertrag EBR S. 38

Haftpflichtversicherung **PrVersR 1 S. 307—Ende** **PrVersR 2, S. 1—180**

Haftsumme, Zur Wirksamkeit der Erhöhung der — HGes. 4 S. 69

Haftung, Übertragung des Handelsgeschäfts mit Firma und — des bisherigen Geschäftsinhabers bei nicht erfolgter Eintragung der Firma HGB 1 S. 50
—, Persönliche — des eine erworbene Firma einbringenden Gesellschafters einer GmbH. nach § 25 HGB. für Verbindlichkeiten des bisherigen Inhabers? HGB 1 S. 194
— aus § 25 HGB. bei Nichtigkeit des dem Erwerb zugrundeliegenden Handelsgeschäfts, sofern der Erwerber es als solches fortführt und es im Handelsregister eingetragen ist HGB 1 S. 207
—, Zur — des Liquidators einer AG. gegenüber dem durch ungleichmäßige Verteilung verkürzten Gläubiger HGes. 1 S. 9
— für Handeln namens einer nicht eingetragenen AG. HGes. 1 S. 38
— bei Übernahme eines Vermögens einer AG., für deren nicht übernommene Schulden HGes. 1 S. 64
— der Aktionäre beim Empfang verbotener Zahlungen, Begriff von „Zinsen“ u. „Gutem Glauben“ HGes. 1 S. 87
—, Grenzen der — des vor der Eintragung für eine GmbH. Handelnden HGes. 2 S. 28, 31, 116, 129
—, Beginn der persönlichen — der Handelnden im Sinne des § 11 GmbHGes. HGes. 2 S. 138
— des Übernehmers einer Stammeinlage bei Kapitalerhöhung der GmbH. auch für Fehlbeträge alter Stammeinlagen HGes. 2 S. 185
— der GmbH. für unerlaubte Handlungen (Wettbewerb) des vor ihrer Eintragung für sie Handelnden HGes. 2 S. 228
—, Zum Umfang der — der Gesellschafter bei Konkurs der OHG., insbes. wenn für die Forderung ein Pfand bestellt war. HGes. 3 S. 1
—, Zur — des in eine Einzelfirma als Gesellschafter Eintretenden für Gesellschaftsschulden HGes. 3 S. 20
—, Zur — des Vermögens der OHG. für Aufwendungen nach § 110 HGB. während der Liquidation der Gesellschaft HGes. 3 S. 20

Haftung, Zur — der Erben des einzigen Komplementärs, durch dessen Tod die KG. aufgelöst worden ist HGes. 3 S. 60
—, § 128 HGB. ist auch während der Liquidation anwendbar HGes. 3 S. 60
—, Zur persönlichen — des Gesellschafters der OHG., Recht zur Nebenintervention, Einwendungen gegen die Klage aus § 128 HGB HGes. 3 S. 100
—, Keine — der OHG. aus Geschäften, bei denen der Gesellschafter nicht erkennbar für sie gehandelt hat HGes. 3 S. 115
—, Gesamtschuldnerische — des Vorstandes einer eingetragenen Genossenschaft trotz interner Aufteilung der Arbeitsgebiete HGes. 4 S. 1
—, Voraussetzung der Herabsetzung des Geschäftsanteils. Rechtsfolgen der Nichtigkeit eines Herabsetzungsbeschlusses auf die — später eintretender Genossen HGes. 4 S. 127
— des Aufsichtsratsmitgliedes einer Genossenschaft für Abschluß unwirksamer Börsentermingeschäfte HGes. 4 S. 165
— der Eisenbahn für Frachtgut vor Beginn und nach Beendigung des eigentlichen Transports EBR S. 75
—, Zur Außervertraglichen — der Eisenbahn bei Ausschluß der — aus dem Frachtvertrag EBR S. 250
— der Schiffer und Reeder für den Stauer dritten Personen gegenüber SchiffR 1 S. 15
—, Zur Frage, mit welchen Schiffen der Schiffseigner für ein Verschulden des Schiffers haftet SchiffR 2 S. 184
— der Versicherungsentschädigung im Falle der Abtretung einer auf dem abgebrannten Gebäude eingetragen gewesenen Eigentümergrundschuld PrVersR 1 S. 222
—, Bei der Haftpflichtversicherung ist Frage der — des Versicherungsnehmers gegenüber dem Verletzten in einem Rechtsstreit zwischen diesen Personen auszutragen PrVersR 1 S. 356
— des Versicherers für den Schadensersatz, den der Reeder einem Dritten gegenüber für Ansegelung eines Piers oder einer Hafenmauer zu leisten hat? PrVersR 3 S. 67
— des Versicherers in der Seeversicherung, wenn ein einheitlicher Schaden durch mehrere nur zum Teil durch den Versicherungsvertrag gedeckte Gefahrumstände verursacht worden ist? PrVersR 3 S. 289
— siehe auch Beschränkte —, Beschränkt *persönliche* —, Ausgeschiedene Gesellschafter, Mitgesellschafter, Schuldenhaftung

Haftungsbefreiung siehe Seefähigkeitszeugnis

Haftungsbeschränkung beim Durchkonnossement, dessen Aussteller nur die Stellung eines Spediteurs einnehmen will SchiffR 2 S. 124
—, Behandlung des Versicherungsrisikos bei der Reederei PrVersR 3 S. 258

Hagelversicherung **PrVersR 1 S. 286—289**

Hamburger Kriegsklausel, Auslegung PrVersR 3 S. 175

Handelnder im Sinne des § 11 GmbH.-Gesetz HGes. 2 S. 28, 31, 116, 129, 138, 228

Handelsbücher, Beweispflicht des Einkaufskommissionärs bzgl. des Geschäftsabschlusses in Beziehung auf den erteilten Auftrag durch Vorlegung der — HGB 3, S. 158

Handelsfirma **HGB 1 S. 38—302**

Handelsgebrauch, Begriff HGB 2 S. 186
—, Zur Anwendung räumlich beschränkter —e HGB 2 S. 154
— bzgl. Untersuchungspflicht des Käufers HGB 3 S. 128
—, Zur Frage der Bildung eines —s, durch den die gesetzliche Haftpflicht der Eisenbahn ausgeschlossen oder beschränkt wird EBR S. 83

Handelsgeschäft, Allgemeine Vorschriften **HGB 2 S. 92—215**
—, Veräußerung von — und Firma. Fortbestehen des —s trotz zeitweiliger Betriebseinstellung HGB 1 S. 145

—, Erwerb eines —s zwecks Einbringung in eine zu gründende GmbH. und Haftung aus § 25 HGB. HGB 1 S. 194
—, Übergang eines —s mit allen Passiven und Rechtsvermutung des § 344 HGB. HGB 2 S. 128
Handelskauf **HGB 2 S. 215—Ende HGB 3 S. 1—131**
—, Versteigerung der Kaufsache am unrechten Ort bei Annahmeverzug des Gläubigers. Rechtsfolgen, Beweislast HGB 3 S. 220
Handelsmakler **HGB 2 S. 75—92**
—, Begriff und Haftung des —s HGB 2 S. 75
Handelsregister **HGB 1 S. 17—38**
—, Unterlassung von Eintragungen in das —, Auswirkung HGB 1 S. 17
—, Zur Wirksamkeit der Vereinbarung über Nichthaftung für Geschäftsschulden bei Erwerb eines Handelsgeschäfts gegenüber Dritten bei rechtzeitiger Anmeldung zum — HGB 1 S. 115
—, Pflicht des Kaufmanns zur Nachprüfung einer —eintragung HGB 1 S. 169
—, Über Eintragung der Anordnung der Testamentsvollstreckung für ein zum Nachlaß gehöriges Handelsgeschäft HGB 1 S. 173
—, Bedeutung der Eintragung der Firmenänderung HGB 1 S. 178
—, Zur Frage der Eintragung der von preuß. Gemeinden oder Gemeinde-Verbänden errichteten Sparkassen HGB 1 S. 261
—, Anfechtungsklage gegen Kapitalerhöhungsbeschlüsse einer AG. u. Eintragung der Durchführung dieser Beschlüsse im — HGes. 1 S. 244
—, Rechtliche Bedeutung der Angaben über Einbringungsverhältnisse einer AG. bei Anmeldung zum — HGes. 1 S. 259
—, Über Wirksamkeit der Mitteilung vom Ausschluß der Schuldenübernahme vor Eintragung der AG. in das — HGes. 1 S. 270
—, Über die Zulässigkeit einer Klage gegen eine im — nicht eingetragene, vor Klageerhebung aufgelöste OHG. HGes. 3 S. 138
—, Erben eines Kommanditisten können nicht als dessen Rechtsnachfolger in ungeteilter Erbengemeinschaft in das — eingetragen werden HGes. 3 S. 267
— siehe auch Hypothekenbestellung
Handelsregisterführer, Amtspflichtverletzung von —n HGB 1 S. 27
Handelssitte, Bedeutung der — für den Verkehr unter Kaufleuten HGB 2 S. 153
Handelswert, Bestimmung des gemeinen —s des Frachtguts im Sinne des Art. 34 IÜ. In welcher Währung sind Frachtauslagen zu erstatten? EBR S. 154
—, Berechnung des gemeinen —s von nicht in Verkehr gebrachtem Monopolsprit für Ersatzpflicht der Eisenbahn EBR S. 232
Handgepäck, Zur Haftung der Eisenbahn für das vom Reisenden einem Gepäckträger übergebene — EBR S. 131
Handlungsagenten **HGB 2 S. 27—75**
Handlungsbevollmächtigte für den gesamten Geschäftsbetrieb der GmbH. Wirksamkeit der Bestellung eines —n durch die Geschäftsführer HGes. 2 S. 36
Handlungsgehilfen und Handlungslehrlinge **HGB 2 S. 1—27**
Handlungsvollmacht, Prokura und — **HGB 1 S. 302—Ende**
Hausdiener, Umfang der Haftpflichtversicherung eines Hotelbesitzers, Haftpflicht nach § 831 BGB. für den — PrVersR 2 S. 92
Havarie, Bedeutung des Begriffs SchiffR 1 S. 310
Haverei siehe Große —
Havereibeiträge, Bürgschaft des Versicherers für — PrVersR 3 S. 139
Hecklicht, Zur Beschaffenheit des —s SchiffR 1 S. 133
Heilung, Keine — der Nichtigkeit des Kausalgeschäfts durch Abtretung eines Teils der veräußerten GmbH.-Anteile HGes. 2 S. 120
— unverbindlicher Börsentermingeschäfte. Begriff der vereinbarten Leistung, § 57 BörsenGes. Bk-WR S. 96

Heilung unverbindlicher Börsentermingeschäfte durch Erfüllungsannahme der vereinbarten Leistung Bk-WR S. 99
— der Unwirksamkeit einer Abtretung der Rechte aus einer Lebensversicherung PrVersR 2 S. 202
Herabsetzung des Grundkapitals einer AG., Zeitpunkt des Wirksamwerdens HGes. 1 S. 160
— des Geschäftsanteils, Voraussetzungen HGes. 4 S. 127
— der Taxe wegen wesentlicher Übersetzung trotz Einverständnis bei Abschluß der Seeversicherung PrVersR 3 S. 188
— der Lebensversicherungssumme nach § 69 II VAG. und Nachprüfungsrecht des Gerichts PrVersR 3 S. 335
— siehe auch Kapitalherabsetzung
Herausgabe, Verpflichtung des Schiffers zur — der Güter an Befrachter bei Ablehnung der Güter durch Empfänger? SchiffR 1 S. 55
—, Klage des Inhabers eines Ladescheines über abgeladene Ware auf — der Ware gegen einen dritten Besitzer SchiffR 1 S. 154
Heuergeldforderung, Zum Vorzugsrecht von —en aus früheren Reisen SchiffR 1 S. 100
Hilfsbau, Zum Recht des —s nach preußischem Bergrecht HGes. 4 S. 305
Hilfskosten, Zum Begriff des Empfängers von Gütern, die mit — belastet sind, § 100 II BSchG SchiffR 2 S. 272
Hilfsleistung in Seenot, Begriff SchiffR 2 S. 26
Hilfslohn, Zum Anspruch des Reeders auf Ersatz des —s für Rettung seines Schiffes durch eins seiner anderen Schiffe gegenüber dem Versicherer des geretteten Schiffes SchiffR 1 S. 142
—, Zuständigkeit des deutschen Strandamts, wenn der Rettungsfall mit den deutschen Küsten in keiner räumlichen Beziehung steht? Anfechtung des über einen — geschlossenen Vertrages wegen Übermaßes. Berechnung SchiffR 1 S. 207
—, Zur Klage auf Zahlung von — und Verfahren vor der Verwaltungsbehörde SchiffR 1 S. 214
—, Anspruch des Schleppers auf — SchiffR 1 S. 232
— für Rettung eines Binnenschiffs durch anderes Schiff desselben Eigentümers SchiffR 2 S. 205
Hinrichtung, Verpflichtung aus der Lebensversicherung bei — des Versicherten PrVersR 2 S. 235
Hinterhangsfahrzeuge siehe Doppelversicherung PrVersR 3 S. 83
Hinterlegung der Aktien und Stimmrecht, § 255 II HGB., § 107 II AktG. HGes. 1 S. 193
— der Wechselsumme, wegen subjektiver Ungewißheit des Gläubigers, Voraussetzungen Bk-WR, S. 325, 338
— der in ausländischer Währung ausgedrückten Wechselsumme in entwerteter Mark Bk-WR S. 446
— unanbringlichen Frachtguts. Rechte des Verfügungsberechtigten gegen den Verwahrer EBR S 66
Höchstbetrag, Beschränkung der Haftung der Eisenbahn für den Verlust von Kostbarkeiten auf einen — EBR S. 91
Höhere Gewalt, Streik der Eisenbahnangestellten als — — EBR S. 105, 172
Hotelbesitzer, Umfang der Haftpflichtversicherung eines —s bei Unfall durch Schuld des Hausdieners PrVersR 2 S. 92
Hypothek, Übergang der — oder Reallast auf den Versicherer, § 102, 106 VVG PrVersR 1 S. 222
Hypothekbestellung an dem Grundstück einer OHG durch eine Person, die im Handelsregister zu Unrecht als Gesellschafter eingetragen HGB 1 S. 25
Hypothekengläubiger, Rechte der — aus § 101 VVG. PrVersR 1 S. 200
—, Zur Verpflichtung des Versicherers gegenüber dem — nach erfolgter Anfechtung des Versicherungsvertrages wegen arglistiger Täuschung durch den Versicherungsnehmer PrVersR 1 S. 241

—, Zur Verpflichtung des Versicherers gegenüber dem — bei Verjährung des Anspruchs des Versicherungsnehmers PrVersR 1 S. 248
—, Verpflichtung des Versicherers aus § 101 VVG. gegenüber —, für dessen Hypothek erst eine Vormerkung besteht PrVersR 1 S. 261
—, Zum Anspruch des —s nach § 101 VVG., wenn Versicherer dem Versicherten gegenüber wegen dessen Verhaltens keine Verpflichtung mehr hat PrVersR 1 S. 267

I

Imaginärer Gewinn siehe Seeversicherung
Indentgeschäft, Rechtliche Natur HGB 3 S. 142
Indirekter Kollisionsschaden, Zur Haftung des Versicherers des Kasko für den sog. —n — des Reeders SchiffR 1 S. 159
Indossament, Kaufmännische Orderpapiere und Wirkung des —s HGB 2 S. 132
—, Durchstreichung der nachfolgenden —e im Verfahren und Klagänderung Bk-WR S. 462
— eines nicht an Order lautenden Ladescheins als Rechtsübertragung SchiffR 2 S. 287
— siehe auch Vollindossament
Indossant, Zur Angabe der Ortsbezeichnung auf dem Wechsel durch —en, wenn er Benachrichtigung von der Nichtzahlung des Wechsels beansprucht Bk-WR S. 395
—, Zum Rückgriff des —en, der den rückläufigen Wechsel eingelöst hat, gegen Akzeptanten und Vormänner Bk-WR S. 399
—, Einwendungen des Wechselschuldners gegenüber dem Indossatar aus der Person des —en Bk-WR S. 562
Infektion eines Arztes als Unfall PrVersR 2 S. 267, 303
Inhaber-Lagerschein, Begriff HGB 3 S. 274
Inhaberklausel bei der Lebensversicherung PrVersR 2 S. 180
Inhaberpapier, Inhaberklausel als Erfordernis des —s HGB 3 S. 273
— siehe auch Lagerschein
Inhaberscheck, Übersendung eines —s an eine Bank von ihren Kunden „zur Gutschrift". Rechtliche Bedeutung Bk-WR S. 596
Inhaltsangabe, Frachtzuschlag wegen unrichtiger — EBR S. 34, 152
Inkassomandatur siehe Rechtskraft
Inkassozession siehe Vollindossament
Innengesellschaft, OHG. als — HGes. 3 S. 244
Internationaler Eisenbahnverkehr, Haftung der Eisenbahn für grobe Fahrlässigkeit im —n — EBR S. 58
Internationales Privatrecht im Seeschiffsverkehr SchiffR 1 S. 258, 275
Internationales Übereinkommen über den Eisenbahnfrachtverkehr (IÜ.), Auslegung EBR S. 10, 244
—, Begriff der Kostbarkeiten EBR S. 26, 77, 103
—, Verhältnis von Art. 30 I zu Art. 31 I Nr. 4 IÜ. Beweisvermutung des Art. 31 II IÜ. EBR S. 167
Internationales Übereinkommen vom 23. 9. 1910 siehe Verjährung
Invaliditätsentschädigung, Beginn der Verjährung des Anspruchs auf — bei Kraftwageninsassenversicherung PrVersR 1 S. 108
—, Unfallversicherung ist, soweit es sich um die — handelt, keine Schadens— sondern eine Summenversicherung PrVersR 2 S. 307
Irrtum, Anfechtung des Versicherungsvertrages durch Versicherer wegen —s über die Person des Vertragschließenden PrVersR 1 S. 43
—, Entschuldbarer — des Kraftfahrzeugversicherungsnehmers über Führerschein des Kraftfahrzeugführers, Begriff und Voraussetzungen PrVersR 1 S. 113
—, Einfluß von Rechtsirrtum auf Verzögerungsschaden der Versicherungsgesellschaft PrVersR 1 S. 205
Irrtümliche Mitteilung, Haftung des Handlungsagenten aus —r — HGB 2 S. 27

J

Jäger, Haftpflicht aus dem Besitz von Schußwaffen „auch als Schütze, nicht als —" PrVersR 2 S. 65

Jahresbilanz siehe Bilanz

Juristische Person, Über Stimmrechtsverbot für die Aktien einer —n — (GmbH.), deren Vertreter zu dem Gesellschaftsorgan der AG. gehört HGes. 1 S. 333

K

Kaduzierung des GmbH.-Anteils, Voraussetzung des Staffelregresses HGes. 2 S. 73

—, Keine — eines GmbH.-Anteils wegen Säumnis mit einer Sacheinlage HGes. 2 S. 23

Kaduzierungsbeschluß und Nichtbeachtung der Fristen u. Formen für die Einzahlungsforderung (AG.) HGes. 1 S. 11

Kahneigner, Zur Haftung des —s für Verschulden seines Schleppers dem Befrachter gegenüber SchiffR 1 S. 287

—, Über Haftung des —s für Verschulden seines Schleppers dem Absender gegenüber SchiffR 2 S. 239

Kai-Empfangsschein, Bedeutung von Vermerken im — PrVersR 3 S. 258

Kaiser-Wilhelm-Kanal, Zwangslotse u. Kanalsteuer SchiffR 1 S. 382

—, Tätigkeit der Lotsen des —s als Zwangslotsen außerhalb des eigentlichen Kanalbezirks SchiffR 1 S. 378

Kanalsteuer im Kaiser-Wilhelm-Kanal, Stellung gegenüber dem Zwangslotsen SchiffR 1 S. 382

Kapitalerhöhung, Konsortium zur — einer AG. und Anspruch eines Mitgliedes gegen einen Konsorten auf Erstattung des für diesen gezahlten Betrages HGes. 1 S. 32

—, Über Bindung an Zeichnung neuer Aktien bei beschlossener, aber nicht durchgeführter — HGes. 1 S. 44

—, Bauzinsen bei —, § 215 II HGB., § 54 II AktG. HGes. 1 S. 88

—, Anfechtungsklage gegen — einer AG. u. Eintragung der Durchführung dieser Beschlüsse im Handelsregister HGes. 1 S. 244

—, Generalversammlungsbeschluß über —, § 278 HGB., § 149 AG. HGes. 1 S. 311

—, Zur Frage der Nichtigkeit der Beschlüsse der Generalversammlung über — HGes. 1 S. 315

—, Über Erfordernisse einer Bar— nach § 279 HGB. HGes. 1 S. 374

—, Keine Rechtswirksamkeit der —, wenn anderer Betrag eingetragen als beschlossen HGes. 2 S. 64

—, Trotz nichtiger — Haftung der Gesellschafter in Analogie zu § 77 III GmbHGes. HGes. 2 S. 67

—, § 53 III GmbHGes. gilt nicht für Beschlüsse über — HGes. 2 S. 136

—, Haftung des Übernehmers einer Stammeinlage bei — der GmbH. auch für Fehlbeträge alter Stammeinlagen HGes. 2 S. 185

—, Folgen unwirksamer, aber realisierter — im Innenverhältnis der Gesellschafter einer GmbH. HGes. 2 S. 274

—, Anspruch des Kommanditisten auf Feststellung seines Rechts bei — auf Vorwegerhöhung seiner Einlage ist gegenüber den Mitgesellschaftern geltend zu machen HGes. 3 S. 218

Kapitalerhöhungsbeschluß, Zur Wirksamkeit des —es gegenüber den Gesellschaftern der KG., die nicht an der Beschlußfassung teilgenommen haben HGes. 3 S. 218

Kapitalerhöhungsüberschuß, Anfechtung des —es durch Aktionär und Löschungsanspruch HGes. 1 S. 185

Kapitalherabsetzung, Ungültigkeitserklärung von Aktien wegen Fristversäumung bei — HGes. 1 S. 28

— und Gläubigerschutz für ausländische AG. mit Zweigniederlassung in Deutschland HGes. 1 S. 70

—, Über Zeitpunkt des Wirksamwerdens (AG.) HGes. 1 S. 160

— u. Verwendung des Rücklagekontos zur Dividendenverteilung (AG.) HGes. 1 S. 174

Kapitalrückzahlung, Wesen der — im Sinne des § 30 GmbHGes. HGes. 2 S. 196, 283

Kartell, GmbH. als — HGes. 2 S. 90

—, Begriff, Zulässigkeit, Form einer Sperre im Sinne des § 9 der KartellVO., Schadenersatz für unzulässige Sperre HGes. 2 S. 139, 170

—, Einziehung eines Geschäftsanteils nach dem Ausscheiden des Gesellschafters aus der —mäßigen Bindung der GmbH. und nach deren Eintritt in die Liquidation HGes. 2 S. 166

—, Begriff des —s HGes. 2 S. 175, 323

— in Form einer Genossenschaft. Wirkung der Kündigung aus § 8 KartellVO. HGes. 2 S. 325

—, Beitragspflicht der Mitglieder eines —s kann sich aus den Umständen ergeben. Form und Maßstab der Umlegung HGes. 2 S. 331

Kartellquote, Wesen der —. Teilung der Gemeinschaft an einer —, die zwei früher in einer Hand vereinigten, jetzt aber verschiedenen Inhabern gehörigen Werken zusteht HGes. 2 S. 295

Kartellrecht **HGes. 2 S. 320—Ende**

Kartellsperre und Lieferverträge HGes. 2 S. 336

Kartellvertrag, Zur Auslegung des Wettbewerbs in —en HGes. 2 S. 321

—, Begriff HGes. 2 S. 323

—, Kündigung des —s nach § 8 KartellVO. HGes. 2 S. 323, 325

Kasko, Zur Haftung des Versicherers des — für den sog. indirekten Kollisionsschaden des Reeders SchiffR 1 S. 159

Kaskoversicherer, Zur Erstattungspflicht der — bei Überschreiten der Versicherungssumme SchiffR 1 S. 323

Kaskoversicherung eines Kahns bei Schäden, die durch die Schiffsmannschaft verschuldet sind PrVersR 1 S. 289

siehe auch Auto- —

„**Kassa** gegen Verladungsdokumente", Begriff und Bedeutung der Klausel HGB 2 S. 261, 310

Kassageschäft, Anzeichen für ihre Spielnatur Bk-WR S. 96

—, wenn der Prämienkäufer die Wertpapiere effektiv bezieht? Bk-WR S. 142

—, Unterschied von Börsentermingeschäft, —, Spielgeschäft Bk-WR S. 165

Kauf, Zur Unterscheidung zwischen — und Kommissionsgeschäft HGB 3 S. 202, 216

Kauf nach Probe, Beweislast HGB 2 S. 240

Kaufleute **HGB 1 S. 1—17**

—, Regelung des Depotverkehrs (§ 8 DepotGes.) durch Bankkaufleute oder auch die übrigen —? Bk-WR S. 87

Kaufmännische Orderpapiere und Wirkung des Indossaments, §§ 363, 364 HGB. HGB 2 S. 132

Kaufmännische Schuldscheine HGB 1 S. 89

—, Über Rechtsvermutung der Zugehörigkeit des von einem Kaufmann gezeichneten Schuldscheins zu seinem Betrieb HGB 2 S. 128

Kaufmännischer Verpflichtungsschein, Begriff HGB 2 S. 108

—, Erfordernisse HGB 2 S. 117, 172

—, Wegen Formmangels ungültiger Wechsel als — Bk-WR S. 305

Kaufmannseigenschaft des Selbstverlegers HGB 1 S. 1

— des Eisenbahnbauunternehmers HGB 1 S. 3

—, Gewerbsmäßigkeit als Voraussetzung der — HGB 1 S. 6

— bei Sparkassen von Kommunalverbänden HGB 1 S. 11

— eines Weingutsbesitzers HGB 1 S. 14

Kaufpreis, Rückforderung des —es bei nicht vertragsmäßiger oder nicht gesetzmäßiger Beschaffenheit der Ware HGB 2 S. 216

Kaufprobe, Abweichungen von der — HGB 2 S. 310

Kaufvertrag, Überschreitung der Vertretungsbefugnis des Vorstandes beim Abschluß von —en mit Mitgliedern des Aufsichtsrats einer AG. HGes. 1 S. 69

Kaufvertragsklausel „Glückliche Ankunft vorbehalten", Bedeutung und Anwendungsgebiet SchiffR 1 S. 315, 316
Kausalzusammenhang zwischen Amtspflichtverletzung und Schaden, Begriff HGB 1 S. 27
— zwischen Einwirkung auf Arbeitgeber und Entlassung des Angestellten HGB 2 S. 27
— siehe auch Adäquate Verursachung
Kaution nach § 137 BergGes. kann jederzeit gefordert werden HGes. 4 S. 222
Kegelklub als Genossenschaft HGes. 4 S. 114
Kenntnis, Beweisführung des Kommanditisten für — des Gläubigers über seine Kommanditisten-Beteiligung HGes. 3 S. 141
—, Zur Bedeutung der — von drohender Berggefahr für den Bergschadensanspruch bei Bauerrichtung durch einen Pächter HGes. 4 S. 310
— des Versicherers vom Eintritt des Versicherungsfalls, § 33 II VVG. PrVersR 1 S. 338
Kettenhandel bei Lieferung der Ware in ein anderes Verbrauchsgebiet? HGB 3 S. 96
Klagänderung beim Übergang von der Erfüllungsklage zur Schadensersatzklage wegen Nichterfüllung bei Verweigerung der Erfüllung? HGB 3 S. 121
—, Durchstreichung der nachfolgenden Indossamente im Verfahren und — Bk-WR S. 462
Klaganspruch, Nachträgliche Erweiterung des —s PrVersR 2 S. 247
Klage, Über die Zulässigkeit einer — gegen eine nicht handelsgerichtlich eingetragene, vor Klageerhebung aufgelöste OHG. HGes. 3 S. 138
—, des Einzelgesellschafters einer OHG. gegen geschäftsührenden Mitgesellschafter auf Schadensersatz wegen Verletzung seiner Geschäftsführerpflichten bedarf der Zustimmung aller Gesellschafter HGes. 3 S. 261
Klagebefugnis, Zur — des Liquidators und des Gesellschafters einer OHG. HGes. 3 S. 86, 199
Klageerhebung, Fälligkeit eines eigenen Nachsichtwechsels durch — Bk-WR S. 216
—, Ausschlußfrist zur —. Voraussetzungen für § 12 II VVG PrVersR 1 S 85
Klagefrist, Zur Wahrung der — durch Teilklage bei der Unfallversicherung PrVersR 2 S. 282
Klagegrund, Über Nachschieben eines neuen —es bei der Anfechtungsklage nach Ablauf der Monatsfrist, § 271 II HGB. HGes. 1 S. 150
Klausel, Auslegung typischer Vertrags- —n nach Treu und Glauben HGB 2 S. 155
—, „Kassa gegen Verladungsdokumente", Begriff und Bedeutung der — HGB 2 S. 261, 310
—, daß das Schiff im Anschluß an das Risiko dieser Police auch für die folgende Reise gegen eine nach Billigkeit zu regulierende Prämie versichert bleiben soll. PrVersR 3 S. 17
— „für Rechnung, wen es angeht" im Seeversicherungsrecht PrVersR 3 S. 43
— über Selbstentzündung bei der Seeversicherung PrVersR 3 S. 63
— „frei von Beschädigung außer im Strandungsfalle"; Rechtliche Bedeutung PrVersR 3 S. 96
— „frei von Beschädigung". Versicherung von Decklast mit der — PrVersR 3 S. 153
— „Diese Police deckt auch die direkte Kriegsgefahr, bestehend in Wegnahme durch Kriegsschiffe usw." und Beschlagnahme der entlöschten Ware am Lande mit nachfolgender Kondemnation PrVersR 3 S. 182
— „Die Versicherung deckt die direkte Kriegsgefahr als Wegnahme, Beschädigung oder Zerstörung der Güter durch Kriegsschiffe usw." PrVersR 3 S. 194
— „against rust and oxydation however caused", Bedeutung der Rostklausel in der Seeversicherungspolice PrVersR 3 S. 220
— siehe auch Fobklausel, Freizeichnungsklausel, Schiedsgerichtsklausel, Stilliegeklausel und Wechselklausel

Kleinbahn, Ersatzansprüche nach § 469 HGB. beim Übergangsverkehr zwischen Groß- und — EBR S. 121
Kleingewerbe, Notwendigkeit und Folgen der Löschung im Handelsregister, wenn eine OHG. nur noch ein — betreibt HGes. 3 S. 189
Kohlenoxydgas, Unfall bei Todesfall durch — PrVersR 2 S. 265
Kokerei siehe Negatoria
Kollektivversicherung für fremde Rechnung. Rechtsfolgen bei Unterlassung der Anzeige über die Gefahrerhöhung PrVersR 2 S. 257
Kollektivvertretung siehe Gesamtvertretung
Kollisionsschaden siehe Indirekter —
Kombinierter Land- und Seetransport, Versicherung PrVersR 1 S. 296
Kommanditgesellschaft, Offene Handelsgesellschaft und — **HGes. 3 S. 1—Ende**
Kommanditgesellschaft auf Aktien (KG. a. A.), Umwandlung einer — — — in eine AG. wider den Willen des einzigen Komplementärs HGes. 1 S. 127
Kommanditist, Zur Klageerhebung gegen Vorstand u. Aufsichtsrat einer KG. a. A. auf Grund eines Beschlusses der Generalversammlung der —en HGes. 1 S. 75
—, Zulässigkeit der Aufrechnung gegenüber der Forderung auf Leistung der Einlage HGes. 3 S. 49
—, Geschäftsführungsbefugnis des —en ist nur nach § 117 HGB. entziehbar, nicht kündbar HGes. 3 S. 105
—, Zur Bedeutung des Rechts des —en auf Widerspruch im Sinne des § 164 HGB.; Begrenzung durch Gesellschaftstreue HGes. 3 S. 199
—, Bedeutung der Übertragung der Rechtsstellung der —en auf einen anderen für die Gläubiger der KG. HGes. 3 S. 205
Kommanditistenhaftung bei Nichtigkeit des Gesellschaftsvertrages und Konkurs der Gesellschaft HGes. 3 S. 37
—, Voraussetzungen, § 176 II HGB. HGes. 3 S. 141
—, Keine Beschränkung der — durch Zwangsvergleich HGes. 3 S. 171
Kommission, Übertragung der — durch Kommissionär auf einen anderen. Rechtsfolgen unstatthafter Übertragung HGB 3 S. 194
Kommissionär als Selbstkontrahent HGB 3 S. 131, 137
—, Schadensersatzklage des —s im Interesse des Kommittenten HGB 3 S. 182
—, Haftung des —s nach § 384 III HGB. HGB 3 S. 204
—, Zum Verzug des —s nach fruchtlosem Ablauf der in § 3 I DepotGes. bestimmten Frist Bk-WR S. 61
—, Welche Stücke hat der — in dem von ihm nach §§ 3, 4 DepotGes. zu erteilenden Stückeverzeichnis anzugeben? Bk-WR S. 64
Kommissionsagent, Zur Frage der Kündigung eines —en HGB 2 S. 47
Kommissionsgeschäft **HGB 3 S. 1—245**
— als Differenzgeschäft HGB 3 S. 169
—, Zur Unterscheidung zwischen Kauf und — HGB 3 S. 202
Kommissionsgut, Unerheblich ist der Wille des Kommissionärs, das Geschäft für eigene Rechnung abzuschließen, beim Verkauf des —s HGB 3 S. 243
Kommittent, Handeln des Kommissionärs gegen den Willen des —en HGB 3 S. 148
—, Rechtsverhältnis zwischen dem —en und dem Kommissionär, welcher den Auftrag als Selbstkontrahent ausgeführt hat HGB 3 S. 162
Kompensation und Retention beim depositum irregulare Bk-WR S. 1
— siehe Aufrechnung
Komplementär, Über Befugnis, dem einzigen — einer KG. a. A. die Vertretungsmacht zu entziehen HGes. 1 S. 72
—, Umwandlung einer KG. a. A. in eine AG. wider den Willen des einzigen —s HGes. 1 S. 127
—, Kann eine GmbH. — sein? HGes. 2 S. 115

Komplementär, Zur Haftung der Erben des einzigen —s, durch dessen Tod die KG. aufgelöst worden ist. HGes. 3 S. 60
—, Beteiligung des stillen Gesellschafters am Gewinn aus Geschäften, die der — vertragswidrig außerhalb des Rahmens seines Handelsgewerbes vornimmt? HGes. 3 S. 92
—, Bürgschaft des —s für Schulden der KG. HGes. 3 S. 152

Kondemnation, Voraussetzung einer gültigen — im Seeversicherungsrecht PrVersR 3 S. 51
— des gegen Kriegsgefahr versicherten Schiffes als Endpunkt der Prämienzahlung PrVersR 3 S. 185

Konkurrenzklausel, Übertragung der — bei Geschäftsveräußerungen HGB 1 S. 110

Konkurrenzverbot und Konventionalstrafe bei — HGB 1 S. 66
— und Vertragsstrafe bei Übertragung des Geschäfts von Teilhaber einer Handelsgesellschaft auf diese HGB 1 S. 113

Konkurs, Ansprüche des Agenten bei — des Geschäftsherrn HGB 2 S. 44
— des Provinzbankiers; Verhältnis zwischen Provinz- und Zentralbankier beim Auftrag zur Eintragung ins Staatsschuldbuch HGB 2 S. 132
—, Anfechtung von Generalversammlungsbeschlüssen einer AG. im Falle des —es HGes. 1 S. 83
— des Aktionärs und rückständige Einlage HGes. 1 S. 96
—, Einfluß des —es der AG. auf Stellung des Aufsichtsrats HGes. 1 S. 111
—, Einwirkung des —es auf die Verpflichtung zur Leistung einer neuen Stammeinlage, wenn die Kapitalerhöhung noch nicht eingetragen ist HGes. 2 S. 42
—, Bedeutung des —es der Gesellschafter einer GmbH. für deren Nichtigkeit oder Auflösung HGes. 2 S. 51
—, Pfandbestellung und Gesellschafts—, Haftung der Gesellschafter der OHG. HGes. 3 S. 1
—, Zum Fortbestehen des Nießbrauchrechts einer OHG. während der Liquidation oder des —es HGes. 3 S. 9
—, Zur Haftung des Kommanditisten bei Nichtigkeit des Gesellschaftsvertrages und — der Gesellschaft HGes. 3 S. 37
— der OHG., Verjährung der Ansprüche gegen das Privatvermögen der Gesellschafter HGes. 3 S. 64
— der Genossenschaft und Einwand des Genossen gegen Klage des *Konkursverwalters auf Zahlung* der statutenmäßigen Vorschußbeträge, er sei durch betrügerische Vorspiegelung zum Beitritt verleitet worden HGes. 4 S. 6
—, Abandonrecht wird durch — der Gewerkschaft und Verkauf des Bergwerks nicht beeinflußt HGes. 4 S. 239
— des Versicherungsnehmers und Absonderungsrecht, § 157 VVG. PrVersR 1 S. 307
—, Ansprüche aus der Haftpflichtversicherung als Vorrechte im —, § 80 VAG. PrVersR 2 S. 29
—, Rechte des Versicherten im Falle des —es des Versicherers PrVersR 3 S. 88
siehe auch Massekosten, Vergleichsverfahren, Zwangsvergleich

Konkursantrag, Schädigung der GmbH. durch verspäteten — nur bei Bilanzverschlechterung HGes. 2 S. 240

Konkureröffnung, Haftung des Verkäufers von Aktien im Fall der — über das Vermögen der AG. nach Kaufabschluß HGes. 1 S. 311
—, Keine Verpflichtung zu Einzahlungen auf den Geschäftsanteil, die nach — fällig werden HGes. 4 S. 44

Konkursmasse, Kommissionär gegenüber der — des Kommittenten HGB 3 S. 210

Konkursverwalter, Zur Wirksamkeit eines Vergleichs des —s mit Aufsichtsratsmitgliedern einer AG. über Ersatzansprüche aus Pflichtverletzung HGes. 1 S. 48

—, Über Aufnahme des Prozeßverfahrens durch — bei Abtretung des Klaganspruchs vor Eröffnung des Konkurses über AG. HGes. 1 S. 58
—, Einrede der Mitglieder des Vorstandes einer einegtragenen Genossenschaft aus einem Beschluß der Generalversammlung gegenüber einer Klage des —s der Genossenschaft HGes. 4 S. 12
— einer Genossenschaft kann den Anspruch gegen einen Genossen aus der Vorschußberechnung an einen Dritten nicht abtreten HGes. 4 S. 20
—, Aktivlegitimation des —s zur Schadensersatzklage wegen Vereitelung der Haftansprüche durch Dritte (Registerrichter) HGes. 4 S. 69
Konkursvorrecht bei Rückversicherung und § 356 HGB HGB 2 S. 204
— und Rückversicherung PrVersR. 3 S. 8
— des § 80 VAG. und Transportversicherung PrVersR 3 S. 351
Konnossement, Bedeutung der Übergabe eines an Order lautenden —s für den Eigentumsübergang HGB 2 S. 103
— und Frachtvertrag. Vorenthaltung von Gütern SchiffR 1 S. 35
—, Ausstellung des —s durch einen Agenten des Reeders SchiffR 1 S. 78
—, Ablieferung andersartiger Güter als der im — bezeichneten und unbeanstandete Annahme SchiffR 1 S. 196
—, Rechtliche Bedeutung der Verpflichtungserklärung im See—. Exceptio doli generalis SchiffR 1 S. 225
—, Örtliches Recht für —e. Auslegung von —sbedingungen SchiffR 1 S. 265
— von einem Bevollmächtigten des Schiffes SchiffR 1 S. 276
— und Chartepartie SchiffR 1 S. 307
—, Verpflichtung des Verkäufers zur Übergabe sämtlicher Order- —e SchiffR 1 S. 336
—, Wer haftet aus einem —, das der Schiffer eines gecharterten Schiffes auf Konnossementsformularen des Charterers ausgestellt hat? SchiffR 1 S. 343
—, Zum Einfluß des Verfolgungsrechts auf die Ansprüche des Inhabers eines —s SchiffR 1 S. 348
—, Zulässigkeit von Übernahme—en. Umfang der Prüfungspflicht einer Bank SchiffR 1 S. 364
—, Recht des Bestimmungsorts maßgebend für Beurteilung der Ansprüche u. Verpflichtungen aus dem —? SchiffR 2 S. 37
—, Zur Haftung des Reeders aus der mit Freizeichnungsklauseln versehenen —surkunde gegenüber dem legitimierten —sinhaber SchiffR 2 S. 83
—, Geltendmachung des Abandons bei Verlust der —e PrVersR 3 S. 137
— siehe auch Durchkonnossement und Deutsches Recht
Konossementsklausel, nach der der Verfrachter berechtigt ist, ein anderes Schiff zu substituieren oder die Güter in ein anderes Schiff überzuladen SchiffR 1 S. 44
— „Freight and all conditions and exceptions as per Charter Party" SchiffR 2 S. 37
— „shipped in apparent good order and condition", Bedeutung SchiffR 2 S. 90
—, Zuverlässigkeit und Tragweite von —n über Haftungsbeschränkung im Binnenschiffahrtsrecht SchiffR 2 S. 190
— siehe auch Schadensausgleich
Konserven, Untersuchungspflicht nach § 377 I HGB beim Handel mit — in verlöteten Dosen HGB 3 S. 10
Konsignationsvertrag, Möglichkeiten des Inhalts eines —s HGB 3 S. 194
Konsolidation, Erwerb von Bergwerkseigentum im Wege der — HGes. 4 S. 321
Konsortium zur Kapitalerhöhung einer AG. u. Anspruch eines Mitgliedes gegen einen Konsorten auf Erstattung des für diesen gezahlten Betrages HGes. 1 S. 32
Kontokorrent, Beweislast HGB 3 S. 141

Kontokorrent, Abtretung einer Saldoforderung aus dem — und nachträgliche Vereinbarung zwischen früherem Gläubiger und Schulnder über Fortsetzung des —verhältnisses HGB 2 S. 177
— und Kreditbürgschaft HGB 2 S. 186
—, Rechtliche Bedeutung der Anerkennung des Saldos HGB 2 S. 204
—, Zur persönlichen Haftung des ausgeschiedenen Gesellschafters für eine —forderung gegen die Gesellschaft, wenn das —verhältnis nach seinem Ausscheiden fortgesetzt worden ist HGes. 3 S. 67
Kontokorrentähnlicher Geschäftsverkehr, Zur selbständigen Einklagung einzelner Posten eines anerkannten Saldos bei —m — HGB 2 S. 157
Kontokorrentguthaben und Pfändung HGB 2 S. 184
— zwischen einer Aktiengesellschaft und einer Bank. Einfluß auf die Durchführung eines Schadensersatzanspruchs aus unerlaubter Handlung der beiderseitigen Vertreter HGB 2 S. 179
—, Kündigung des —ses durch Abhebung des Saldos oder Pfändung? HGB 2 S. 192
Kontokorrentverkehr siehe Aufrechnung und Einschüsse
Konventionalstrafe bei Konkurrenzverbot HGB 1 S. 66
—, Zur — HGB 2, S. 249
Körperschaft des öffentlichen Rechts, Fortführung des Unternehmens einer — und Löschung im Handelsregister HGB 1 S. 214
—, Formvorschriften für ihre wechselmäßigen Verpflichtungserklärungen Bk-WR S. 468
Korrespondentreeder, Befugnisse SchiffR 1 S. 267
—, Art und Umfang der Vertretungsbefugnis des —s SchiffR 2 S. 41
—, Zur Auskunftspflicht des —s SchiffR 2 S. 58
Kostbarkeiten, Zum Begriff im internationalen Eisenbahnfrachtverkehr EBR S. 26, 77, 103
—, Begriff im Sinne des § 467 HGB. und der EVO., insbes. wenn — mit gewöhnlichen Gegenständen in einem Frachtstück vereinigt sind EBR S. 64
—, Verwirkung des Ersatzanspruchs bei Verlust von — im Eisenbahnfrachtverkehr EBR S. 88
—, Beschränkung der Haftung der Eisenbahn für den Verlust von — auf einen Höchstbetrag EBR S. 91
—, Zur Haftung der Eisenbahn für — beim Handgepäck EBR S. 131
— im Reisegepäck, Erklärung bei Aufgabe des Gepäcks über dessen *Inhalt. Vergleichsgegenstand* für den Kostbarkeitsbegriff EBR S. 186
— im Sinne der EVO., Begriff EBR S. 227, 250
Kostenlast im Anfechtungsprozeß einer KG. a. A., wenn Rechtmittel als unzulässig verworfen, weil nur von einem Vertreter eingelegt HGes. 1 S. 56
Kostenpflicht, Umfang der — beim Ersatzanspruch gegen den Aufsichtsrat einer AG. auf Verlangen der Minderheit HGes. 1 S. 67
Kostenvorschußpflicht des Versicherers § 150 VVG. PrVersR 1 S. 345
Kraftloserklärung, Zur Frage, ob die VO v. 4. 10. 1939 über das Verfahren zur — von Konnossementen mehr als nur verfahrensrechtliche Bedeutung hat SchiffR 2 S. 148
Kraftwagen-Haftpflichtversicherung, Auslegung der Allgemeinen Versicherungsbedingungen PrVersR 1 S. 331
—, Gefahrerhöhung PrVersR 1 S. 356
—, Eintritt des Versicherungsfalls bei Mehrheit von Verletzten PrVersR 2 S. 53
—, „Berechtigter Führer" im Sinne des § 3 Nr. 2 der Allgemeinen Versicherungs-Bedingungen PrVersR 2 S. 70
—, Zum Übergang der — eines Kraftwagenbesitzers auf den Erwerber des Kraftwagens PrVersR 2 S. 74
—, Ausschluß der — für Haftpflicht-Ansprüche von Angehörigen des Versicherungsnehmers PrVersR 2 S. 125

— bei Unfall von gelegentlich mitgenommenen Personen PrVersR 2 S. 151

Kraftwagenhalter, Anrechnung der Leistungen der Unfallversicherung auf den vom — zu zahlenden Schadensersatz PrVersR 2 2. 282

Kraftwageninsassenversicherung, Beginn der Verjährung des Anspruchs auf Invaliditätsentschädigung bei — PrVersR 1 S. 108

Kreditbürgschaft und Kontokorrent HGB 2 S. 186

Kriegsdienst, Provisionsanspruch des Bezirksagenten bei Verhinderung durch — HGB 2 S. 67

Kriegsereignis im Sinne der deutschen Kriegsklausel 1938 PrVersR 3 S. 289

Kriegsgefahr, Versicherung gegen — und Prämienverbesserung im Seeversicherungsrecht PrVersR 3 S. 117

—, Seegefahr und — PrVersR 3 S. 159, 289

—, Kondemnation des gegen — versicherten Schiffes als Endpunkt der Prämienzahlung PrVersR 3 S. 185

—, Begriff der direkten — im Seeversicherungsrecht PrVersR 3 S. 194

— siehe auch Police

Kriegsklausel in Versicherungsverträgen PrVersR 1 S. 4

—, Beschränkte — bei der Seeversicherung PrVersR 3 S. 145

—, Auslegung der Hamburger — PrVersR 3 S. 175

— und Beschlagnahme der entlöschten Ware am Lande mit nachfolder Kondemnation PrVersR 3 S. 182

—, Zur Abgrenzung zwischen Kriegsgefahr und Seegefahr nach der deutschen — 1938 PrVersR 3 S. 289

Kriegsschiff, Zusammenstoß mit einem —, Haftung des Fiskus SchiffR 1 S. 288

Kriegssteuer, Zur Berechnung der Tantieme u. — (AG.) HGes. 1, S. 158

Kündbarkeit von Nebenleistungspflichten der Gesellschafter einer GmbH HGes. 2 S. 175

Kündigung des Dienstverhältnisses eines Handlungsgehilfen u. Wahrung der Ansprüche aus dem vereinbarten Wettbewerbsverbot durch Fortzahlung des Gehalts HGB 2 S. 4

— des Kommissionsagenten HGB 2 S. 47

— des Vorstandsmitgliedes einer AG. aus wichtigem Grunde HGes. 1 S. 77

—, Recht des Konkursverwalters auf — der Aufsichtsratsmitglieder einer AG.? HGes. 1 S. 111

—, Zur Beschränkung des Rechts auf — gegenüber dem Vorstand der AG. HGes. 1 S. 124

—, Über Ausschluß der — bei der stillen Gesellschaft HGes. 1 S. 363

— des Kartellvertrages nach § 8 KartellVO. HGes. 2 S. 323, 325

—, Zum Recht des Inhabers eines Handelsgeschäfts, dem stillen Gesellschafter nach § 247 BGB. zu kündigen HGes. 3 S. 251

—, Zur Wirksamkeit der — einer OHG. durch den Gläubiger eines Gesellschafters bei Befriedigung vor dem Zeitpunkt, für den die Kündigung wirkt HGes. 3 S. 254

—, Zur Rückgängigmachung einer — HGes. 4 S. 14

—, Zur Vorschußpflicht des Genossen, der trotz — noch im Register eingetragen ist HGes. 4 S. 33

—, Keine Abtretung oder — mit einigen von mehreren Geschäftsanteilen HGes. 4 S. 135

— des Frachtvertrags durch Absender und Fautfracht im Binnenschiffahrtsrecht SchiffR 2 S. 314

Kündigungsbefugnis bei Gesellschaften von unbeschränkter Dauer (KG.) HGes. 3 S. 10

Kündigungsfrist, Ungleiche —en, Zulässigkeit trotz § 67 IV HGB. HGB 2 S. 10

—, Tod des Gesellschafters einer OHG. nach Kündigung oder vor Ablauf der —, Wirkung HGes. 3 S. 97

— siehe auch Austrittsrecht

Kündigungsrecht der Mietererben, § 569 BGB., § 27 HGB. HGB 1 S. 169

— des Erwerbers eines versicherten Gebäudes PrVersR 1 S. 140

Kündigungsrecht, Zum Ausschluß des —s des Erwerbers im Versicherungsvertrag PrVersR 1 S. 150
Kurssignale, Abgabe der — durch ein festsitzendes oder manövrierunfähiges Schiff, Art. 28 SeestrO. SchiffR 2 S. 165
Kurzschluß siehe Brandgefahr
Kuxe, Kein Formerfordernis für die schuldrechtliche Verpflichtung zur Übertragung von —n HGes. 4 S. 270
—, Bedeutung und Folgen der Blankoabtretung von —n zur Sicherheitsleistung HGes. 4 S. 294
—, Erteilung eines Nummernverzeichnisses beim Verkauf von —n ist als Hauptverpflichtung anzusehen. Ihre Verletzung zieht die Rechtsfolgen des § 326 BGB. nach sich HGes. 4 S. 297
—, Preußische — als Anteile von Bergwerksunternehmungen Bk-WR S. 27

L

Ladebereitschaft, Chartepartie mit Zusicherungen des Verfrachters über den Zeitpunkt der — SchiffR 2 S. 17
Laden, Ausstellungsstand als — im Sinne des § 56 HGB HGB 1 S. 302
Ladenangestellter, Umfang der Vertretungsbefugnis HGB 1 S. 308
Ladeschein, Rechtliche Wirkung der Übergabe des —s. Bedeutung der im — enthaltenen Angaben über die Beschaffenheit des Gutes SchiffR 1 S. 8
—, Eine vom Frachtführer ausgestellte Urkunde als —, Voraussetzungen SchiffR 1 S. 18
—, Zur Begründung der Klage des Inhabers eines —s über abgeladene Ware auf Herausgabe der Ware gegen einen dritten Besitzer SchiffR 1 S. 154
— im Binnenschiffahrtsverkehr. Haftung des Frachtführers aus dem — auch ohne Abschluß eines Begebungsvertrags? Über Vermerk im —, das zweite Exemplar als Frachtbrief führen zu wollen SchiffR 2 S. 236
—, Begriff und Erfordernisse des —s im Binnenschiffahrtsrecht SchiffR 2 S. 263
—, An Order lautender, nicht indossierter —. Bedeutung für den Eigentumserwerb SchiffR 2 S. 275
— nicht an Order, Rechtsübertragung durch Indossament SchiffR 2 S. 287
— siehe auch Selbstentzündung
Ladeschein-Klauseln, Auslegung SchiffR 2 S. 294
Ladung, Öffentliche Bekanntmachung des Termins und besondere — nach § 107 GenGes. werden durch Terminsverkündung nicht ersetzt HGes. 4 S. 119
Lager, Begriff HGB 1 S. 230
Lagergeld auch in Fällen, in denen Lagerung keine Kosten verursacht, § 354 HGB? HGB 2 S. 150
Lagergeschäft HGB 3 S. 273—288
Lagerhalter, Zur rechtlichen Verpflichtung des —s durch Auskunft, der Lieferschein hinsichtlich einer bei ihm eingelagerten Ware gehe in Ordnung HGB 2 S. 155
—, Begriff HGB 3 S. 278
—, Haftung des —s für Diebstähle, die sein Lagermeister außerhalb der Dienststunden an eingelagerten Sachen begeht. HGB 3 S. 286
Lagerkosten, Zum Ersatz von — SchiffR 2 S. 155
Lagerschein, Zur Frage der Ausstellung der —e auf den Inhaber HGB 3 S. 274
— als Inhaber- und Orderpapier. Rechtsfolgen der Auslieferung der gelagerten Waren ohne Rückempfang des —s HGB 3 S. 281
Landgericht, Ausschließliche Zuständigkeit des —s für Anfechtungs- und Nichtigkeitsfeststellungsklagen gegen den Beschluß der Gesellschafterversammlung einer GmbH HGes. 2 S. 313
Langdauernde Verpflichtungen, Verweigerung der Erfüllung bei —n — infolge Störung des guten Einvernehmens HGB 2 S. 54
Laufende Transportversicherung, Reichweite einer —n — im Seeversicherungsrecht PrVersR 3 S. 268

Laufende Versicherung siehe Prämiennachzahlung
Laufende Verwaltung, Geschäft der —n — bei einer kommunalen Sparkasse, Begriff HGB 2 S. 165
Lebensversicherung **PrVersR 2 S. 180–246**
—, Herabsetzung der Versicherungssumme nach § 69 II VAG. und Nachprüfungsrecht des Gerichts PrVersR 3 S. 335
Lebensversicherungsgesellschaft siehe Verschmelzung
Leckage, Begriff der gewöhnlichen —. Außergewöhnliche — PrVersR 3 S. 93
Leerbeförderung siehe Privatgüterwagen
Legitimation eines Wechselerwerbers nach Verfall und Protest durch Benutzung eines vorprotestlichen Blankogiros Bk-WR S. 197
—, Begebung eines Wechsels nach Protest. — durch das Giro des Ausstellers Bk-WR S. 391
Legitimationsaktionär, Befugnis des —s zur Anfechtung des Generalversammlungsbeschlusses einer AG. HGes. 1 S. 22
Legitimationsübertragung von Aktien zur Ausübung des Stimmrechts HGes. 1 S. 222
Leistung, Rückständige —en im Sinne des § 16 GmbHGes. HGes. 2 S. 63
Leistungspflichten, Zur Auferlegung neuer — durch Statutenänderung HGes. 4 S. 64
Letztwillige Verfügung siehe Bezugsberechtigung PrVersR 2
Lichterführung nach der Seestraßenordnung SchiffR 1 S. 299
—, Vorschriftswidrige — und Schiffsunfall. Ursächlicher Zusammenhang SchiffR 2 S. 49
Lieferfrist im Sinne der EVO EBR S. 110
—, Schadensersatz der Eisenbahn bei schuldhafter Verzögerung der Beförderung, aber Einhaltung der — EBR S. 58
Lieferpflicht, Umfang der kartellmäßigen — eines Außenseiters, der durch Rechtsnachfolge an die Stelle eines Kartellmitgliedes tritt HGes. 2 S. 90
Lieferschein, Rechtliche Bedeutung von —en, die an Order gestellt HGB 2 S. 155
—, Zur Frage nach dem Übergang des Eigentums an der Ware bei Lieferung durch Übergabe eines —s HGB 3 S. 286
—, Bedeutung der Klausel „frei gegen —" im Frachtverkehr SchiffR 2 S. 287
Lieferung einer anderen Ware und Mängelrüge, § 378 HGB. HGB 3 S. 55, 56
— einer anderen Ware und Befreiung von der Anzeigepflicht, § 378 HGB. HGB 3 S. 63, 75
Lieferungskauf als Fixgeschäft nach § 376 HGB 1 HGB 3 S. 1
„Lieferungsmöglichkeit vorbehalten" Rechtliche Bedeutung der Freizeichnungsklausel HGB 2 S. 184
Lieferungsvertrag, Schadensersatz wegen Nichterfüllung eines —es HGB 2 S. 234
—, Kartellsperre und — HGes. 2 S. 336
Liquidation, Zusatz „in —" als Unterscheidungsmerkmal bei zwei gleichlautenden Firmen HGB 1 S. 56
—, Über das Dienstvertragsverhältnis des bisherigen Vorstandsmitglieds einer AG. bei Bestellung zum Mitliquidator HGes. 1 S. 20
—, Einwirkung der — auf Vertretungsmacht der besonderen Vertreter (§ 268 Abs. 2 HGB., § 122 Abs. 2 AktG.) HGes. 1 S. 75
—, Unterscheidung der Verschmelzung von Aktiengesellschaften mit und ohne — HGes. 1 S. 90
—, Über Verschmelzung nach § 306 HGB., wenn sich die aufzunehmende AG. in — befindet HGes. 1 S. 244
—, Sicherheitsleistung im —sverfahren einer aufgelösten AG. HGes. 1 S. 313
—, Ungerechtfertigte Bereicherung der Gesellschafter einer GmbH. in — nach ordnungsmäßiger Verteilung des Vermögens der GmbH. bei späterem Hervortreten eines nicht berücksichtigten Gläubigers? HGes. 2 S. 148

Liquidation, Zum Fortbestehen des Nießbrauchrechts einer OHG. während der — oder des Konkurses HGes. 3 S. 9
—, Vereinbarung der — bei der stillen Gesellschaft HGes. 3 S. 33
—, Während der — kann die OHG. oder KG. keine Prokuristen haben HGes. 3 S. 60
—, Zur Frage der Ausschließung eines Gesellschafters nach Beginn der — der OHG. HGes. 3 S. 63, 102
—, Gesetzliche Vertretung der OHG. in — HGes. 3 S. 113
—, Veräußerung des Geschäfts einer OHG. mit der Firma bedarf, wenn sich die OHG. in — befindet, der Einwilligung der Gesellschafter HGes. 3 S. 193
—, Zum Umfang des Geschäftsbetriebes während der — HGes. 4 S. 40
—, Zur Verpflichtung auch ausgeschiedener Genossen zu Sachleistungen im Stadium der — HGes. 4 S. 40
Liquidationslose Verschmelzung von Versicherungsvereinen a. G. mit der Wirkung der Gesamtrechtsnachfolge unzulässig PrVersR 3 S. 340
Liquidationseröffnungsbilanz, Bewertung von Anlagen der GmbH. in der — HGes. 2 S. 46
Liquidationsmasse, Zur Verteilung der — in natura auf Grund Mehrheitsbeschlusses der Generalversammlung HGes. 1 S. 46
Liquidationsüberschuß, Haftung des (Allein-)Gesellschafters für Gesellschaftsschulden nach Ausschüttung des —es HGes. 2 S. 93
Liquidator, Zur Haftung des —s einer AG. gegenüber dem durch ungleichmäßige Verteilung verkürzten Gläubiger HGes. 1 S. 9
—, Über das Dienstvertragsverhältnis des Vorstandsmitgliedes bei Bestellung zum — nach Auflösung der AG. HGes. 1 S. 20
—, Anfechtung des Generalversammlungsbeschlusses einer AG. wegen unzulässiger Entlastung eines —s HGes. 1 S. 24
—, Befugnis des —s zur Einforderung rückständiger Aktienbeträge HGes. 1 S. 36
—, Vereinbarung über Ernennung des —s durch einen Dritten, insbes. das Registergericht HGes. 2 S. 212
—, Zur Klagebefugnis des —s einer OHG. oder KG. HGes. 3 S. 86, 199
Lokomobile, Zur Untersuchungspflicht nach § 377 HGB. beim Kauf einer alten ausgebesserten — HGB 3 S. 19
Lombardverkehr, Eigentumsvorbehalt an der verpfändeten Ware. Zur Frage des guten Glaubens HGB 2 S. 195
Löschbereitschaft, Zum Begriff der — als Erfordernis für den Lauf der Löschzeit SchiffR 2 S. 269
— des Kahnschiffers, Begriff SchiffR 2 S. 287
Löschen, Zur Haftung des Reeders für Schäden durch Stauereiarbeiter bei — eines Seeschiffes SchiffR 2 S. 53
Löschung, Klagerecht auf — der später eingetragenen gleichlautenden Firma HGB 1 S. 56
—, Klage des berechtigten Firmeninhabers auf — einer zu Unrecht geführten nur unerheblich abweichenden Firma HGB 1 S. 62
— einer übertragenen Firma im Handelsregister auf Antrag des bisherigen Geschäftsinhabers nach Fortführung der Firma HGB 1 S. 99
—, Zum Anspruch auf — der Firma eines Einzelkaufmanns wegen Verwechslungsgefahr HGB 1 S. 154
— eines im Handelsregister eingetragenen Unternehmens einer Körperschaft des öffentl. Rechts auch bei Fortführung des Unternehmens HGB 1 S. 214
— von Amts wegen bei Veränderung der Umstände, Verlust des Doktortitels HGB 1 S. 278
—, Inhalt des Anspruchs auf Unterlassung und — aus §§ 30 I, 37 II HGB. HGB 1 S. 284
—, Notwendigkeit und Folgen der —, wenn eine OHG. nur noch ein Kleingewerbe betreibt HGes. 3 S. 189

—, Rechtslage der Genossenschaft bei Nichtigkeit vor und nach der — in Genossenschaftsregister HGes. 4 S. 157

Löschungsanspruch des Aktionärs nach erfolgreicher Anfechtungsklage? HGes. 1 S. 185

Löschzeit, Berechnung der — bei Verfrachtung von Stückgütern im Binnenschiffahrtsverkehr SchiffR 2 S. 266

Lotse, Zur Schadensersatzpflicht des Versicherers bei Schiffskollision, wenn Schiff ohne —n fuhr PrVersR 3 S. 37

— siehe auch Zwangslotse

M

Machtmißbrauch, Anfechtung von Generalversammlungsbeschlüssen kann nicht auf sittenwidriges Verhalten des Vorstandes bei der Aufnahme mitbestimmender Genossen gestützt werden, wohl aber auf — der Mehrheit HGes. 4 S. 81

Mäklervertrag und Handlungsagenturvertrag, Unterschied HGB 2 S. 64

Mängel der Ware, Ansprüche des Käufers wegen — nach vom Verkäufer nicht gebilligten Notverkauf durch Käufer HGB 2 S. 290

—, Arglistige Verschweigung von —n, § 377 V HGB. HGB 3 S. 4, 61

—, Rechtliche Wirkung des Weiterverkaufs der wegen — zur Verfügung gestellten Ware HGB 3 S. 4

Mängelanzeige, Gewährleistungsansprüche des Käufers bei unmittelbarer Lieferung der Ware an den Abnehmer des Käufers, der als Nichtkaufmann die unverzügliche — an den Käufer unterlassen hat HGB 3 S. 85

— durch Fernsprecher HGB 3 S. 86

— bei nur einseitigem Handelsgeschäft HGB 3 S. 103

— bestimmten Inhalts und nachträgliche Rüge von Mängeln anderer Art HGB 2 S. 256

—, Nachträgliche Genehmigung der ganzen Warenpartie durch Verfügung über einen Teil der Ware trotz vorheriger —? HGB 2 S. 302

Mängelgewährleistungsvorschriften bei Lieferung einer anderen Ware, § 378 HGB HGB 3 S. 56

Mängelrüge bei einseitigem Handelskauf HGB 2 S. 318

—, Zur Frage der Rechtzeitigkeit der — nach § 377 I HGB. HGB 3 S. 17

—, Zur Frage der Rechtzeitigkeit der — bei nicht unmittelbar wahrnehmbaren und nicht sofort feststellbaren Fehlern HGB 3 S. 24

— nach § 377 I HGB. und Vorbehalt der Rechte wegen der Mängel bei Annahme der Ware nach § 464 BGB. HGB 3 S. 27

— und Rücktrittsrecht beim Sukzessivlieferungsvertrag HGB 3 S. 32

— Zur — des Käufers, wenn Verkäufer den Mangel nach Ablieferung erfährt und ihn nicht anzeigt, § 377 V HGB. HGB 3 S. 61

— bei Ablieferung der Ware vom Verkäufer unmittelbar an den Abkäufer des Käufers HGB 3 S. 66

—, Verpflichtung zur — im Fall der Entstehung der Mängel bei der Beförderung nach dem Ablieferungsort HGB 3 S. 111

—, Begriff HGB 3 S. 113

— siehe auch Untersuchungspflicht

Manöver siehe Schiffsmanöver

Marktpreis des Ablieferungsortes bei abstrakter Schadensberechnung HGB 2 S. 232

—, Zulässigkeit des Selbsthilfeverkaufs, wenn längere Zeit seit dem Erfüllungstermin verstrichen und der — der Ware gesunken ist HGB 2 S. 269

Marktwert einer Ladung SchiffR 2 S. 102

Maschinenversicherung als Gebäudeversicherung PrVersR 1 S. 267

Massekosten, Inwieweit sind Beiträge zu einer Gewerkschaft Massekosten im Konkurs des Gewerken? HGes. 4 S. 216

Mauerreste, Bewertung der zum Wiederaufbau nicht zugelassenen — bei Feststellung der Brandentschädigung PrVersR 1 S. 183,205

Meeresgrund siehe Besitzverlust

Mehrere Bezogene im Scheck Bk-WR S. 614

Mehrere Verpflichtete aus demselben Wechsel können verschiedenen örtlichen Gerichten unterliegen Bk-WR S. 531

Mehrere Wechselunterzeichner, Verhältnis —r — untereinander Bk-WR S. 322

Mehrheitsaktionär, Zu dem einen — persönlich treffenden Wettbewerbsverbot HGes. 1 S. 309

Mehrheitsbeschluß, Begriff des Sonderrechts bei einer GmbH.; Möglichkeit der Einschränkung durch — der Gesellschafter HGes. 1 S. 21

—, Über Form und Zustandekommen von —en der Reederei SchiffR 2 S. 41

Mehrwertversicherung gegen Seegefahr PrVersR 3 S. 321

Miete, Zum Anspruch auf — für die Zeit, in der das gemietete Schiff infolge eines Arrestes gepfändet ist SchiffR 1 S. 201

Mieter, Übernahme der Zahlung der vom Vermieter zu entrichtenden Versicherungsprämie durch den — PrVersR 1 S. 219

Mietererbe, Kündigungsrecht der —n, § 569 BGB., § 27 HGB. HGB 1 S. 169

Minderheit, Umfang der Kostenpflicht beim Ersatzanspruch gegen den Aufsichtsrat einer AG. auf Verlangen der — HGes. 1 S. 67

Minderheitsrecht auf Vertagung der Generalversammlung der AG. HGes. 1 S. 146

Minderjähriger, Über Schenkungen einer OHG., zu deren Gesellschaftern ein — gehört HGes. 2 S. 132

— Versicherungsnehmer siehe Brandstiftung

Minderkaufmann, Haftung der OHG. oder KG. nach § 28 HGB. bei Eintritt eines persönlich haftenden Gesellschafters oder Kommanditisten in das Geschäft eines —s HGes. 3 S. 227

—, Übertragung des Geschäfts unter Weiterbenutzung dessen Namens und § 25 I HGB. HGB 1 S. 80

Mineral siehe Entdecken

Miteigentum, Voraussetzungen der Verschaffung von — durch Besitzkonstitut Bk-WR S. 144

Miteigentümer, Brandstiftung eines —s und Anspruch der anderen — gegen den Versicherer PrVersR 1 S. 267

Mitgesellschafter, Keine persönliche Haftung der — nach § 128 HGB. für Forderungen aus § 110 HGB. HGes. 3 S. 45

—, Keine persönliche Haftung der — für ein der Gesellschaft von einem Gesellschafter gegebenes Darlehen während Bestehens der Gesellschaft HGes. 3 S. 69

—, Haftung der — einer OHG. für Gesellschaftsforderungen, die mit dem Gesellschaftsverhältnis nicht zusammenhängen HGes. 3 S. 180

Mitgliederbestand, Zur Veröffentlichung des —es nach § 33 II GenGes. HGes. 4 S. 16

Mitgliedschaft, Erfordernisse der zum Erwerb der — bei einer Genossenschaft verlangten Beitrittserklärung HGes. 4 S. 49

—, Unteilbarkeit der —; keine Abtretung oder Kündigung mit einigen von mehreren Geschäftsanteilen HGes. 4 S. 135

— als Geschäftsgrundlage für den Verkauf eines Hauses der Genossenschaft an einen Genossen HGes. 4 S. 144

Mitteilung nach § 25 II HGB. als Rechtsgeschäft im Sinne des § 407 BGB. HGB 1 S. 105

— an Dritten nach § 8 DepotGes. kann nicht stillschweigend gemacht werden. Kennenmüssen auf Seiten des Dritten genügt nicht Bk-WR S. 156

Mittelbarer Besitz des Empfängers am Frachtbriefduplikat EBR S. 169

Mitwirkendes Verschulden des Ausstellers im Scheckverkehr Bk-WR S. 587

—, Zur rechtlichen Bedeutung des —n —s beim Eisenbahnfrachtgeschäft EBR S. 83, 196

—, Großere Haverei und — — SchiffR 1 S. 244
—, Schiffszusammenstoß, Verteilung des Schadens bei beiderseitigem Verschulden SchiffR 1 S. 354
—, Zur Anwendung des § 254 BGB. unter Berücksichtigung des § 3 BSchG. SchiffR 2 S. 236
Möbelwagen, Zur Haftung der Eisenbahn bei Entwendung von Umzugsgut aus geschlossenen — EBR S. 100
—, Pflichten bei Gestellung von Eisenbahnwagen für die Verladung von — EBR S. 183
Monopol siehe Branntwein —
Mündliche Zusage einer Beteiligung an der beabsichtigten Gründung einer GmbH. mit Zeichnung eines bestimmten Betrages als rechtliche Verpflichtung HGes. 2 S. 1
Muster, Spezifikationskauf und Kauf nach —n mit Wahlbefugnis HGB 2 S. 277
Mutung, Bei Kollision bevorrechtigter —en entscheidet der Zeitpunkt des Fundes HGes. 4 S. 229
— siehe auch Fündigkeit

N

Nachbarfelder siehe Abbau
Nachbezugsrecht, Zur Bedeutung selbständiger u. unselbständiger —e der Vorzugsaktionäre HGes. 1 S. 118
Nachforschungspflicht desjenigen, der einen Kraftwagen von einem Händler kauft HGB 2 S. 199
Nachfrist, Bewilligung der —, Art. 356 HGB. HGB 2 S. 215
— bei Lieferungsverweigerung des Verkäufers und Schadensberechnung HGB 2 S. 230
Nachlaß, Über Eintragung der Anordnung der Testamentsvollstreckung für ein zum — gehöriges Handelsgeschäft in das Handelsregister HGB 1 S. 173
Nachnahme im Eisenbahnfrachtverkehr zugunsten eines Dritten EBR S. 51
—, Anspruch des Absenders gegen die Versandbahn auf Zahlung einer eingelösten —. Verjährung dieses Anspruchs EBR S. 253
Nachnahmesendung, Spediteur als Empfänger des Frachtguts. Verpflichtungen bei —en HGB 3 S. 293
Nachprüfung, Pflicht des Kaufmanns zur — einer Handelsregistereintragung HGB 1 S. 169
Nachrichtspflicht des Spediteurs bei Abweichung von Weisungen des Versenders HGB 3 S. 268
Nachschüsse, Begriff der unzulässigen — der Aktionäre HGes. 1 S. 153
—, Einziehung der — durch GmbH. zulässig, wenn Stammkapital vollständig eingefordert, aber noch nicht von allen Gesellschaftern voll eingezahlt ist HGes. 2 S. 77
—, Aufrechnung des Genossen mit einer Forderung an die Genossenschaft gegen —, § 105 GenGes. HGes. 4 S. 60
—, Zeitpunkt der Entstehung des Anspruchs auf — gemäß § 105 GenGes. HGes. 4 S. 69
Nachsichtwechsel, Fälligkeit eines eigenen —s durch Klageerhebung Bk-WR S. 216
— siehe auch Wechselprotest
Nächste Ursache, Begriff im Seeversicherungsrecht PrVersR 3 S. 279, 289
Nachträglich hervortretende Erwerbsbeschränktheit bei der Unfallversicherung PrVersR 2 S. 247
Nachträgliche Domizilierung eines Wechsels Bk-WR S. 258
Nachträgliche Erhöhung der Vertragsstrafe für die Verletzung von Nebenleistungspflichten (AG.) HGes. 1 S. 236
Nachträgliche Geltendmachung von Angriffs- und Verteidigungsmitteln in der Berufungsinstanz HGes. 3 S. 115
Nachträgliche Genehmigung der ganzen Warenpartie durch Verfügung über einen Teil der Ware trotz vorheriger Mängelanzeige? HGB 2 S. 302
— eines vom Vorstand einer AG. abgeschlossenen Rechtsgeschäfts durch Generalversammlungsbeschluß HGes. 1 S. 208

Nachträgliche Rüge, Mängelanzeige bestimmten Inhalts und — — von Mängeln anderer Art HGB 2 S. 256
Nachträgliche Verfügung des Absenders und Befolgung seitens der Eisenbahn ohne Vorlegung des Frachtbriefduplikats. Schadensersatzklage des Empfängers EBR S. 169
Nachweis zur Geltendmachung des Versicherungsschutzes gegen Haftpflichtansprüche PrVersR 2 S. 26
Namen, Aufnahme des —s eines ausgetretenen Gesellschafters in die neue Firma der Gesellschaft mit Zusatz über Nachfolgeverhältnis HGB 1 S. 42
—, Schutz wohlerworbener Rechte zur Führung einer Firma unter fremden — HGB 1 S. 45
—, Zeichnung des Schuldscheins mit bürgerlichem — und Rechtsvermutung der Betriebszugehörigkeit, § 344 HGB. HGB 2 S. 128
Namensaktien, Satzungsmäßig gebundene — im amtlichen Börsenhandel HGes. 1 S. 281
Namensfirma, Wahrheitsgetreue Zusätze zu einer —, § 18 II HGB. HGB 1 S. 77
Namensrecht, Verletzung des —s HGB 1 S. 87
— und Firmenrecht, § 12 BGB., § 37 II HGB. HGB 1 S. 95
Nationalität, Zusammenstoß von Schiffen verschiedener —. Anzuwendendes Recht bei Schadensersatzansprüchen SchiffR 2 S. 83
Naturalverteilung der Liquidationsmasse (AG.) HGes. 1 S. 46
Nautische Fehler, Begriff. Freizeichnung für — — SchiffR 1 S. 280
Nautische Leitung des Schleppzuges SchiffR 1 S. 232
Nautische Verrichtungen eines Kahnschiffers, Begriff PrVersR 1 S. 289
Nautisches Verschulden im Sinne des § 4 II BSchG. SchiffR 2 S. 233
— siehe auch Große Haverei
Nebel, Schiffszusammenstoß und Gebrauch der Maschine bei dichtem — SchiffR 1 S. 117
Nebengebühr siehe Verschub —
Nebenintervenient, Weiterverfolgung der Berufung durch — bei Zurücknahme der Berufung durch Hauptpartei HGB 2 S. 154
Nebenleistungspflichten, Wirkung der Nichterwähnung in der Aktienurkunde. HGes. 1 S. 117
—, Zur Rechtsnatur der — der Aktionäre HGes. 1 S. 140
—, Nachträgliche Erhöhung der Vertragsstrafe für die Verletzung von — (AG.) HGes. 1 S. 236
— der Gesellschafter einer GmbH., Kündbarkeit HGes. 2 S. 175
Nebenverpflichtungen, Zulässigkeit der Vereinbarung von — außerhalb der Satzung HGes. 2 S. 123
Negatoria gegen eine von dem Bergwerksbesitzer auf seinem Zechenplatz errichtete Kokerei? HGes. 4 S. 285
Nehmung und Aufbringung im Sinne von §§ 101, 116 der Hamb. Allg. SeeVers.B. PrVersR 3 S. 132
— und Anhaltung, Unterschied PrVersR 3 S. 145
—, Eigentumsübergang bei — und Kondemnation PrVersR 3 S. 159
—, Zu den Begriffen — (Beschlagnahme) und Wegnahme im Seeversicherungsrecht PrVersR 3 S. 194
„Netto Kasse gegen Frachtbriefduplikat", Bedeutung der Klausel für den Eigentumsübergang EBR S. 72
Nicht rechtsfähiger Verein, Zur Frage der Wechselfähigkeit eines — —n —s Bk-WR S. 453
Nichtantritt, Kein klagbarer Anspruch des Prinzipals gegen Handlungsgehilfen bei — oder vorzeitigem Verlassen des Dienstes auf Unterlassung der Arbeit bei anderem Prinzipal während der Vertragszeit HGB 2 S. 13
Nichtauslieferung, Schadensersatz wegen — der Güter SchiffR 1 S. 35
Nichtige Übertragung einer Handelsfirma und Frage der Gläubigerschaft bei den Geschäften, die unter dem Namen dieser Handelsfirma geschlossen sind HGB 1 S. 101

Nichtigkeit, Haftung aus § 25 HGB. bei — des dem Erwerb zugrundeliegenden Handelsgeschäfts, sofern der Erwerber es als solches fortführt und es im Handelsregister eingetragen ist HGB 1 S. 207
—, Zur — eines Aufsichtsratsbeschlusses einer AG. HGes. 1 S. 61
—, Fusion unter Ausschluß der Liquidation und Klage gegen übernehmende AG. wegen — eines Beschlusses der untergegangenen AG. HGes. 1 S. 210
—, Einzahlungsverpflichtung der Aktionäre bei — der im Handelsregister eingetragenen Goldmarkumstellungsbeschlüsse HGes. 1 S. 314
—, Zur Frage der — des Erwerbs eigener Aktien, § 65 III Satz 2 AktG. HGes. 1 S. 395
— des Vertrags über Errichtung einer GmbH. wird durch Eintragung nicht geheilt HGes. 2 S. 12
— einer GmbH. wegen Bedingtheit der Übernahmeerklärungen HGes. 2 S. 61
—, Keine Heilung der — des Kausalgeschäfts durch Abtretung eines Teils der veräußerten GmbH.-Anteile HGes. 2 S. 120
—, Zur — der Beteiligungserklärung an einer GmbH. wegen sittenwidrigen Verhaltens eines Mitgesellschafters bei der Gründung HGes. 2 S. 146
—, Haftung der Gesellschafter einer OHG. bei — des Gesellschaftsvertrages wegen Geisteskrankheit eines Gesellschafters für namens der Gesellschaft abgeschlossene Verträge HGes. 3 S. 164
— der Genossenschaft wegen ungleicher Geschäftsanteile. Zu den Grenzen der Geltendmachung im Liquidationsverfahren HGes. 4 S. 26
—, Zur — mehrerer innerlich zusammenhängender Generalversammlungsbeschlüsse. Prüfungspflicht des Registerrichters HGes. 4 S. 122
— eines Vertrages, in dem gegen § 65 GenGes. verstoßen ist HGes. 4 S. 144
—, Rechtslage der Genossenschaft bei — vor und nach der Löschung im Genossenschaftsregister HGes. 4 S. 157
—, Zur — und Anfechtbarkeit von Vertreterwahlen der Genossenschaft HGes. 4 S. 189

Nichtigkeit oder Anfechtbarkeit von Generalversammlungsbeschlüssen einer AG. HGes. 1 S. 1, 210
—, Unzulässige Zurückweisung eines Bevollmächtigten HGes. 1 S. 31
— bzgl. Jahresbilanz HGes. 1 S. 51
—, Verletzung von Formvorschriften HGes. 1 S. 54
—, Entlastung nur einzelner Mitglieder des Vorstandes oder Aufsichtsrats HGes. 1 S. 54
— betr. Fragen kombinierter Sanierung HGes. 1 S. 103
— betr. Bilanzierungsfragen HGes. 1 S. 128
— betr. Bemängelung bestimmter Personen HGes. 1 S. 146
—, Einfluß unheilbarer — auf spätere derartige Beschlüsse HGes. 1 S. 230
—, Auskunftsverweigerung gegenüber Aktionär HGes. 1 S. 400

Nichtigkeit oder Anfechtbarkeit von Gesellschafterbeschlüssen einer GmbH HGes. 2 S. 92, 279
— wegen sittenwidriger Schädigung der Minderheit HGes. 2 S. 136
— insbes. der Bilanzgenehmigung HGes. 2 S. 181

Nichtigkeit oder Anfechtbarkeit von Generalversammlungsbeschlüssen einer Genossenschaft HGes. 4 S. 73, 88
—, Fehlen der statutenmäßig erforderlichen Anwesenheit aller Genossen HGes. 4 S. 46
— bei fehlerhafter Einberufung HGes. 4 S. 133

Nichtigkeitsklage, Analoge Anwendbarkeit der Bestimmungen des Aktienrechts auf die — im Genossenschaftsrecht HGes. 4 S. 200

Nichtkaufmann siehe Abnehmer

Niederlegung, Verpflichtung zur — der Güter auch bei Gefährdung des eigenen Interesses? SchiffR 1 S. 55

Nießbrauch, Umfang des —s an einem Geschäftsanteil der GmbH. HGes. 2 S. 296
—, Zum Fortbestehen des —rechts einer OHG. während der Liquidation oder des Konkurses HGes. 3 S. 9
Nomination des Auktors durch den auf Herausgabe der Sache belangten Verwahrer SchiffRl S. 154
Notadresse, Formalitäten der Protesterhebung gegen eine — Bereitwilligkeit der — zur Intervention. Frage der Gültigkeit der — Bk-WR S. 369
Notar, Über Amtspflicht des —s zur Prüfung der Persönlichkeit HGes. 1 S. 353
—, Zur Haftung des —s für Aufnahme eines ungültigen Protestes Bk-WR S. 515
Nothafen, Anlaufen eines —s wegen Beschädigung des Schiffes und Weitertransport der Ladung SchiffR 1 S. 44
—, Einfrieren im — ein Havereigrund? SchiffR 1 S. 189
Notverkauf, Voraussetzungen des Rechts zum — HGB 2 S. 290
—, Zur Frage des —s nach § 379 I u. II HGB HGB 3 S. 39
— nach § 379 II HGB. bei Erklärung des Verkäufers, er erkenne die Zurverfügungstellung der Ware nicht als berechtigt an HGB 3 S. 68
— einer beanstandeten leicht verderblichen Ware trotz Widerspruchs des Verkäufers HGB 3 S. 80
— auf Grund einstweiliger Verfügung HGB 3 S. 105
Novation durch Prolongation eines Wechsels Bk-WR S. 438
Nummernverzeichnis siehe Kuxe
Nutzungsberechtigter, Pächter als — im Sinne des § 135 BergGes. HGes. 4 S. 278

O

Obliegenheitsverletzung bei Versicherung für fremde Rechnung PrVersR 1 S. 277
—, Kein Rechtsverlust durch — des Versicherungsnehmers vor Eintritt des Versicherungsfalls PrVersR 2 S. 11
— nach Eintritt des Versicherungsfalls PrVersR 2 S. 11
Offene Handelsgesellschaft und Kommanditgesellschaft **HGes. 3 S. 1—Ende**
—, Begriff HGB 1 S. 62
—, Auflösung einer —n — durch den Tod eines Gesellschafters und Fortführung des Geschäfts ohne Eintragung der Auflösung ins Handelsregister, Haftung der Erben HGB 1 S. 32
—, Haftung für Abfindungsforderung des aus einer —n — ausscheidenden Gesellschafters bei Geschäftsübernahme HGB 1 S. 225
—, Firmenname und Firmenzusatz „Söhne“, § 19 HGB. HGB 1 S. 236
—, Die nämlichen Personen können mehrere — —en bilden HGes. 3 S. 31
—, Eine — — kann nicht Mitglied einer anderen —n — sein HGes. 3 S. 25
—, Der Bestand einer —n — wird nicht dadurch ausgeschlossen, daß ein Gesellschafter im Innenverhältnis am Gewinn und Verlust nicht teilnimmt HGes. 3 S. 83
—, Zur Entstehung einer —n — HGes. 3 S. 107
—, Geltendmachung von Ansprüchen der —n — oder KG. gegen Gesellschafter aus besonderen Rechtsgeschäften außerhalb des Auseinandersetzungsverfahrens HGes. 3 S. 114
Offene Wagen, Haftung der Eisenbahn für den beim Transport auf —n — entstehenden Schaden EBR S. 1
—, Haftung der Eisenbahn für unterlassenen Schutz gegen Feuersgefahr bei Beförderung in —n — EBR S. 5
—, Diebstahlsgefahr bei Beförderung im —n — EBR S. 113
Öffentliche Bekanntmachung des Termins und besondere Ladung nach § 107 GenGes. werden durch Terminsverkündung nicht ersetzt HGes. 4 S. 119
Öffentliche Verkehrsanstalt, Zum Bergschadensanspruch einer —n — HGes. 4 S. 292, 296

Öffentliche Versicherungsanstalten, Zur Vertragsfreiheit landesrechtlicher —r — PrVersR 1 S. 150
Öffentliche Versteigerung siehe Versteigerung
Öffentlicher Dienst, Gestaltung der seerechtlichen Haftung mit einem zum —n — bestimmten Schiff. Bemessung des Wertes. Rangverhältnis des Anspruchs auf Ersatz der Kosten der Hebung des Schiffes SchiffR 2 S. 112
Öffentlicher Glaube des Handelsregisters HGB 1 S. 18, 27
— und Hypothekbestellung HGB 1 S. 25
Öffentlicher Verkauf bei Annahmeverzug des Käufers HGB 2 S. 226
Operation, Unfall und — PrVersR 2 S. 262
Order, Bedeutung der Wendung „oder für Ihre —„ im kaufmännischen Briefverkehr HGB 2 S. 172
— siehe auch Konnossement
Orderpapiere, Kaufmännische — und Wirkung des Indossaments, §§ 363, 364 HGB HGB 2 S. 132
—, Sog. technische — im Sinne des § 363 HGB. HGB 2 S. 155
—, Lagerschein als Inhaberpapier und als — HGB 3 S. 281
Orderwechsel ohne Remittenten Bk-WR S. 512
Ort, an dem Deckungskauf abzuschließen ist HGB 2 S. 243
— des Selbsthilfeverkaufs HGB 2 S. 246
— der Gewerkenversammlung HGes. 4 S. 271
Örtliches Recht für die Voraussetzungen der großen Haverei SchiffR 1 S. 182
—, Welchem —n — unterliegt der Seefrachtvertrag im internationalen Verkehr SchiffR 1 S. 258
— für Konnossemente SchiffR 1 S. 265
Ortsangabe im Wechseldatum Bk-WR S. 389
Ortsbezeichnung, Zur Angabe der — auf dem Wechsel durch Indossanten, wenn er Benachrichtigung von der Nichtzahlung des Wechsels beansprucht Bk-WR S. 395
Ortsgebrauch bzgl. Auslieferungsprovision des Kommissionärs HGB 3 S. 156

P

Pacht eines Handelsgeschäfts und § 25 HGB. HGB 1 S. 178
Pächter, Hagelversicherung eines —s bei Ablauf der Pacht PrVersR 1 S. 286
— siehe auch Bergwerkspächter und Bauerrichtung
Pachtung eines Steinbruchs zum Zweck der Veräußerung der zu brechenden Steine kein Handelsgeschäft HGB 2 S. 92
Packpapier im Sinne des Eisenbahngütertarifs EBR S. 47
Passiva eines Handelsgeschäfts, Schuldschein des Kaufmanns mit bürgerlichem Namen ausgestellt HGB 2 S. 128
Passivlegitimation siehe Aktivlegitimation
Pelzmäntel, Zobel— als Kostbarkeiten im Sinne des internationalen Eisenbahnfrachtrechts EBR S. 26
Pensionsversicherung, Lauf der Frist zum Rücktritt wegen Verletzung der Anzeigepflicht. Stellung des Bezugsberechtigten PrVersR 2 S. 231
Personenbeförderung, Sorgfaltspflicht des Verfrachters und der Schiffsbesatzung bei — SchiffR 2 S. 45
—, Zur Sorgfaltspflicht des Unternehmers bei — auf einem Binnenschiff SchiffR 2 S. 297
Personenfirma, Überlassung des Vor- und Familiennamens zum Firmengebrauch gemäß § 22 HGB. und spätere Bildung einer Einzelfirma HGB 1 S. 290
Personennamen siehe Gleiche —
Persönliche Wahrnehmung der Gesellschafterversammlung kein Sonderrecht des Gesellschafters der GmbH. HGes. 2 S. 49
Persönliche Zerwürfnisse als Grund für die Auflösung der GmbH. HGes. 2 S. 256
Pfand- und Zurückbehaltungsrecht der Bank als Zeichnungsstelle für Reichsbahnanleihe 1931 an den bei ihr gezeichneten Stücken? HGB 2 S. 200

Pfändbarkeit der Ansprüche einer GmbH. auf Einzahlung von Stammeinlageforderungen HGes. 2 S. 187
—, Voraussetzung der — der Stammeinlageforderung einer GmbH. HGes. 2 S. 216
Pfandbestellung und Gesellschaftskonkurs, Haftung der Gesellschafter HGes. 3 S. 1
Pfandgläubiger, Übertragung des Stimmrechts auf den — des Geschäftsanteils einer GmbH. HGes. 2 S. 230
Pfandklage des Schiffsgläubigers gegen Ausrüster SchiffR 2 S. 230
Pfandrecht des Kommissionärs am Kommissionsgut nach § 397 HGB. HGB 3 S. 210
— des Kommissionärs am Ausantwortungs-Anspruch des Kommittenten HGB 3 S. 227
— und Zurückbehaltungsrecht des Spediteurs an Gütern des Auftraggebers HGB 3 S. 263
— des Frachtführers bei sukzessivem Transport der Güter HGB 3 S. 289
—, Klage des Verpfänders auf Pfandrückgabe zeigt seine Bereitwilligkeit zur Zahlung der gerichtlich festgestellten Schuld Bk-WR S. 152
—, Verspätete Geltendmachung des —s des Frachtführers und ihre Bedeutung für den Verlust des Anspruchs auf Liegegeld gegenüber dem Absender SchiffR 2 S. 287
— siehe auch Verpfändung
Pfändung künftiger Forderungen (Kontokorrentguthaben) HGB 2 S. 184, 192
—, Unzulässigkeit einer Satzungsbestimmung über unentgeltliche Einziehung eines Geschäftsanteils bei — HGes. 2 S. 211
— des Anspruchs auf die Brandentschädigung, § 15 VVG. PrVersR 1 S. 234
— von Ansprüchen des Versicherungsnehmers aus einem Lebensversicherungsvertrag PrVersR 2 S. 188
Pflichtbeteiligung, Über die — nach Staffeltarif bei eingetragenen Genossenschaften mbH. HGes. 4 S. 93, 105
Police, Behandlung einer —, bei der ein Teil der Versicherer die Seegefahr, ein anderer die Kriegsgefahr übernommen hat PrVersR 3 S. 175
— siehe auch Taxierte Seeversicherungspolice
Policeklausel siehe Klausel
Postschließfach, Zum Zeitpunkt des Zugehens der Erklärung beim — PrVersR 1 S. 53
Postsendungen, Aushändigung von — mit der Aufschrift der gelöschten Firma einer aufgelösten OHG. HGB 1 S. 83
—, Haftung der Eisenbahn für — EBR S. 42
—, Beitrag zur großen Haverei? SchiffR 1 S. 295
Prämie, Herabsetzung der —, Auslegung des § 42 VVG. PrVersR 2 S. 133
Prämienkauf ein Börsentermingeschäft Bk-WR S. 142
Prämiennachzahlung für Versendungen, die unter die laufende Versicherung fallen, aber nicht deklariert worden sind PrVersR 3 S. 254
Prämienreserve, Zur Erstattung der — bei arglistiger Täuschung des Versicherers durch den Versicherungsnehmer PrVersR 2 S. 193
Prämienverbesserung und Versicherung gegen Kriegsgefahr im Seeversicherungsrecht PrVersR 3 S. 117
Prämienzahlung, Fristbestimmung im Versicherungsverhältnis bei nicht rechtzeitiger — PrVersR 1 S. 1, 11
—, Zur Frage der rechtzeitigen Bewirkung der —, die bei Beginn der Versicherung zu erfolgen hat PrVersR 1 S. 29
—, Befugnisse des zur Annahme von —en ermächtigten Agenten PrVersR 1 S. 32
—, Kondemnation des gegen Kriegsgefahr versicherten Schiffes als Endpunkt der — PrVersR 3 S. 185
—, Zum Anspruch des Versicherers, der wegen Zahlungsunfähigkeit des Versicherungsnehmers die Versicherung für erloschen erklärt hat, auf — PrVersR 3 S. 207

Preis, Bindung des Kommittenten an die festgesetzten —e, Geldentwertung HGB 3 S. 216
Preisnotierung für Termin- und Lokoware HGB 3 S. 178
Preußische Kuxe als Anteile von Bergwerksunternehmungen Bk-WR S. 27
Prima-facie-Schuldbeweis bei einem Schiffszusammenstoß mit einem unter einem Zwangslotsen fahrenden Schiff SchiffR 1 S. 292
Privatgüterwagen, Einstellung von — unter Tarifermäßigung für Leerbeförderung. Verstöße gegen den Vertrag EBR S. 258
— siehe auch Umstationierung
Probe, Kauf nach —, Beweislast HGB 2 S. 240
— siehe auch Ausfallprobe und Kaufprobe
Probefahrt eines Schiffes, Tragung von Schäden und Kosten SchiffR 2 S. 96
—, Zum Versicherungsschutz des Angestellten einer Ausbesserungswerkstatt bei Führermitversicherung PrVersR 2 S. 128
—, Umfang der Transportversicherung bei einer sog. Werft- — des versicherten Schiffes PrVersR 3 S. 223
Prokura und Handlungsvollmacht **HGB 1 S. 302 — Ende**
—, Ungültigkeit der — wegen Minderjährigkeit eines der Firmeninhaber und mangelnder vormundschaftsgerichtlicher Genehmigung, Wirkung der Eintragung im Handelsregister HGB 1 S. 27
—, Erteilung u. Anmeldung der — durch sogenannte unechte Gesamtvertretung der AG. HGes. 1 S. 297
—, Widerruf und Wiedererteilung der — in einer OHG. HGes. 3 S. 214
Prokuraindosament siehe Wechselprotest
Prokuraindsossatar, Zur Haftung der Reichsbank als — aus dem Wechselinkassoauftrag für Versehen des Notars beim Wechselprotest Bk-WR S. 515
Prokurist, Während der Liquidation kann die OHG. oder KG. keine —en haben HGes. 3 S. 60
Prolongation eines Wechsels, Novation durch — Bk-WR S. 438
Prolongationsgeschäft bei Ultimo-Engagements in Börsenpapieren Bk-WR S. 10
Prospekt, Maßgeblichkeit von —en der Frachtführer oder Reeder SchiffR 1 S. 18
Protest beim Verrechnungsscheck. Fassung Bk-WR S. 604
— siehe auch Wechselprotest, Abwesenheitsprotest, Windprotest u. Prokuraindossatar
Protesterhebung an einem anderen als dem in Art. 91 Satz 1 WO bestimmten Ort mit beiderseitigem Einverständnis und — in Abwesenheit des davon Betroffenen Bk-WR S. 361
—, Einrechnung des Tages der — in die Verjährungsfrist des Wechselregreßanspruchs? Bk-WR S. 456
— siehe auch Notadresse
Protestfrist als Form der Handlungen im Sinne von Art. 86 WO Bk-WR S. 520
Protestkosten, Zum Wechselanspruch des Remittenten auf Erstattung der — und Wechselprovision Bk-WR S. 273
Protestkunde, Erfordernisse des Abwesenheitsprotestes Bk-WR S.406
Protokoll, Über Notwendigkeit, bloße Unterbrechung der Generalversammlung einer AG. im — zu erwähnen HGes. 1 S. 111
Protokollbuch, Bedeutung der Eintragung ins — HGes. 4 S. 98
Provenue siehe Erstversicherer
Provinzbankier, Verhältnis zwischen — und Zentralbankier beim Auftrage zur Eintragung ins Staatsschuldbuch. Einfluß des Konkurses des —s HGB 2 S. 132
Provision, Über —s- oder Schadensersatzansprüche des Agenten bei Konkurs des Geschäftsherrn HGB 2 S. 44
Provisionsanspruch des Handlungsagenten bei Nichtzustandekommen der Geschäfte durch Verschulden des Geschäftsherrn HGB 2 S. 49

Provisionsanspruch des Handlungsagenten für die erst nach Beendigung des Agenturverhältnisses abgeschlossenen Geschäfte HGB 2 S. 51
— des Maklers bei Unterbleiben der Ausführung durch Verschulden des Geschäftsherrn; Unterschied zwischen Mäkler- und Agenturvertrag HGB 2 S. 64
— des Bezirksagenten bei Verhinderung durch Kriegsdienst HGB 2 S. 67
— des Bezirksagenten für ohne seine Mitwirkung abgeschlossene Geschäfte HGB 2 S. 72
Prozeß, Zur Erklärung des Kommissionärs im — über Eintritt als Selbstkontrahent nach Ausführung der Einkaufs- und Verkaufsaufträge des Kommittenten durch Abschlüsse mit Dritten HGB 3 S. 146
Prozeßkosten, Auslegung der Allgemeinen Versicherungsbedingungen für Haftpflichtversicherung (§ 3 II 1) bzgl. — PrVersR 2 S. 22
Prüfungspflicht der Bank beim Antrag auf Eröffnung eines Bankkontos und bei Erwerb eines Schecks von einem Kontoinhaber Bk-WR S. 620

Q

Quittung, Rechtliche Bedeutung und Entkräftung einer in Erwartung der Leistung ausgestellten — im Eisenbahnfrachtverkehr EBR S. 140

R

Rat, Rechtliche Beurteilung des —s, den der Kommissionär dem Kommittenten in bezug auf das den Gegenstand des Auftrags bildende Geschäft erteilt hat HGB 3 S. 162
Reallast siehe Übergang
Recht siehe Deutsches — und Nationalität
Rechenschaftsablegung, Verpflichtung des Kommissionärs zur — HGB 3 S. 148
Rechner, Stellung des —s einer Genossenschaft. Haftung für satzungswidrige Kreditgewährung, auch wenn — auf Anweisung des Vorstandes gehandelt hat. HGes. 4 S. 138
Rechnung für wen es angeht, Versicherung für — PrVersR 3 S. 43, 126
—, Seeversicherung des Cif-Verkäufers für — PrVersR 3 S. 132, 145
Rechnungslegung, Freikux gibt Anspruch auf — HGes. 4 S. 222
Rechts- und Handlungsfähigkeit, Keine Beschränkung der — der Gewerkschaft auf das verliehene Bergwerk HGes. 4 S. 232
Rechtsanalogie, Zur Frage der — HGB 2 S. 204
Rechtsanwalt siehe Verkehrsanwalt
Rechtsfähigkeit, Verlust der — einer Gewerkschaft durch Verlegung des Sitzes in einen anderen Bundesstaat HGes. 4 S. 277
Rechtshängigkeit, Einrede der — im Wechselprozeß Bk-WR S. 541
Rechtsirrtum siehe Irrtum
Rechtskraft eines die Ernennung eines Schiedrichters ablehnenden Beschlusses, Bedeutung HGB 1 S. 199
—, Nichtigkeitsurteil betr. Beschluß über Kapitalerhöhung der GmbH. schafft — gegen alle Gesellschafter HGes. 2 S. 67
— des Urteils gegen eine OHG., Wirkung gegenüber dem im Laufe des Rechtsstreits ausgeschiedenen Gesellschafter HGes. 3 S. 100
—, Einrede der — aus einem den Wechselinkassomandatars abweisenden Urteil gegen einen neuen Inkassomandatar Bk-WR S. 274
—, Umfang der — bei Klagabweisung wegen mangelnder Wechsellegitimation Bk-WR S. 274
Rechtsnachfolger, Vereinbarung über den — eines Gesellschafters der GmbH. im Todesfall HGes. 2 S. 47
—, Auflösung einer KG., Folgen für die Parteistellung der Gesellschafter und des —s HGes. 3 S. 156
Rechtsstreit zwischen Versicherungsnehmer und Versicherer über Haftung des Versicherungsnehmers dem Verletzten gegenüber PrVersR 1 S. 332

— zwischen Verletztem und Versicherungsteilnehmer zur Feststellung der Haftbarkeit bei der Haftpflichtversicherung PrVersR 1 S. 356

Rechtsunkenntnis kann Verschulden im Sinne des § 111 I GenGes. ausschließen HGes. 4 S. 14

—, Versäumnis der Anzeige über Veräußerung der versicherten Sache aus — PrVersR 1 S. 37

Rechtsvermutung, Tragweite der — der Zugehörigkeit des von einem Kaufmann gezeichneten Schuldscheins zu seinem Betrieb HGB 2 S. 128

Rechtsweg, Einstweilige Ausschließung des —s in Bergungsfällen SchiffR 1 S. 11

— bei Entschädigungsanspruch für Hilfe in Seenot SchiffR 1 S. 188

—, Heilung der Unzulässigkeit des —s im Laufe des Rechtsstreits SchiffR 1 S. 368

— bei Anfechtung der Entscheidung des Strandamts über Hilfslohn SchiffR 2 S. 7

Rechtzeitigkeit siehe Mängelrüge

Redezeit, Anfechtung des Generalversammlungsbeschlusses eine AG. über Einschränkung der — HGes. 1 S. 25

Reeder, Haftungs des —s eines ausländischen, nach einem deutschen Hafen bestimmten und dort eingetroffenen Schiffes dem legitimierten Inhaber eines vom Schiffer ausgestellten Orderkonnossements nach den Grundsätzen des deutschen Rechts SchiffR 1 S. 170

—, Rechte des —s an einer Sicherheit für Beiträge zur großen Haverei SchiffR 1 S. 371

—, Haftung des —s für Seetüchtigkeit des Schiffes SchiffR 1 S. 374

—, Haftung für Verschulden seiner Vertreter SchiffR 2 S. 243

Reederei, Haftungsbeschränkung der —. Berufung auf Vermerke im Kai-Empfangsschein PrVersR 3 S. 258

Reederhaftung, Beschränkt-persönliche — gem. § 486 II HGB. SchiffR 2 S. 71

— nach §§ 823, 831 BGB. durch § 486 HGB. nicht ausgeschlossen SchiffR 2 S. 120

Register siehe Handelsregister, Genossenschaftsregister

Registerpflicht betr. den Vorstand einer Genossenschaft HGes. 4 S. 54

Registerrichter, Versehen des —s bei Eintragung bzgl. Nichthaftung für Geschäftsschulden bei Übernahme des Geschäfts HGB 1 S. 115

—, Prüfungspflicht des —s bei Vervielfältigung einer abgeleiteten Firma durch Veräußerung einer Zweigniederlassung HGB 1 S. 142

—, Aktivlegitimation des Konkursverwalters zur Schadensersatzklage wegen Vereitelung der Haftansprüche durch — HGes. 4 S. 69

—, Umfang der Prüfungspflicht des —s bei Anmeldungen zum Genossenschaftsregister HGes. 4 S. 122

Regreß, Verlorener Wechsel und — mangels Zahlung Bk-WR S. 314

— siehe auch Rückgriff

Regreßanspruch des Indossanten, der den rückläufigen Wechsel eingelöst hat, gegen Akzeptanten u. Vormänner Bk-WR S. 399

Regreßklage des Indossanten. Einrede, beide Wechselunterschriften seien zur gemeinschaftlichen Verbürgung für eine Schuld des Akzeptanten gegeben Bk-WR S. 300

Reichsbahnanleihe, Bank als Zeichnungsstelle für — 1931 hat kein Pfand- oder Zurückbehaltungsrecht an den bei ihr gezeichneten Stücken HGB 2 S. 200

Reichsbahngesetz, Sinn und Tragweite von § 33 — EBR S. 283

Reichsbank siehe Prokuraindossatar

Reichsbankstelle siehe Wechselprotest

Reichsfiskus als Remittent, Wechselerfordernisse Bk-WR S. 424

—, Haftung des — bei Zusammenstoß mit einem Kriegsschiff SchiffR 1 S. 288

—, Zur Haftung des —s für seine Beamte SchiffR 1 S. 318

Reichsgericht, Über Zuständigkeit des —s in Beschwerdesache bezügl. Eintragung einer GmbH. in das Handelsregister HGes. 2 S. 230
—, Zuständigkeit des —s nach § 28 FGG. beim Zusammentreffen von Handelsregister- mit Grundbuchsache PrVersR 3 S. 340
Reichsmarkschuld, Zahlung einer —, auch wenn sie Wertschuld ist, durch Reichsmark Bk-WR S. 137
Reingewinn, Zur Verschiedenheit des Begriffs in bezug auf Dividendenanspruch des Aktionärs und den *Tantiemeanspruch des Gesellschaftsbeamten* HGes. 1 S. 14
— und Reinverlust im Sinne der Bilanzierungsvorschriften im Aktienrecht HGes. 1 S. 357
—, Anspruch der Gesellschafter auf den — der GmbH. darf durch willkürliche Minderbewertung des Vermögens nicht geschmälert werden HGes. 2 S. 97
—, Wirkung der Abtretung des Anspruchs auf einen Anteil am —, der den Gesellschaftern der GmbH. zusteht HGes. 2 S. 101
Reisegepäck, Begriff EBR S. 127
—, Begriff im Sinne der EVO. Haftung der Eisenbahn für Verlust, wenn die aufgegebenen Gegenstände im gesetzlichen Sinne nicht zum — gehören EBR S. 180
—, Kostbarkeiten im —. Erklärung bei Aufgabe des —s über dessen Inhalt. Vergleichsgegenstand für den Kostbarkeitsbegriff EBR S. 186
Reisetüchtigkeit Haftung des Verfrachters für Seetüchtigkeit und — des Schiffes SchiffR 2 S. 29
Remboursregreß, Voraussetzungen Bk-WR S. 399
Rangverhältnis des Anspruchs der Behörde auf Ersatz der Aufwendungen für Hebung eines Schiffes SchiffR 2 S. 112
Remittent, Zum Wechselanspruch des —en auf Erstattung der Wechselprovision und Protestkosten Bk-WR S. 273
—, Erfordernis der genauen Bezeichnung des —en bei einem gezogenen Wechsel Bk-WR S. 357
—, Wechselerfordernisse bei Fiskus als — Bk-WR S. 424
—, Die in einem Wechsel fehlende Bezeichnung des —en kann noch während des Rechtsstreits nachgeholt werden Bk-WR S. 450
—, Orderwechsel ohne —en Bk-WR S. 512
Reparatur, Vornahme von —en außerhalb des Heimathafens SchiffR 1 S. 28
Reparaturkosten siehe Abandonerklärung
Reparaturunfähigkeit, Begriff PrVersR 3 S. 51
Reparaturunwürdigkeit, Verkauf wegen — und Anspruch gegen Versicherer im Seeversicherungsrecht PrVersR 3 S. 51
Repräsentant, Vertretungsbefugnis des —en der Gewerkschaft HGes. 4 S. 219
—, Bei der Einmanngewerkschaft ist der Inhaber der Kuxe natürlicher — HGes. 4 S. 318
Repräsentantenhaftung ohne Bedeutung für den Eintritt des Versicherungsfalls PrVersR 2 S. 11
Repräsentanz, Begriff PrVersR 1 S. 71
Reservefonds, Deckung des Verlustes aus — einer AG HGes. 1 S. 323
Retention siehe Kompensation
Retentionsrecht, Begriff und Umfang nach gemeinem Recht HGB 1 S. 3
Rettung siehe Hilfslohn
Rettungskosten als große Haverei SchiffR 2 S. 129
— nach § 834 Ziff. 3 HGB. PrVersR 3 S. 122
Reufrachtanspruch, Voraussetzungen für einen den — des Frachtführers auslösenden Rücktritt, § 36 BSchG SchiffR 2 S. 305
Revisionsgericht, Nachprüfung der Auslegung der Allgem. Versicherungsbedingungen einer öffentlichen Feuerversicherungsanstalt durch das — PrVersR 1 S. 140
Richterliche Nachprüfung, Umfang der —n — bei Ausschließung eines Genossen. Keine schriftliche Begründung des Beschlusses HGes. 4 S. 62

Rigt of stoppage in transitu SchiffR 1 S. 348
Risiko, Unteilbarkeit des —s bei der Seeversicherung PrVersR 3 S. 249
Rohrbrüche, Haftung für Bergschaden bei —n an im Boden verlegten Leitungen umfaßt auch den Verlust an Leitungsgut (Wasser, Gas usw.) HGes. 4 S. 335
Röntgenstrahlen, Haftung der Versicherungsgesellschaft für Schaden, den der Versicherte bei einer von ihr angeordneten ärztlichen Untersuchung infolge Verbrennung durch — erleidet PrVersR 2 S. 247
Rostklausel, Bedeutung der — in einer Seeversicherungspolice PrVersR 3 S. 220
Rubel Polnisch, Wechsel auf — — Bk-WR S. 255
Rückforderung des Kaufpreises bei nicht vertragsmäßiger oder nicht gesetzmäßiger Beschaffenheit der Ware HGB 2 S. 216
Rückgewähr, Zur Frage der — von Einlagen im Sinne von § 213 HGB., § 52 AktG. HGes. 1 S. 153
—, Sicherungsübereignung als — der Einlage des stillen Gesellschafters HGes. 3 S. 77
Rückgriff aus einem Verrechnungsscheck Bk-WR S. 573
Rücklage, Begriff HGes. 1 S. 150
—, Für Wohlfahrtszwecke bestimmte Reingewinnanteile einer AG. als — bei Tantiemeberechnung HGes. 1 S. 148
—, Stille Auflösung freiwilliger — und Bilanzwahrheit u. Bilanzklarheit im Aktienrecht HGes. 1 S. 357
Rücklagekonto, Herabsetzung des Grundkapitals einer AG. und Verwendung des —s zur Dividendenverteilung HGes 1, S. 174
Rückstand, Auseinandersetzung mit ausgeschiedenen Genossen, die mit Einzahlungen im — sind HGes. 4 S. 21
Rückständige Einlagen der Aktionäre HGes. 1 S. 11
—, Konkurs des Aktionärs und — — HGes 1 S. 96
—, Zur Einrede ungleicher Behandlung der Aktionäre gegen die Klage auf Einzahlung —r — HGes. 1 S. 142
Rückständige Leistungen im Sinne von § 16 GmbHGes. HGes. 2 S. 63
Rückständige Versicherungsprämie siehe Fristbestimmung
Rückständiger Beitrag, Zahlung des —n —s nach Eintritt des Versicherungsfalls PrVersR 2 S. 77
— siehe auch Zahlungsverzug
Rückstellungen, Über — gegen das Statut einer AG. durch Generalversammlungsbeschluß HGes. 1 S. 30
Rücktritt, Wichtiger Grund zum — beim Agenturvertrag HGB 2 S. 47
—, Kein — von einer zur Ausführung gebrachten OHG HGes. 3 S. 81
—, Zur Frage des —s vom Gesellschaftsvertrag (OHG.) HGes. 3 S. 107
— vom Kaufvertrag und Eigentumsvorbehalt HGes. 3 S. 115
— vom Gesellschaftsvertrag wegen Fortfalls der Geschäftsgrundlage bei einer bereits ins Leben getretenen OHG. oder KG. unzulässig HGes. 3 S. 235
— des Kommittenten bei unrichtiger Angabe des Stückeverzeichnisses bzgl. des ganzen Geschäfts oder nur bzgl. der fehlenden Stücke Bk-WR S. 64
— vom Chartervertrag und Fautfracht SchiffR 1 S. 356
— des Versicherers bei Verletzung der Anzeigepflicht durch Verschweigen oder unrichtige Angabe eines gefahrerheblichen Umstandes PrVersR 1 S. 43
— wegen Verletzung der Anzeigepflicht bei der Lebensversicherung PrVersR 2 S. 231
— siehe auch Reufrachtanspruch
Rücktrittsrecht des Käufers und Mängelrüge beim Sukzessivlieferungsvertrag HGB 3 S. 32
— beim Fixgeschäft HGB 3 S. 119
Rückversicherung PrVersR 3 S. 1—16
—, Konkursvorrecht bei — HGB 2 S. 204
Rückversicherungsvertrag, Rechtliche Natur. Inwieweit sie die —e aufsichtsfrei? PrVersR 3 S. 335
Rückverwandlung einer GmbH. i. L. in eine werbende GmbH. ohne Neugründung HGes. 2 S. 130

Rückwirkung, Vereinbarte bei der Haftpflichtversicherung PrVersR 1 S. 15
Rückzahlung siehe Kapital–
Rügpflicht, siehe Mängelrüge
Ruhegehaltsanspruch des Vorstandsmitglieds einer AG. HGes. 1 S. 410
Ruhrkampf, Einfluß auf den Pflichtenkreis der Vertragsteile eines Speditionsgeschäfts HGB 3 S. 268

S

Saatgut, Zur Frage des Verschuldens beim Einkauf von —. Garantie für Eigenschaften des —s HGB 3 S. 91
Sacheinlagen, Keine Kaduzierung eines GmbH.-Anteils wegen Säumnis mit einer — HGes. 2 S. 23
—, Die Formvorschriften des § 5 IV GmbHGes. betr. — kann nicht durch privatschriftliche Abmachungen der Gesellschafter umgangen werden HGes. 2 S. 54
—, Abkommen über Einbringung von — in die GmbH. kann nicht teils gültig, teils ungültig sein HGes. 2 S. 71
—, Nichtbestehen eines als — in die GmbH. einzubringenden Rechtes bedeutet nicht Unmöglichkeit, sondern nur Unvermögen und begründet die Gewährleistungsansprüche aus §§ 437, 445, 440 BGB. HGes 2 S. 71
— gleichbedeutend mit Übernahme von Vermögensgegenständen HGes. 2 S. 205
—, Berechtigung und Verpflichtung des Registergerichts, vor der Eintragung einer GmbH. etwaigen Bedenken gegen die Bewertung von — nachzugehen HGes. 2 S. 230
— siehe auch Einlage
Sachfirmen, Verwechslungsgefahr bei — HGB 1 S. 138
Sachleistungen, Zur Zulässigkeit von — neben den Einzahlungen auf den Geschäftsanteil HGes. 4 S. 21
—, Zur Verpflichtung auch ausgeschiedener Genossen zu — im Stadium der Liquidation HGes. 4 S. 40
Sachmangel, Zum Begriff des —s bei Ware, die aus dem Ausland eingeschmuggelt ist und die trotz gutgläubigen Erwerbs der Beschlagnahme unterliegt HGB 3 S. 204
Sachschaden siehe Versicherungsschutz
Sachverständige, Zur Notwendigkeit, den Zustand des Frachtguts durch gerichtlich ernannte Sachverständige feststellen zu lassen, für Geltendmachung von Schadensersatzansprüchen im Binnenschiffahrtsrecht SchiffR 2 S. 190
Saldo, Zur selbständigen Einklagung einzelner Posten eines anerkannten —s bei kontokurrentähnlichem Geschäftsverkehr HGB 2 S. 157
—, Rechtliche Bedeutung der Anerkennung des —s beim Kontokorrentverhältnis HGB 2 S. 204
Saldoanerkenntnis und Berufung auf Unwirksamkeit der in der Abrechnung enthaltenen Börsentermin- und Spielgeschäfte HGB 2 S. 183
Saldoforderung siehe Abtretung
Saldoguthaben, Zur Auszahlung des —s und Beendigung des Kontokorrentverhältnisses HGB 2 S. 192
Sammelladung im Sinne des § 413 II HGB und Haftung des Spediteurs HGB 3 S. 256
Sanierung, Ungleichmäßige Behandlung der Aktionäre bei kombinierter — HGes. 1 S. 99
Satzung, Undurchführbarkeit der Gewinnverteilung laut — der AG. infolge neuer Gesetzgebung HGes. 1 S. 176
—, Zur Frage der Gültigkeit von —sbestimmungen einer AG. HGes. 1 S. 231
—, Das Recht auf Abandon (§ 130 BergGes.) kann durch die — ausgeschlossen werden HGes. 4 S. 256
Satzungsänderung, Zeitpunkt des Wirksamwerdens einer — (AG.) HGes. 1 S. 17
—, Übertragung des Rechtes zur — auf den Aufsichtsrat einer AG.? HGes. 1 S. 72
— einer AG. über Höhe der Vertragsstrafe bei Verletzung von Nebenleistungspflichten HGes. 1 S. 236

— und Sonderbeschluß einzelner Aktionärgruppen HGes. 1 S. 338
— im Gesellschaftsvertrag einer GmbH. kann nicht von der Bestimmung eines Nichtgesellschafters abhängig gemacht werden HGes. 2 S. 294
— siehe auch Statutenänderung
Schaden, Schiffszusammenstoß, Verteilung des —s bei beiderseitigem Verschulden SchiffR 1 S. 354
—, der entstanden aus mangelnder Seetüchtigkeit des Schiffes, die auf nicht gehöriger Beladung beruht PrVersR 3 S. 232
Schadens- und Deckungsprozeß, Einwendungen des Versicherers gegen Versicherungsschutzpflicht PrVersR 2 S. 145
Schadensanzeige, Versäumung der — gem. § 12 der Elbe-Schlepp-Bedingungen und Einrede der Arglist SchiffR 2 S. 63
Schadensausgleich, Zum Ausschluß der Ausgleichspflicht in großer Haverei durch Konnossementsklausel bei Stückgüterfracht SchiffR 1 S. 304
Schadensberechnung bei Haftung des Handlungsagenten HGB 2 S. 27
— bei Weigerung des Verkäufers, die Ware zu liefern, und Nachfristsetzung des Käufers HGB 2 S. 230
—, Zeitpunkt der — bei Schadensersatz wegen Nichterfüllung HGB 2 S. 234
— bei Schadensersatz wegen Nichterfüllung auf Grund freihändigen Verkaufs der Ware HGB 3 S. 24
—, Zollnachlaß wegen Beschädigung der versicherten Güter bei der — PrVersR 3 S. 76
— siehe auch Abstrakte —
Schadensereignis bei der Haftpflichtversicherung PrVersR 2 S. 167
—, Versicherungsfall und — in der Haftpflichtversicherung. Begriff PrVersR 2 S. 174
Schadensersatz, Umfang des —es bei der Feuerversicherung PrVersR 1 S. 183
—, Anrechnung der Leistungen der Unfallversicherung auf den vom Kraftwagenhalter zu zahlenden — PrVersR 2 S. 271, 282
—, Haftung des Versicherers für den —, den der Reeder einem Dritten gegenüber für Ansegelung eines Piers oder einer Hafenmauer zu leisten hat? PrVersR 3 S. 67
Schadensersatz wegen Nichterfüllung eines Lieferungsvertrages HGB 2 S. 234
Schadensersatzanspruch gegen den Aufsichtsrat einer AG. wegen Vernachlässigung der Überwachungspflicht HGes. 1 S. 155
—, Kein — der Genossenschaft, die ihre Auflösung beschlossen hat, gegen Genossen, die mit der satzungsmäßigen Verpflichtung zur Übernahme weiterer Geschäftsanteile im Verzug waren HGes. 4 S. 102
—, Zum Umfang des —es nach § 154 BergGes. HGes. 4 S. 215
— gegen den Verfrachter wegen Absendung der Ware auf einem anderen Schiff als dem verabredeten SchiffR 1 S. 130
—, Erfordernisse bei Geltendmachung von —en des Verletzten gegenüber dem Versicherungsnehmer PrVersR 2 S. 53
— siehe auch Entschädigungsanspruch
Schadensersatzklage des Beauftragten oder Kommissionärs aus dem Interesse des Auftraggebers oder Kommittenten HGB 3 S. 182
Schadensersatzpflicht, Keine — der GmbH. selbst gegenüber dem Gesellschafter, der durch Betrug zur Beteiligung veranlaßt worden ist HGes. 2 S. 82
—, Keine — des Gesellschafters, der einen „wichtigen Grund" gegeben hat, wenn er sich gegen Auflösung der GmbH. durch alle Instanzen wehrt HGes. 2 S. 107
— nach § 823 II BGB. wegen verspäteter Aufkündigung eines Genossen HGes. 4 S. 18
Schadensfeststellung nach § 61 I BSchG SchiffR 2 S. 294
—, Zur Frage der — nach den Allgem. Deutschen Seeversicherungsbedingungen von 1919 PrVersR 3 S. 210

Schadensregelung, Tragweite der Vereinbarung, daß der Rückversicherer die — des Rückversicherten bedingungslos anzuerkennen hat PrVersR 3 S. 1
Schadensversicherung, Allgemeine Vorschriften **PrVersR 1 S. 131—179**
Schadensverteilung beim Zusammenstoß zweier Binnenschiffe SchiffR 2, S. 335, 337
Scheckformulare, Mißbräuchliche Benutzung von —n. Sorgfalt bei Aufbewahrung von —n und bei Auszahlung des Guthabens Bk-WR S. 571
Scheckrecht Bk-WR S. 571—Ende
Scheckregreß. § 16 II Nr. 1 ScheckGes. Bk-WR S. 597
Schenkung, Wechselakzept als — Bk-WR S. 385
Schenkungsversprechen, Formerfordernis, wenn mit der Zuwendung einer sittlichen Pflicht oder einer auf den Anstand zu nehmenden Rücksicht entsprochen werden soll HGes. 3 S. 132
Schiedsgericht, Die Entscheidung über Auflösung einer OHG. aus wichtigem Grunde kann einem — übertragen werden HGes. 3 S. 59
—, Zur Auslegung des § 28 Börsengesetz Bk-WR S. 47
Schiedsgerichtsklausel, Unwirksamkeit der bei klaglosen Börsentermingeschäften vereinbarten — Bk-WR S. 47
Schiedsgutachten, Offene Unbilligkeit eines —s SchiffR 2 S. 102
— des Ärzteausschusses. Vertragswidriges Verhalten des Versicherers PrVersR 2 S. 274
Schiedsrichter, Bedeutung d. Rechtskraft eines die Ernennung eines —s ablehnenden Beschlusses HGB 1 S. 199
—. Die Gesellschaftsversammlung kann nicht — zwischen der GmbH. und ihren Gesellschaftern sein HGes. 2 S. 13
Schiedsvertrag, Einrede des —s gegenüber Wechselanspruch Bk-WR S. 384
Schiff, Zum Begriff — im Seeversicherungsrecht PrVersR 3 S. 191
Schiffahrtsgericht, Zuständigkeit der —e SchiffR 2 S. 311
Schiffahrtshindernis, Ein auf Grund geratenes, aber fahrtüchtig gebliebenes Schiff kein — im Sinne des § 19 SeestrO. SchiffR 2 S. 165
Schiffahrtspolizeiverordnung für das deutsche Rheinstromgebiet, Zur Auslegung des § 47 der — SchiffR 2 S. 337
Schiffer, Umfang der Befugnisse des —s außerhalb des Heimathafens SchiffR 1 S. 28
—, Begriff im Sinne des BSchG SchiffR 2 S. 179
Schiffsbesatzung, Haftung des Schiffseigners für Dienstverschulden der —, § 3 BSchG. SchiffR 2 S. 212
— siehe auch Verlassen des Schiffes
Schiffseigner, Beschränkt persönliche Haftung des —s SchiffR 1 S. 368
— im Sinne des § 2 BSchG und Urteilsrechtskraft bzgl. eines Schiffsgläubigeranspruchs SchiffR 2 S. 209
—, Haftung für das Verschulden des sog. Festmachers, § 3 BSchG SchiffR 2 S. 280
— siehe auch Frachtvertrag
Schiffsgläubiger und Seemannsordnung SchiffR 1 S. 100
—, Schiffseigner im Sinne des § 2 BSchG. und Urteilsrechtskraft bzgl. des Anspruchs eines —s SchiffR 2 S. 209
—, Pfandklage des —s gegen Ausrüster SchiffR 2 S. 230
Schiffskollision, Zur Schadensersatzpflicht des Versicherers bei —, wenn Schiff ohne Lotsen fuhr PrVersR 3 S. 37
Schiffsladung, Verfügung von hoher Hand, wenn eine fremde Regierung die Auslieferung der — (Waffen) unter Drohung verlangt SchiffR 2 S. 108
Schiffsmakler, Rechtliche Stellung des —s HGB 2 S. 154
Schiffsmanöver, Auslegung von § 738 HGB. SchiffR 2 S. 165, 335
Schiffsmiete, Unterschied der reinen — vom Zeitfrachtvertrage SchiffR 1 S. 201
Schiffspart, Veräußerung einer — an einen Ausländer SchiffR 1, S. 257

Schiffsunfall, Wann gelten Güter im Sinne des § 617 HGB als verlorengegangen? SchiffR 1 S. 258
— durch Schuld der Besatzung des Schleppers und Mitverschulden der Besatzung des geschleppten Schiffes, Rechtsfolgen SchiffR 1 S. 232
Schiffsvermögen, Der Reeder als Repräsentant des —s als eines Sonderguts SchiffR 1 S. 159
Schiffszusammenstoß mit vor Anker liegendem Schiff SchiffR 1, S. 96
—, Maßgebendes Recht bei — auf deutschem Territorium von zwei Schiffen mit gleicher fremder Flagge SchiffR 1 S. 105
— und Gebrauch der Maschine bei dichtem Nebel SchiffR 1 S. 117
—, Anwendung des Rechts der Flagge des schuldigen Schiffes SchiffR 1 S. 275
— zwischen mehr als zwei Schiffen. Schadensersatzpflicht SchiffR 1 S. 318
— Verteilung des Schadens bei beiderseitigem Verschulden SchiffR 1 S. 354
—, Einfluß schuldhaften Verhaltens der eigenen Besatzung auf den Schadensersatzanspruch SchiffR 1 S. 382
— auf hoher See. Welches Recht ist anwendbar für Schadensersatzansprüche bei verschiedener Nationalität der Schiffe? SchiffR 2 S. 83
— zweier Binnenschiffe und Schadensverteilung SchiffR 2 S. 337
— siehe auch Kriegsschiff und Territoriales Recht
Schlepp-Bedingungen, Auslegung von —, Schadensanzeige SchiffR 2 S. 63
—, Unterwerfung unter — durch Anhängen an einen Schleppzug SchiffR 2 S. 248
Schlepper, Schadensersatzanspruch der Ladung eines geschleppten Fahrzeugs gegen den —. Befreiungsklausel SchiffR 2 S. 212
—, Haftung des Kahneigners für Verschulden seines —s SchiffR 2 S. 239
— siehe auch Kahneigner
Schlepperdienste, Leistung von —n als Hilfe in Seenot SchiffR 1 S. 301
Schlepperführer, Sorgfaltspflicht des —s als Leiter eines Schleppzuges auf Binnengewässern SchiffR 2 S. 253
Schleppschiff, Haftung des Eigners des geschleppten Schiffes für Versehen der Besatzung des Schleppers und § 4 III BSchG. SchiffR 2 S. 215
Schleppvertrag, Rechtliche Natur SchiffR 1 S. 248
— als Werkvertrag. Wem obliegt die nautische Leitung des Schleppzuges? Anspruch des Schleppers auf Hilfslohn SchiffR 1 S. 232
—, Auch außervertragliche Sorgfaltspflicht für den geschleppten Kahn SchiffR 2 S. 282
Schließfach, Über Verpflichtungen der Eisenbahn bei Einräumung eines —s an einen Geschäftmann, der häufig Güter empfängt EBR S. 83
Schlußnote, Vorbehalt des Maklers der Bezeichnung der anderen Partei und Erfüllungsanspruch bei unterbliebener — HGB 2 S. 80
—, Vorbehaltlose Annahme der vom Handelsmäkler ausgestellten —. Vorbehalt nur gegenüber Handelsmäkler HGB 2 S. 83
Schlußrechnung, Entlastung der Liquidatoren ohne Legung einer — (AG.) HGes. 1 S. 24
Schlußscheinbestimmung über Verzug und Nachfristgewährung, Bedeutung Bk-WR S. 113
Schlußvorschriften des Versicherungsvertragsgesetzes **PrVersR 2 S. 321—328**
Schmucksachen, Versicherung von — PrVersR 1 S. 340
— s. auch Wertsachenversicherung
Schriftform im Sinne des § 1 der KartellVO. HGes. 2 S. 175
Schriftliche Form im Sinne des GenGes. ist im Sinne des § 126 BGB. zu verstehen HGes. 4 S. 100
Schuldenhaftung, Ausschluß der — bei Erwerb eines Handelsgeschäfts, § 25 II HGB. HGB 1 S. 105
— bei Erwerb eines Geschäfts, Wirksamkeit der Vereinbarung über Nichthaftung Dritten gegenüber bei rechtzeitiger Anmeldung zum Handelsregister HGB 1 S. 115

Schuldenhaftung, Eintritt in das Geschäft eines Einzelkaufmanns und Anfechtung des Geschäftsvertrages nach erfolgter Eintragung HGB 1 S. 124
— des Erwerbers bei Veräußerung eines von mehreren Handelsgeschäften HGB 1 S. 157
— des Geschäftserwerbers bei Vereinbarung, die Schulden bis zu einer bestimmten Summe zu übernehmen HGB 1 S. 210
— bei Vermögensübernahme einer AG. HGes. 1 S. 64
— des (Allein-)Gesellschafters für Gesellschaftsschulden nach Ausschüttung des Liquidationserlöses HGes. 2 S. 93
— siehe auch Geschäftsschulden
Schuldenübernahme, Über Wirksamkeit der Mitteilung vom Ausschluß der — vor Eintragung der AG. in das Handelsregister HGes. 1 S. 270
Schuldhilfe, Wechselmäßige — und Gesamtschuldverhältnis Bk-WR S. 419
Schuldscheine siehe Kaufmännische —
Schußwaffe siehe Jäger
Schutzaktien, Zulässigkeit HGes. 1 S. 199, 281
Schütze siehe Jäger
Schutzgesetz, §§ 41 I und II, 42, 43, 83, 64, 84 GmbHGes. sind keine —e im Sinne des § 823 II BGB. für außerhalb der Gesellschaft stehende Personen HGes 2 S. 32
—, § 147 GenGes. ist ein — im Sinne des § 823 BGB HGes. 4 S. 48
Schweigen siehe Stillschweigen
Seefähigkeitszeugnis, Voraussetzungen der Haftbefreiung bei Vorliegen des —ses nur für einen Teil des Reiseweges PrVersR 3 S. 275
Seefahrt, Begriff. — im Gegensatz zu der Schiffahrt auf Flüssen und Binnengewässern SchiffR 1 S. 18
Seefracht, Berechnung der —, § 656 HGB. PrVersR 3 S. 112
Seegefahr und Kriegsgefahr PrVersR 3 S. 159
—, Abgrenzung zwischen Kriegsgefahr und — nach der deutschen Kriegsklausel 1938 PrVersR 3 S. 289
—, Mehrwertversicherung gegen — PrVersR 3 S. 321
— siehe auch Police
Seemannsordnung und Schiffsgläubiger SchiffR 1 S. 100
Seenot, Vorherige Anrufung des Strandamts bei Entschädigung für Hilfe in — ? SchiffR 1 S. 188
— Leistung von Schlepperdiensten als Hilfe in — SchiffR 1 S. 301
—, Zum Begriff der — SchiffR 2 S. 129
— siehe auch Hilfslohn
Seerecht **SchiffR 1 S. 1—Ende** **SchiffR 2 S. 1—178**
Seestraßenordnung, Lichterführung SchiffR 1 S. 299
—, Zur Anwendung der Ausweichvorschriften der — auf den Fall des Überholens SchiffR 1 S. 284
—, Verteilung der Beweislast bei Verstoß gegen Art. 27, 29 der — SchiffR 1 S. 329
—, Ausweichpflicht SchiffR 1 S. 352
—, Zur Abweichung von Art. 25 der —. Gegenkurs im Sinne von Art. 18 — SchiffR 2 S. 22
—, Ausweichbewegung gem. Art. 18 und Art. 21 — SchiffR 2 S. 22
Seetüchtigkeit und Garnierung des Schiffes SchiffR 1 S. 127
—, Haftung des Verfrachters für mangelnde —, § 559 II HGB SchiffR 1 S. 251
—, Haftung des Reeders für — des Schiffes SchiffR 1 S. 374
— und Reisetüchtigkeit eines Schiffes. Haftung des Verfrachters SchiffR 2 S. 29
—, Begriff PrVersR 3 S. 223
— siehe auch Beladung
Seeuntüchtigkeit, Beweislast und Beweiswürdigung bei dem Einwand der — des Schiffes durch den Versicherer PrVersR 3 S. 109
Seeversicherung **PrVersR 3 S. 17—329**
—, Zum Einwand des ersatzpflichtigen Verfrachters, daß Empfänger vom Versicherer auf imaginären Gewinn Geldersatz erhalten hat SchiffR 1 S. 57

—, Indirekter Kollisionsschaden und — SchiffR 1 S. 159
—, Verschulden des Versicherten SchiffR 1 S. 182
Seeversicherungsbedingungen siehe Allgemeine —
Sekunda siehe Wechsel-Sekunda
Selbsteintrittsrecht, Börsen- oder Marktpreis als Voraussetzung des —s des Kommissionärs HGB 3 S. 178
— des Kommissionärs, § 405 I HGB HGB 3 S.193.
—, Zur Wirksamkeit der Anzeige des Kommissionärs vom Selbsteintritt HGB 3 S. 209
— des Kommissionärs beim Auftrag zum Verkauf ausländischer Wertpapiere an der Londoner Börse. Kaufpreis in ausländischer Währung HGB 3 S. 213
Selbstentzündung, Verhältnis von Art. 30 I zu Art. 31 I Nr. 4 des Internationalen Eisenbahn-Frachtübereinkommens. Beweisvermutung des Art. 31 II IÜ. EBR S. 167
—, Zur Haftung des Empfängers nach Maßgabe des Ladescheins für Schäden bei der Beförderung durch — SchiffR 2 S. 323
—, Klausel über — bei der Seeversicherung PrVersR 3 S. 63
Selbsthilfe oder Deckungsverkauf von Wertpapieren Bk-WR S. 120
Selbsthilfeverkauf bei Annahmeverzug des Käufers HGB 2 S. 218, 226
— bei Anzahlung der Ware HGB 2 S. 238
—, Ort des —s HGB 2 S. 246
—, Annahmeverzug des Verkäufers seinem Verkäufer gegenüber durch Annahmeverzug des Käufers und — HGB 2 S. 257
—, Zulässigkeit des —s, wenn längere Zeit seit dem Erfüllungstermin verstrichen und der Marktpreis der Ware gesunken ist HGB 2 S. 269
— bei Ware, die der Verkäufer nicht selbst in Gewahrsam hat HGB 2 S. 272, 275
—, Verwirkung des Rechts zum — durch arglistige Verzögerung HGB 2 S. 280
— bei verderblicher Ware HGB 2 S. 285
— bei einem sog. komplizierten Spezifikationskauf HGB 2 S. 307
— des Verkäufers bei verderblicher Ware nach Dispositionsstellung. Anspruch auf Kaufpreis unter Anrechnung des Versteigerungserlöses HGB 2 S. 316
— vor Durchführung der Arbitrage HGB 3 S. 51
— nach § 373 HGB HGB 3 S. 89
—, Zur Frage der Zulässigkeit des —s durch eine in der Form des § 373 II HGB erfolgende freihändige Veräußerung nach vorheriger Androhung der öffentlichen Versteigerung HGB 3 S. 121
— gemäß § 373 HGB nach Fristsetzung und Fristablauf gemäß § 326 BGB durch den Verkäufer; Zuschlag an den Verkäufer HGB 3 S. 124
Selbstkontrahent, Kommissionär als — HGB 3 S. 131, 137
—, Zur Erklärung des Kommissionärs im Prozeß über Eintritt als — nach Ausführung der Einkaufs- und Verkaufsaufträge des Kommittenten durch Abschlüsse mit Dritten HGB 3 S. 146
—, Rechtsverhältnis zwischen dem Kommittenten und dem Kommissionär, welcher den Auftrag als — ausgeführt hat HGB 3 S. 162
Selbstkontrahieren, Zur Frage der Grenzen der Ermächtigung zum — bei Organen der GmbH. HGes. 2 S. 19
— beim Wechselakzept Bk-WR S. 397
Selbstmord, Beweislast für das Vorliegen von — bei einer Lebens- und Unfalltodesversicherung PrVersR 2 S. 212
Selbstverlader im Sinne der EVO. EBR S. 69
Selbstverladung, Beweislast für mangelhafte oder ordnungsmäßige Verladung bei —. Beschädigung leicht zerbrechlicher Güter. Wegfall der Vermutung für die Entstehung des Schadens bei Einwirkung eines gewaltsamen Vorgangs EBR S. 192
Selbstverleger als Kaufmann HGB 1 S. 1

shipped, Bedeutung der Erklärung SchiffR 1 S. 78

Shipped in apparent good order and condition, Bedeutung der Konnossementsklausel SchiffR 2 S. 90

Sicherheitsleistung nach § 199 IV AktG durch eigene Aktien der betr. AG. HGes. 1 S. 27

— im Liquidationsverfahren einer aufgelösten AG. HGes. 1 S. 313

—, Bedeutung und Folgen der Blankoabtretung von Kuxen zur — HGes. 4 S. 294

—, Spieleinwand gegen inoffizielle Börsentermingeschäfte bei — nach § 54 BörsenGes. Bk-WR S. 70

— bei Börsentermingeschäften mit dem „jeweiligen Guthaben" Bk-WR S. 80

— nach § 54 BörsenGes. mit einer Forderung auf Lieferung von Wertpapieren Bk-WR S. 178

— für Havereibeiträge SchiffR 1 S. 371

—, „Einschuß" des Beitragspflichtigen bei großer Haverei als — oder Teilzahlung SchiffR 2 S. 11

Sicherheitszessionar, Haftung des —s von Geschäftsanteilen einer GmbH. für die Stammeinlage HGes. 2 S. 184

Sicherung, Abtretung einer Forderung des Kommissionärs aus dem Ausführungsgeschäft an den Gläubiger des Kommissionärs zur — braucht Kommittent nicht gegen sich gelten zu lassen HGB 3 S. 243

Sicherungsabtretung der Forderung auf Einzahlung der Einlage des Aktionärs HGes. 1 S. 168

—, Haftung des Erwerbers eines Geschäftsanteils der GmbH. für die Stammeinlage im Fall der — HGes. 2 S. 202

—, Zur Frage der Sachbefugnis für die Geltendmachung von Verzugsschäden bei —en PrVersR 1 S. 175

Sicherungseigentum, Die dem Gläubiger als — übertragenen Geschäftsanteile sind dem zahlenden Bürgen zu übertragen HGes. 2 S. 87

Sicherungsübereignung als Rückgewähr der Einlage des stillen Gesellschafters HGes. 3. S. 77

Sicherungsübergang der versicherten Gegenstände als Veräußerung im Sinne der §§ 69ff. VVG. Entschuldigungsbeweis bei Versäumung der Veräußerungsanzeige PrVersR 1 S. 251

Sichtwechsel, Vorlegungsvermerk mit bedingter Zahlungsanweisung. Versäumung der rechtzeitigen Vorlegung des —s Bk-WR S. 489

Sittenverstoß durch vertragliche Bindung der Ausübung des Stimmrechts des Gesellschafters einer GmbH. an den Willen eines Dritten HGes. 2 S. 27

— bei der GmbH., wenn ein mit ihr in Wettbewerb stehender Gesellschafter sich durch einen anderen vertreten lassen muß HGes. 2 S. 86

Sittenwidrig Entlastung durch Beschluß der Gesellschafterversammlung der GmbH. kann u. U. — sein HGes. 2 S. 240

Sittenwidriges Verhalten, Anfechtung von Generalversammlungsbebeschlüssen kann nicht auf — — des Vorstandes bei der Aufnahme mitstimmender Genossen gestützt werden, wohl aber auf Machtmißbrauch der Mehrheit HGes. 4 S. 81

Sittenwidriges Zusammenwirken von Versicherer und Versicherungsnehmer gegenüber Geschädigten PrVersR 2 S. 42

Sittenwidrigkeit eines Vertrages zwischen Vollkaufleuten wegen zu hoher Vertragsstrafe HGB 2 S. 138

—, Differenzeinwand als Verstoß gegen die guten Sitten Bk-WR S. 158

—, Nichtigkeit der Bezugsberechtigung wegen —. Unkenntnis des Versicherers PrVersR 2 S. 220

Sitz, Verlust der Rechtsfähigkeit einer Gewerkschaft durch Verlegung des —es in einen anderen Bundesstaat HGes. 4 S. 277

Skripturhaftung und Haftung des Reeders aus der Übernahme (ex recepto) SchiffR 2 S. 83

Söhne, Firmenzusatz „—" bei einer OHG., § 19 HGB. HGB 1 S. 236
Sonderbeschluß einzelner Aktionärgruppen HGes. 1 S. 338
Sonderleistungen, Form der Verlängerung der Dauer einer GmbH. mit — HGes. 2 S. 192
Sonderleistungspflicht, Vollverschmelzung zweier Aktiengesellschaften mit —en der Aktionäre HGes. 1 S. 299
Sonderrecht, Begriff des —s bei der GmbH.; Möglichkeit der Einschränkung durch Mehrheitsbeschluß der Gesellschafter HGes. 2 S. 21
—, Verkürzung eines —s durch Schaffung von Vorzugsgeschäftsanteilen HGes. 2 S. 39
—, Persönliche Wahrnehmung der Gesellschafterversammlung kein — des Gesellschafters der GmbH. HGes. 2 S. 49
— auf Sitz im Aufsichtsrat der GmbH. HGes. 2 S. 260
—, Nachträgliche Einräumung eines —s auf Gründerprovision nur durch Satzungsänderung der GmbH. HGes. 2 S. 270
— auf Bestellung zum Geschäftsführer der GmbH. HGes. 2 S. 296
Sonderschätzungen, Vorbehalt für — im Seeversicherungsrecht PrVersR 3 S. 173
Sondervertreter siehe Besondere Vertreter
Sonstiges Recht, Aktie als — — im Sinne von § 823 I BGB. HGes. 1 S. 384
Sorgfaltspflicht des Schiffers nach § 535 HGB., Art und Umfang SchiffR 2 S. 34
— des Schiffers, wenn die Belange des Reeders und der Ladungsbeteiligten widerstreiten SchiffR 2 S. 155
— des Unternehmers bei Beförderung von Fahrgästen auf einem Binnenschiff SchiffR 2 S. 297
— des Verfrachters und der Schiffsbesatzung bei Personenbeförderung SchiffR 2 S. 45
—, Auch außervertragliche — für den geschleppten Kahn SchiffR 2 S. 282
— des Schlepperführers siehe Schlepperführer
Sparkassen, Zur Frage der Kaufmannseigenschaft bei — von Kommunalverbänden HGB 1 S. 11
—, Zur Frage der Eintragung der von preuß. Gemeinden oder Gemeindeverbänden errichteten — in das Handelsregister? HGB 1 S. 261
—, Geschäft der laufenden Verwaltung bei kommunalen —, Begriff HGB 2 S. 165
—, Wechselgeschäfte der Beamten kommunaler — unter Vollmachtsüberschreitung. Stillschweigende Bevollmächtigung? HGB 2 S. 165
—, Bankgeschäfte städtischer —, Haftung der Stadt Bk-WR S. 130
—, Haftung einer Stadtgemeinde für satzungswidrige Wechselerklärungen der Beamten ihrer — Bk-WR S. 494
Spediteur als Erfüllungsgehilfe HGB 3 S. 250
— als Empfänger des Frachtguts. Verpflichtungen bei Nachnahmesendungen HGB 3 S. 293
—, Zur Frage der Rechtsstellung des —s, dem die Eisenbahn unanbringliches Bahnfrachtgut zur Einlagerung übergeben hat EBR S. 225
— siehe auch Fob-Anlieferung
Spediteurhaftung bei Einigung mit dem Versender auf einen bestimmten Satz der Beförderungskosten HGB 3 S. 245
— bei Abschluß des Speditionsvertrages mit Dritten und nicht mit dem Eigentümer HGB 3 S. 254
— bei Sammelladung HGB 3 S. 256
— bei Abweichung von den Anweisungen des Auftraggebers. Berufung auf Freizeichnungsklauseln in den allgem. Geschäftsbedingungen HGB 3 S. 259
— für Zwischenspediteur HGB 3 S. 266
Speditionsgeschäft **HGB 3 S. 245—272**
Spekulationsgeschäft eines Vorstandsmitglieds mit der AG als Entlassungsgrund HGes. 1 S. 77

Sperre im Sinne des § 9 KartellVO, Begriff, Zulässigkeit, Form, Schadensersatz bei unzulässiger — HGes. 2 S. 170
—, Kartell- und Lieferverträge HGes. 2 S. 336
Sperrung des Kontos, Bedeutung dieser Erklärung der Girobank einem Kunden gegenüber Bk-WR S. 36
Spezifikationskauf und Kauf nach Mustern mit Wahlbefugnis HGB 2 S. 277
—, Selbsthilfeverkauf bei einem sog. komplizierten — HGB 2 S. 307
Spieleinwand gegen inoffizielle Börsentermingeschäfte bei Sicherheitsleistung nach § 54 BörsenGes. Bk-WR S. 70
— zum Differenzeinwand und Spieleinwand bei Börsentermin- und Kassageschäften Bk-WR S. 165
Spielgeschäft, Unterschied von Börsentermingeschäft, Kassageschäft, — Bk-WR S. 165
—, siehe auch Saldoanerkenntnis
Spielnatur von Kassegeschäften Bk-WR S. 96
Spinnpapier, Unterschied zwischen Packpapier und — im Sinne des Eisenbahngütertarifs EBR S. 47
Staat, Gültigkeit von Satzungsbestimmungen, die den Übergang der Aktienrechte auf den am Unternehmen beteiligten — bezwecken HGes. 1 S. 231
Staatshaftung, Zur — mit einem zum öffentlichen Dienst bestimmten Schiff SchiffR 2 S. 112
Staatsschuldbuch, Auftrag zur Eintragung in das —; Verhältnis zwischen Provinz- und Zentralbankier HGB 2 S. 132
Stadtgemeinde siehe Sparkassen
Staffeltarif, Über die Pflichtbeteiligung nach — bei eingetragenen Genossenschaften mbH. HGes. 4 S. 93, 105
Stammeinlage, Bedeutung der Formvorschrift des § 55 I GmbHGes. betr. Übernahme einer — HGes. 2 S. 34
—, Vergleich über Ermäßigung der — eines Gesellschafters der GmbH. ohne Herabsetzung des Stammkapitals HGes. 2 S. 44
—, Keine Haftung des Rechtsvorgängers des säumigen Gesellschafters mehr für den Fehlbetrag der —, wenn der GmbH.-Anteil bereits versteigert ist HGes. 2 S. 65
—, Inanspruchnahme der Gesellschafter für eine uneinziehbare — bevor der Säumige seines Geschäftsanteils verlustig erklärt wurde? HGes. 2 S. 73
—, Über Zulässigkeit der Tilgung der —schuld des Gesellschafters einer GmbH. durch Verrechnung HGes. 2 S. 101
—, Aufwertung von —n einer GmbH. kraft Rückwirkung HGes. 2 S. 152
—, Haftung des Sicherheitszessionars eines Geschäftsanteils der GmbH. für die — HGes. 2 S. 184
—, Haftung des Übernehmers einer — bei Kapitalerhöhung der GmbH. auch für Fehlbeträge alter —n HGes. 2 S. 185
—, Pfändbarkeit der Ansprüche einer GmbH. gegen ihre Gesellschafter auf Einzahlung der — HGes. 2 S. 187
—, Haftung des Erwerbers eines Geschäftsanteils der GmbH. für die — im Falle der Sicherungsabtretung HGes. 2 S. 202
—, Notwendigkeit eines Einforderungsbeschlusses zur Bezahlung der — der GmbH. HGes. 2 S. 202
—, Zur Einzahlung der — vor Eintragung der GmbH. im Handelsregister HGes. 2 S. 216
Stammeinlageforderung der GmbH., Voraussetzung ihrer Pfändbarkeit HGes. 2 S. 216
Stammkapital, Einziehung des Geschäftsanteils einer GmbH. ist unwirksam, wenn dadurch — angegriffen wird HGes. 2 S. 210
Statut, Über Bildung eines in dem — einer AG. nicht vorgesehenen Unterstützungsfonds HGes. 1 S. 30
—, Zur Gültigkeit der Bestimmungen des —s über Ausschluß eines Aktionärs HGes. 1 S. 40

Statutenänderung, Unzureichende Ankündigung der Tagesordnung hinsichtlich der — einer AG. HGes. 1 S. 188
—, Voraussetzungen HGes. 4 S. 46
—, Zur Auferlegung neuer Leistungspflichten durch — HGes. 4 S. 64
—, Wirksamkeit vor der Eintragung in das Genossenschaftsregister. Wahlen zur Vertreterversammlung HGes. 4 S. 88
Statutenkollision im Seerecht SchiffR 1 S. 72
Stauer, Haftung der Schiffer und Reeder für den — dritten Personen gegenüber SchiffR 1 S. 15
Stauereiarbeiter, Zur Haftung des Reeders für Schäden durch — bei Löschen eines Seeschiffes SchiffR 2 S. 53
Steinbruch, Pachtung eines —s oder Kauf der zu brechenden Steine HGB 2 S. 92
Stempelaufdruck eines anderen Namens auf dem Namen des Bezogenen. Mehrere Bezogene im Scheck Bk-WR S. 614
Stille Gesellschaft und Ausschluß der Kündigung, Umwandlung in eine AG. HGes. 1 S. 363
—, Bestimmungen des HGB. über das innere Verhältnis der Gesellschafter untereinander ist dispositiver Natur HGes. 3 S. 33
— als wucherisches Kreditgeschäft HGes. 3 S. 37
—, Auseinandersetzung mit dem ausscheidenden Gesellschafter, Berücksichtigung des Geschäfts- oder Firmenwerts HGes. 3 S. 94
—, Erfordernisse HGes. 3 S. 129
Stille Gesellschafter, Beteiligung am Gewinn aus Geschäften, die der Komplementär vertragswidrig außerhalb des Rahmens seines Handelsgewerbes vornimmt? HGes. 3 S. 92
—, Zur Frage des Gewinnbeteiligungsrechts des —n —s HGes. 3 S. 123
—, Befugnis des zur Alleinvertretung berechtigten Gesellschafters einer OHG. zur Aufnahme eines —n —s HGes. 3 S. 186
—, Zum Kündigungsrecht des Inhabers eines Handelsgeschäfts nach § 247 BGB. dem —n — gegenüber HGes. 3 S. 251
Stilliegeklausel, Bedeutung der — im Seeversicherungsrecht PrVersR 3 S. 191
Stillschweigen, Vertragsabschluß durch — im Handelsverkehr HGB 2 S. 119
—, Bedeutung des —s bei kaufmännischen Bestätigungsschreiben HGB 2 S. 144
— gegenüber unberechtigter Erfüllungsverweigerung des Verkäufers HGB 2 S. 148
Stillschweigende Bevollmächtigung eines kaufmännischen Angestellten zur Eingehung von Wechselverbindlichkeiten HGB 1 S. 310
—, Wechselerklärungen von Beamten kommunaler Sparkassen unter Vollmachtsüberschreitung HGB 2 S. 165
Stillschweigende Verlängerung eines Dienstverhältnisses zwischen GmbH. und ihrem Geschäftsführer HGes. 2 S. 204
Stimmabgabe, Uneinheitliche — eines Gesellschafters mit mehrfachem Stimmrecht kann zugelassen werden HGes. 2 S. 197
Stimme, Zur Frage des Einflusses ungültiger —n auf Gültigkeit des Generalversammlungsbeschlusses einer AG. HGes. 1 S. 181
Stimmenkauf, Zur Auslegung des § 317 HGB., § 299 AktG. HGes. 1 S. 275
Stimmgleichheit, Im Gesellschaftsvertrag der GmbH. kann für den Fall der — ein Dritter als ausschlaggebend bezeichnet werden HGes. 2 S. 5
Stimmrecht, Anspruch des Aktionärs auf persönliche Ausübung des —s HGes. 1 S. 43
— der übernehmenden Gesellschaft mit Aktien der aufgelösten während der Liquidationszeit bei Verschmelzung HGes. 1 S. 90
— u. Teilnahmerecht an der Generalversammlung einer AG. HGes. 1 S. 193
—, Legitimationsübertragung von Aktien zur Ausübung des —s HGes. 1 S. 222

Stimmrecht, Beschränkung des —s der Aktionäre u. Schadensersatzpflicht bei Zuwiderhandlung HGes. 1 S. 227
—, Verträge zwischen Aktionären über Ausübung des —s HGes. 1 S. 294
— des Gesellschafters, der zugleich Geschäftsführer der GmbH. ist, zur Bilanz HGes. 2 S. 5
—, Sittenverstoß durch vertragliche Bindung der Ausübung des —s des Gesellschafters einer GmbH. an den Willen eines Dritten HGes. 2 S. 27
— der GmbH. für Anteile, die sie selbst besitzt HGes. 2 S. 110
— des Gesellschafters einer GmbH. bei Beschlußfassung über ein für seine Rechnung, wenn auch nicht in seinem Namen abgeschlossenes Rechtsgeschäft HGes. 2 S. 113
—, Verpflichtung zur Ausübung des —s in der Gesellschafterversammlung in bestimmtem Sinne HGes. 2 S. 123
— des Gesellschafters bei Rechtsgeschäften mit der GmbH. HGes. 2 S. 136
—, Schuldrechtliche Verpflichtung des Alleingesellschafters gegenüber einem Geschäftsführer, zu einem gewissen Betrage nach dessen Ansicht das — auszuüben. Keine Verpflichtung hierzu bei Vorliegen eines wichtigen Grundes zur Abberufung des Geschäftsführers HGes. 2 S. 158
— des Gesellschafters der GmbH. beim Beschluß über Widerruf seiner Bestellung zum Geschäftsführer HGes. 2 S. 200
—, Wirkung vertraglicher Beschränkung des —s der Gesellschafter einer GmbH. HGes. 2 S. 212, 230
—, Übertragung des —s auf den Pfandgläubiger des Geschäftsanteils einer GmbH. HGes. 2 S. 230
—, Anfechtung der Übertragung des —s wegen eines Willensmangels HGes. 2 S. 230
—, Gewerken, die zum Vorstand gehören, haben — auch bei dessen Entlastung HGes. 4 S. 213
Stimmrechtsverbot für Mitglieder des Vorstands oder Aufsichtrats nach § 118 Abs. 1 AktG. HGes. 1 S. 306
— für die Aktien einer juristischen Person (GmbH.), deren gesetzlicher Vertreter zu dem Gesellschaftsorgan der AG. gehört HGes. 1 S. 333
Stimmvollmacht, Gültigkeit von —en im Aktienrecht HGes. 1 S. 281
Stimmzettel, Unzulässige Einwirkung auf die Abstimmung der Vertreterversammlung durch — HGes. 4 S. 85
Strafverfahren, Verwirkung des Anspruchs aus der Haftpflichtversicherung durch Unterlassung der Anzeige von der Einleitung eines —s PrVersR 1 S. 353
Strandamt, Entschädigung für Hilfe in Seenot und Anrufung des —s SchiffR 1 S. 188
—, Rechtsweg bei Anfechtung der Entscheidung des —s über Hilfslohn SchiffR 2 S. 7
Strandungsordnung, Begriff der gütlichen Einigung im Sinne des § 36 der — SchiffR 1 S. 214
Streik der Angestellten der Eisenbahn als höhere Gewalt EBR S. 105, 172
Streitgenossenschaft, Art der — zwischen GmbH. und dem ihr beitretenden Gesellschafter bei der Auflösungsklage HGes. 2 S. 248
—, Zur Frage der notwendigen — zwischen OHG. und ihren Gesellschaftern HGes. 3 S. 147
Streitwert, Zum — der Klage des Einzelgesellschafters einer OHG. gegen einen Mitgesellschafter HGes. 3 S. 261
Stückeverzeichnis, Verzicht auf Übersendung des —ses nach § 3 II DepotGes. Bk-WR S. 55, 61
—, Zum Inhalt des —ses nach §§ 3, 4 DepotGes. Bk-WR S. 64, 103
—, Verpflichtung und Übersendung des —ses (§ 3 DepotGes.) bei Vorliegen einer nicht eigentlichen Einkaufskommission, sondern eines ähnlichen Rechtsverhältnisses Bk-WR S. 116
—, Zur Verlängerung der dreitägigen Nachholungsfrist zur Übersendung des —ses (§ 4 DepotGes.). Verzicht auf das — Bk-WR S. 116
Stufengründung, Gründerhaftung bei Scheitern der geplanten — im Aktienrecht HGes. 1 S. 346

Sukzessiver Transport, Pfandrecht des Frachtführers bei —m — der Güter HGB 3 S. 289
Sukzessivlieferungsvertrag, Schadensersatz wegen teilweiser Nichterfüllung bei sukzessiven Lieferungen auch hinsichtlich der noch nicht fälligen Raten HGB 3 S. 14
—, Rücktrittsrecht des Käufers und Mängelrüge beim — HGB 3 S. 32
—, Zur Mängelrüge beim — hinsichtlich jeder einzelnen Lieferung HGB 3 S. 108

T

Tabakwaren, Zur Frage der Nichtigkeit des Kaufvertrages wegen Verstoß gegen § 9 Nr. 1 BVO über den Handel mit — HGB 3 S. 204
Tagesordnung, Einfluß der Überschreitung der angekündigten — auf Generalversammlungsbeschlüsse der AG. HGes. 1 S. 144
—, Zur Ankündigung der — bei Kapitalerhöhung unter Ausschluß des Bezugsrechts der Aktionäre HGes. 1 S. 185
—, Unzureichende Ankündigung der — hinsichtlich der Statutenänderung einer AG. HGes. 1 S. 188
Tantieme, Berechnung der — (AG.) HGes. 1 S. 14, 148, 150, 158
Tarif siehe Eisenbahngütertarif
Tatbestandsaufnahme, Anspruch des Frachtberechtigten auf Ergänzung einer — und Einsicht in außerhalb dieser entstandene Urkunden? Internationaler Eisenbahnfrachtverkehr EBR S. 269
Täuschung siehe Arglistige —, Arglistiges Verschweigen
Taxe, Herabsetzung der — wegen wesentlicher Übersetzung (§ 793 II HGB.) trotz Einverständnisses bei Abschluß der Versicherung PrVersR S. 188
Taxierte Seeversicherungspolice. Erhöhung der Taxe im Falle eines Partialschadens PrVersR 3 S. 26
— oder offene Police. Auslegung und Beweislast. Anfechtung einer —n — im Seeversicherungsrecht PrVersR 3 S. 43
— und Berechnung der Freiprozente PrVersR 3 S. 173
— und Werteinbuße der Güter durch inneren Verderb vor dem Abandon PrVersR 3 S. 186
Teilabtretung, Keine Heilung des nichtigen Kausalgeschäftes durch — der GmbH.-Anteile HGes. 2 S. 120
Teilausfüllung siehe Blankowechsel
Teilbeträge, Zum Anspruch auf Zahlung der Wechselsumme in —n an verschiedene Empfänger Bk-WR S. 541
Teilindossament, Zur Frage der Zulässigkeit eines —s Bk-WR S. 232
Teilklage, Zur Wahrung der Klagfrist durch — bei der Unfallversicherung PrVersR 2 S. 282
Teilnahme, Stimmrecht u. —recht an der Generalversammlung einer AG. HGes. 1 S. 193
Teilschaden, Ausbesserung des —s im Seeversicherungsrecht PrVersR 3 S. 234
Teilsendungen, Bei Mängelanzeige und nachträglicher Verfügung über einen Teil der Ware nachträgliche Genehmigung der ganzen Warenpartie? HGB 2 S. 302
Teilung von Grubenfeldern, Erwerb von Bergwerkseigentum im Wege der — HGes. 4 S. 321
Teilurteil, Voraussetzung des Erlasses eines —s HGB 3 S. 148
Terminsbekanntmachung, Rechtsfolgen bei Unterbleiben der öffentlichen — und der besonderen Ladungen, § 107 GenGes. HGes. 4 S. 119
Territoriales Recht, Welches — — ist anzuwenden beim Zusammenstoß eines deutschen Schiffes mit einem anderen Schiff im Geltungsbereich eines ausländischen Rechts? SchiffR 1 S. 72
Testament, Anwendung des § 332 BGB. auf die Lebensversicherung PrVersR 2 S. 246
Testamentvollstrecker, Ausübung der Mitgliedschaftsrechte des Erben eines Kommanditisten durch den — HGes. 3 S. 277
—, Obliegenheitsverletzung des —s im Sinne des § 6 II VVG. PrVersR 2 S. 103

Testamentsvollstreckung, Über Eintragung der Anordnung der — für ein zum Nachlaß gehöriges Handelsgeschäft in das Handelsregister HGB 1 S. 173
Through bill of lading SchiffR 2 S. 124
Tochterunternehmen, Behandlung von Aufwendungen für Betriebsgegenstände des —s einer AG. in der Bilanz HGes. 1 S. 128
Tod, Vereinbarung über den Rechtsnachfolger eines Gesellschafters der GmbH. im Falle des —s HGes. 2 S. 47
— eines Gesellschafters nach Kündigung oder vor Ablauf der Kündigungsfrist, Wirkung HGes. 3 S. 97
—, Auflösung einer Genossenschaft steht für die Frage ihrer Mitgliedschaft bei einer anderen Genossenschaft dem Tod eines Genossen gleich HGes. 4 S. 91
— des Akzeptanten und Wechselprotest mangels Zahlung Bk-WR S. 345
Todesstrafe, Lebensversicherung bei Tod durch Hinrichtung PrVersR 2 S. 235
Torfstreu, Verladung von — ohne Bedeckung und Haftung bei Schaden durch Funkenflug EBR S. 117
Totalverlust durch Seeunfall, Begriff nach deutschem und englischem Recht PrVersR 3 S. 159
—, Beweisführung des —es bei der Seeversicherung PrVersR 3 S. 199
— siehe auch Zahlungspflicht
Transportreise siehe Besegelte Fracht
Transportversicherung **PrVersR 1 S. 289—307**
—, Umfang der — bei einer sog. Werftprobefahrt des versicherten Schiffes PrVersR 3 S. 223
—, Laufende —. Ablauf des bisherigen Versicherungsvertrags und Abschluß eines neuen mit einem anderen Versicherer während der Beförderung der Güter PrVersR 3 S. 249
— von Teilen einer Gesamtladung gleichartiger Massengüter mittels laufender Police im Seeversicherungsrecht PrVersR 3 S. 268
— und Konkursvorrecht des § 80 VAG. PrVersR 3 S. 351
Trennung, Zur Frage der — des Anhängers vom Kraftfahrzeug PrVersR 2 S. 100
Treu und Glauben im Versicherungsrecht PrVersR 1 S. 94, 261
—, Vertragsauslegung nach den Allgemeinen Deutschen Seeversicherungsbedingungen, § 13 PrVersR 3 S. 311
Treu-Rabatt, Einforderung des —s wegen Verletzung der Treupflicht fällt nicht unter § 9 I KartellVO. HGes. 2 S. 139
Treuhandverhältnis zwischen der Zentralstelle eines gewerkschaftlichen Verbandes und einer örtlichen Verwaltungsstelle bei Erwerb von Grundbesitz unter Zuhilfenahme einer GmbH. HGes. 2 S. 133
Typische Vertragsklauseln, Auslegung nach Treu und Glauben HGB 2 S. 155
„Typische“ Willenserklärung, Begriff PrVersR 2 S. 17

U

Überbewertung, Gründerhaftung bei einer GmbH. wegen betrügerischer — von Sacheinlagen HGes. 2 S. 106
Übergang des Schadensersatzanspruchs nach § 67 Satz 1 VVG. und Ausschluß durch Vereinbarung PrVersR 1 S. 136
—, Haftpflichtversicherung für fremde Rechnung und — des Anspruchs auf den Versicherer PrVersR 1 S. 164
— der Haftpflichtversicherung nach § 151 II VVG. PrVersR 2 S. 42
— der Haftpflichtversicherung eines Kraftwagenbesitzers auf den Erwerber des Wagens PrVersR 2 S. 74
— der Haftpflichtversicherung auf die Erben des Versicherungsnehmers, Voraussetzungen PrVersR 2 S. 103
— der Hypothek oder Reallast auf den Versicherer, §§ 102, 106 VVG. PrVersR 1 S. 222
Übergangsverkehr siehe Kleinbahn
Übergründung einer GmbH. HGes. 2 S. 106

Überholung siehe Seestraßenordnung
Überlassung, Generalversammlungsbeschluß über — des Betriebes gegen eine den Aktionären zu zahlende Dividende HGes. 1 S. 1
Übernahme eines Unternehmens, Entlassung des Handlungsgehilfen nach erfolgter —. Ansprüche des Handlungsgehilfen gegen Veräußerer HGB 2 S. 1
— von unbeweglichen Gegenständen nach § 186 HGB. Formerfordernisse HGes. 1 S. 233
—, Nichtigkeit einer GmbH. wegen Bedingtheit der —erklärungen HGes. 2 S. 61
— nach § 142 HGB. berührt die Bestimmung des § 24 II HGB. nicht HGes. 3 S. 52
—, Zum Vertragsrecht eines Teilhabers der OHG. auf — der Anteile der übrigen Gesellschafter HGes. 3 S. 88
— siehe auch Geschäftsübernahme
Übernahmevertrag, Unwirksamkeit des —s wegen unterbliebener Festsetzung im Gesellschaftsvertrage, Geltendmachung durch Vertragsgegner der AG. HGes. 1 S. 269
Übersee, Zur Frage der Rechtzeitigkeit der Untersuchung am überseeischen Bestimmungsort, § 377 HGB. HGB 3 S. 20
Übertragung des Handelsgeschäfts mit Firma und Haftung des bisherigen Geschäftsinhabers bei nicht erfolgter Eintragung der Firma HGB 1 S. 50
—, Zulässigkeit der Klage auf — der Firma eines bestehenden Handelsgeschäfts HGB 1 S. 97
— der Kommission durch Kommissionär auf einen anderen. Rechtsfolgen unstatthafter — HGB 3 S. 194
—, Fehlen der Satzungsbestimmung in der Aktienurkunde, wonach — der Stammaktie nur mit Zustimmung der Gesellschaft statthaft ist HGes. 1 S. 117
—, Bedeutung der — der Rechtsstellung des Kommanditisten auf einen anderen für die Gläubiger der KG. HGes. 3 S. 205
— des Versicherungsbestandes in seiner Gesamtheit oder in einzelnen Zweigen auf ein anderes Unternehmen? PrVersR 1 S. 22
— siehe auch Nichtige —
Überversicherung, Auslegung des § 786 III HGB. PrVersR 3 S. 188
Überwachungspflicht des Aufsichtsrats einer AG. HGes. 1 S. 155
Überweisung, Widerruf einer — auf Girokonto Bk-WR S. 36
Ultimo-Engagement siehe Prolongationsgeschäft
Umdeutung nichtiger Wechselerklärungen Bk-WR S. 512
Umgehung des Gesetzes, Begriff Bk-WR S. 15
Umsatzgeschäft, Über Voraussetzungen des sog. —s im Hinblick auf § 213 HGB. HGes. 1 S. 325
Umstationierung von Privatgüterwagen, Begriff EBR S. 244, 258
Umstellung der Kraftfahrzeug-Versicherungsverträge auf die Beitragssätze des Einheitstarifs PrVersR 2 S. 163
Umwandlung einer KG. a. A. in eine AG. wider den Willen des einzigen Komplementärs HGes 1 S. 127
—, Beendigung der stillen Gesellschaft durch Umwandlung in eine AG. HGes. 1 S. 363
Umzug des Versicherungsnehmers und Einbruchdiebstahlversicherung PrVersR 1 S. 325
Unanbringliches Bahnfrachtgut siehe Spediteur
Unbedeckte Wagen, Begriff. Haftung der Eisenbahn für den auf —n — entstehenden Schaden EBR S. 1
Unbefugte Namensführung einer fremden Firma, Vordruck auf Memoranden. Unterlassungsklage HGB 1 S. 53
Unbefugter Gebrauch einer Firma, Voraussetzungen für Klage HGB 1 S. 38
—, § 37 II HGB. HGB 1 S. 77
— beim Verkauf eines einzelnen Geschäftszweigs unter Fortführung der Firma HGB 1 S. 87
—, Begriff HGB 1 S. 124
Unentgeltlich siehe Einziehung

Unerlaubte Handlung, Anspruch aus —r — außerhalb des Geschäftsverkehrs und öffentlicher Glaube des Handelsregisters HGB 1 S. 18
—, Aufrechnungsverbot gegen Forderung aus —r — auch gegenüber Geschäftsübernehmer HGB 1 S. 225
—, Kontokorrentverhältnis zwischen einer Aktiengesellschaft und einer Bank und Durchführung des Schadensersatzanspruchs aus —r — der beiderseitigen Vertreter HGB 2 S. 179
—, Haftung der AG. für vor Eintragung begangene — —en ihres Vorstandes HGes. 1 S. 353
—, Haftung der GmbH. für — der vor der Eintragung für sie Handelnden HGes. 2 S. 228
—, Haftpflicht der Eisenbahn aus —r — neben der Haftpflicht aus dem Transportvertrage EBR S. 38
—, Haftung des Reeders aus —r — durch § 486 HGB. nicht ausgeschlossen SchiffR 2 S. 120
—, Vertraglicher Ausschluß der Ausgleichspflicht unter aus—r — haftenden Gesamtschuldnern PrVersR 1 S. 164
Unfall, Beweislast und Beweisführung bei Tod durch — PrVersR 2 S. 240
— und Operation PrVersR 2 S. 262
— bei Tod durch Kohlenoxydgas PrVersR 2 S. 265
—, Zum Begriff des —s und der Unfallverletzung im Sinne der Besonderen Bedingungen für die Unfall-Zusatzversicherung PrVersR 2 S. 318
— siehe auch Schiffsunfall
Unfallversicherung **PrVersR 2 S. 247—321**
Unfall-Zusatzversicherung, Bewußtseinsstörung im Sinne des § 3 d der Allgemeinen —s-Bedingungen PrVersR 2 S. 315
—, Begriff des Unfalls und der Unfallverletzung PrVersR 2 S. 318
Ungerechtfertigte Bereicherung, Haftung der GmbH. für — — der Vorgesellschaft HGes. 2 S. 81
— der Gesellschafter einer GmbH. i. L. nach ordnungsmäßiger Verteilung des Vermögens der GmbH. bei späterem Hervortreten eines nicht berücksichtigten Gläubigers? HGes. 2 S. 148
—, Zum Anspruch auf Herausgabe eines Wechsels aus —r — Bk-WR S. 283
—, Ist der Anspruch auf Herausgabe einer solchen nach dem BGB nur subsidiär? Bk-WR S. 295
—, Ehrenzahlung und Rückforderung der Zahlung als — — Bk-WR S. 381
—, Zum Anspruch aus —r — auf Grund vertragsmäßiger Bergung gegen den Schiffseigner SchiffR 2 S. 227
— siehe auch Bereicherung
Ungültigkeitserklärung von Aktien wegen Fristversäumung bei der Kapitalherabsetzung HGes. 1 S. 28
Unlauterer Wettbewerb s. Wettbewerb
Unmöglichkeit der versprochenen Leistung bei Verkauf von noch nicht errichteten Aktienurkunden HGes. 1 S. 42
Unpfändbare Sache, Versicherung —r —n, § 15 VVG. PrVersR 1 S. 234
Unrichtige Bezeichnung des Gutes im Frachtbrief, Frachtzuschläge EBR S. 236
Unruhe, Bürgerliche —n im Versicherungsrecht PrVersR 1 S. 19
Unteragentur, Provisionsanspruch des Handlungsagenten für die erst nach Beendigung des Agenturvertrages abgeschlossenen Geschäfte bei — HGB 2 S. 51
Unterbefrachter, Zur Haftung des —s für Charterfracht SchiffR 2 S. 1
Unterbewertung von Vermögensstükken in der Goldmarkeröffnungsbilanz HGes. 1 S. 210
Unterbrechung, Beurkundung der — der Generalversammlung einer AG.? HGes. 1 S. 111
Unterbrechung der Verjährung bei nicht ordnungsmäßiger Zustellung des Zahlungsbefehls Bk-WR S. 456
— des dinglichen Anspruchs eines Schiffsgläubigers. Wirkung auf den persönlichen Anspruch SchiffR 1 S. 179
Unterlassungs- und Festsetzungsanspruch aus §§ 30 I, 37 II HGB., Inhalt HGB 1 S. 284

Unterlassungsanspruch des Prinzipals gegen Handlungsgehilfen bzgl. Dienstleistung bei einem anderen Prinzipal bei Nichtantritt oder vorzeitigem Verlassen des Dinstes? HGB 2 S. 13

Unterlassungsklage wegen unbefugter Führung des Namens einer fremden Firma HGB 1 S. 53

— des berechtigten Firmeninhabers wegen Führung einer ohne Recht geführten, nur unerheblich abweichenden Firma und Klage auf Löschung derselben im Handelsregister HGB 1 S. 62

— siehe Aufbereitungsanstalten und Negatoria

Unternehmenstelle, Fortführung des Handelsgeschäfts im Sinne des § 25 HGB. bei Übernahme nur einzelner — HGB 1 S. 272

Unterspediteur siehe Zwischenspediteur

Unterscheidbarkeit, Erfordernis der — der Firmen im Sinne des § 30 I HGB HGB 1 S. 284

Unterschlagung, Versicherung gegen — PrVersR 1 S. 32

Unterschrift bei Gesamtprokura HGB 1 S. 307

— des Wechselausstellers Bk-WR S. 404

— siehe auch Wechselfälschung

Unterstützungsfonds, Über Bildung eines in dem Statut einer AG. nicht vorgesehenen — HGes. 1 S. 30

Untersuchung, Verpflichtung des Käufers zur — der Ware und Mängelanzeige bei Teilsendungen HGB 2 S. 302

—, Zur Anwendung des § 326 BGB. bei Verzug des Käufers mit der Abnahme und — der Ware HGB 3 S. 63

Untersuchungspflicht nach § 377 I HGB. beim Handel mit Konserven in verlöteten Dosen HGB 3 S. 10

— nach § 377 I HGB. beim Kauf einer alten, ausgebesserten Lokomobile HGB 3 S. 19

— beim Handelskauf nach Übersee HGB 3 S. 20

— nach § 377 HGB. bei schwer feststellbarem und selten vorkommendem Mangel HGB 3 S. 49

—, Voraussetzungen für die Befreiung von der — und Anzeigepflicht bei Lieferung einer anderen als der bedungenen Ware, § 378 HGB HGB 3 S. 63

—, Rechtliche Bedeutung und Umfang der — nach § 377 HGB., insbes. im Zementhandel HGB 3 S. 69

—, Zur — nach verborgenen Mängeln, wenn Anhaltspunkte für ihr Vorhandensein gegeben sind HGB 3 S. 77

— beim Sukzessivlieferungsvertrag *hinsichtlich jeder einzelnen Lieferung?* HGB 3 S. 108

— des Käufers beim Handelskauf HGB 3 S. 128

Untersuchungsrecht und Rügepflicht des Käufers nach § 377 HGB HGB 3 S. 113

Unterversicherung, Wegbedingen der Vorschriften über die —, § 56 VVG. PrVersR 1 S. 143

Unterwegs, Begriff des „—" in Art 835 HGB. PrVersR 3 S. 33

Unterzeichnung von Briefen über Abschluß eines Geschäfts durch Angestellte und Handlungsvollmacht HGB 1 S. 304

— der Bilanz, Rechtliche Bedeutung HGes. 1 S. 189

— der Vorlegungsbescheinigung des § 16 Nr. 1 ScheckGes. bei Gesamtvertretung einer Gesellschaft Bk-WR S. 592

Unverzüglichkeit der Mängelanzeige HGB 3 S. 113

Unzulässige Rechtsausübung, Aktienrechtliche Anfechtungsklage als — —, § 271 HGB. HGes. 1 S. 333

Ursachenereignis im Sinne des § 1 der Allg. Versicherungsbedingungen f. Haftpflichtversicherung PrVersR 2 S. 167

Ursächlicher Zusammenhang siehe Adäquate Verursachung, Kausalzusammenhang

Urteil auf Beseitigung von Beschädigung ohne nähere Angabe EBR S. 160

Urteilsunterschrift, Fehlen einer — PrVersR 1 S. 80

V

Veränderung des Betriebs, Notwendigkeit und Folgen der Löschung im Handelsregister, wenn eine OHG. nur noch ein Kleingewerbe betreibt HGes. 3 S. 189

Verarbeitung, Mängelrüge nach § 377 HGB., wenn Mangel erst durch — feststellbar ist HGB 3 S. 49

Verarmungsfaktor, Zur Beurteilung des sog. —s, wenn der Spediteur aus dem Frachtvertrag auf Schadensersatz wegen Verlustes von Frachtgut klagt EBR S. 205

Veräußerung, Übergang der Konkurrenzklausel bei — des Geschäfts HGB 1 S. 110

- von Handelsgeschäft und Firma. Fortbestehen des Handelsgeschäfts trotz zweitweiliger Betriebseinstellung HGB 1 S. 145
- — eines von mehreren Handelsgeschäften, Schuldenhaftung des Erwerbers HGB 1 S. 157
- — des handelsgewerblichen Unternehmens und Vertragspflichten des Veräußerers gegenüber dem in dem Unternehmen verbleibenden Handlungsgehilfen HGB 2 S. 1
- —, Zulässige Beschränkung des Rechts auf freie — des GmbH.-Anteils im Gesellschaftsvertrag HGes. 2 S. 5
- —, Folgen der — von Geschäft und Firma einer GmbH. HGes. 2 S. 119
- — des Geschäfts einer OHG. mit der Firma bedarf, wenn sich die OHG. in Liquidation befindet, der Einwilligung der Gesellschafter HGes. 3 S. 193
- —, Versäumnis der Anzeige über — der versicherten Sache aus Rechtsunkenntnis PrVersR 1 S. 37
- —, Übergang der Feuerversicherung bei — des Grundstücks PrVersR 1 S. 125
- — der versicherten Sache im Sinne des § 69 I VVG. PrVersR 1 S. 131

Veräußerungsanzeige siehe Entschuldigungsbeweis

Verbindlichkeit, Zur — des ärztlichen Schiedsgutachtens PrVersR 2 S. 274

Verbindlichkeiten, Im Betrieb des Geschäfts begründete — im Sinne des § 25 HGB. Vereinbarung über Änderung der Firma HGB 1 S. 92

- —, Im Betrieb des Geschäfts entstandene — im Sinne des § 28 I HGB., Begriff HGB 1 S. 139
- —, Erwerb eines Geschäfts und Feststellung des Umfangs der — bei Vorhandensein einer Liste über übernommene Verträge HGB 1 S. 199

Verbindung, Fortführung zweier Handelsgeschäfte unter einer durch — der beiden Firmennamen gebildeten Firma und Haftung gemäß § 25 HGB. HGB 1 S. 71

Verborgene Mängel, Zur Untersuchungspflicht nach —n —n, wenn Anhaltspunkte für ihr Vorhandensein gegeben sind HGB 3 S. 77

Verbotene Börsentermingeschäfte, Zur Frage der —n — Bk-WR S. 92

Verbotene Wertpapiere, Nichtigkeit der börsenmäßigen Termingeschäfte in —n —n Bk-WR S. 27

Verbürgung, Einrede gegen Wechselregreßklage, beide Wechselunterschriften seien zum Zweck gemeinschaftlicher — für eine Schuld des Akzeptanten gegeben Bk-WR S. 300

Verderbliche Ware, Verzögerung des Selbsthilfeverkaufs bei —r — HGB 2 S. 285

- —, Selbsthilfeverkauf bei —r — nach Dispositionsstellung. Anspruch auf Kaufpreis unter Anrechnung des Versteigerungserlöses HGB 2 S. 316

Verein, Mitgliedschaft beim — als Voraussetzung für die Gesellschaftereigenschaft bei einer GmbH. HGes. 2 S. 133

- —, Zur Frage der Wechselfähigkeit eines nicht rechtsfähigen —s Bk-WR S. 453

Vereinbarte Leistung im Sinne des § 57 BörsenGes., Begriff Bk-WR S. 96, 99, 135

- — nach § 57 BörsenGes. durch Verschaffung von Miteigentum an den im Sammeldepot liegenden Wertpapieren Bk-WR S. 144

Vereinigte, Firmenzusatz „—" HGB 1 S. 256

Vererblichkeit der Haftpflichtversicherung PrVersR 2 S. 103
Vererbung des Handelsgeschäfts und § 27 II HGB. bei Übertragung des Geschäfts nebst Firma auf einen anderen HGB 1 S. 89
Verfalltag siehe Blankowechsel
Verfälschung siehe Fälschung und Wechselfälschung
Verfolgungsrecht, Zum Einfluß des —s auf die Ansprüche des Inhabers eines Konnossements SchiffR 1 S. 348
Verfrachter, Haftung des —s für Unfälle der Ladung beim Entlöschen des Binnenschiffs SchiffR 2 S. 190
—, Schadensersatzanspruch gegen den — wegen Absendung der Ware auf einem anderen Schiff als dem vereinbarten SchiffR 1 S. 130
Verfügung von hoher Hand, wenn eine fremde Regierung die Auslieferung der Schiffsladung (Waffen) unter Drohung verlangt SchiffR 2 S. 108
Verfügungsberechtigter, Zum Anspruch des Maklers auf Vergütung bei Alleinauftrag vom Nicht—n und Verkauf durch —n HGB 2 S. 88
Verfügungsbeschränkung, Der Enteignungsbeschluß nach § 142 BergGes. enthält eine — im Sinne von § 892 I 2 BGB. HGes. 4 S. 247
Verfügungsermächtigung des Hinterlegers nach § 2 DepotGes. Bk-WR S. 181
Vergleich Zur Wirksamkeit eines —s des Konkursverwalters mit Aufsichtsratsmitgliedern einer AG. über Ersatzansprüche aus Pflichtverletzung HGes. 1 S. 48
—, Über Ausschluß der Gründerhaftung durch — vor Ablauf der Sperrfrist nach § 205 HGB., § 43 AktG. HGes. 1 S. 291
— über Ermäßigung der Stammeinlage eines Gesellschafters der GmbH. ohne Herabsetzung des Stammkapitals HGes. 2 S. 44
Vergleichsverfahren über das Vermögen des Gesellschafters; Einfluß auf das Gesellschaftsverhältnis der OHG. oder KG. HGes. 3 S. 169
—, Rechtsstellung der Gläubiger einer aufgenommenen, aber noch nicht endgültig verschmolzenen Genossenschaft im Konkurs HGes. 4 S. 173
Vergiftung durch Gas und Unfallversicherung PrVersR 2 S. 265
Vergütung, Zum Anspruch des Maklers auf — bei Alleinauftrag vom Nichtverfügungsberechtigten und Verkauf durch Verfügungsberechtigten HGB 2 S. 88
Vergütungsansprüche des Aufsichtsrats einer AG. bei liquidationsloser Verschmelzung HGes. 1 S. 108
— während des Konkurses? HGes. 1 S. 111
Verholen, Begriff des —s. Aufenthaltsversicherung PrVersR 3 S. 156
Verjährung der Forderung eines Weingutsbesitzers aus Verkauf eigenen Wachstums HGB 1 S. 14
— eines Schadensersatzanspruchs wegen Nichterfüllung, den Käufer auf Nichtlieferung eines Teils der bedungenen Ware stützt, nach § 196 HGB. oder § 477 BGB. HGB 1 S. 157
— der Ansprüche aus Verletzung des Wettbewerbsverbots, § 61 II HGB. HGB 2 S. 6
— nach §§ 414, 423 HGB., Tragweite HGB 3 S. 278
— der Ansprüche gegen den vor der Eintragung für eine GmbH. Handelnden HGes. 2 S. 37
— des Anspruchs des ausgeschiedenen Gesellschafters auf Auszahlung des Wertes seines Geschäftsanteils nach § 159 HGB. HGes. 3 S. 4
—, Keine abgekürzte — nach § 159 HGB., wenn in Wahrheit nie eine OGH. bestanden hat, vielmehr alle Geschäfte für Rechnung eines Einzelnen abgeschlossen worden sind HGes. 3 S. 43
— nach § 159 HGB. gilt trotz Feststellung der Forderung im Konkurs der Gesellschaft HGes. 3 S. 64
— nach § 159 HGB. gilt nicht zu Gunsten eines das Handelsgewerbe fortführenden Gesellschafters HGes. 3 S. 162

Verjährung von Schadensersatzansprüchen einer Genossenschaft gegen die Mitglieder des Aufsichtsrats HGes. 4 S. 56
—, Auch Kenntnis eines nicht vertretungsberechtigten Beamten vom Bergschaden genügt, um die — von Ansprüchen des Fiskus aus § 148 BergGes. in Lauf zu setzen HGes. 4 S. 220
—, Über Zeitpunkt der Entstehung des Bergschadens hinsichtlich des Beginns der — HGes. 4 S. 279
—, Wissenschaft vom Dasein und vom Urheber des Bergschadens als Voraussetzung der — des Ersatzanspruchs HGes. 4 S. 312
—, Wechselregreß und Einwand der — des Akzepts Bk-WR S. 221
—, Schuldenhaftung und — bei der Geschäftsübernahme Bk-WR S. 520
— eines Wechselanspruchs nach englischem Recht Bk-WR S. 531
—, Zur Hemmung der — bei Ansprüchen gegen die Eisenbahn wegen Verlustes des Frachtguts. Gegeneinrede der Arglist EBR S. 164
—, Einjährige — nach § 414 HGB., wenn Klage auf Vereitelung des Ersatzanspruchs gegen den Frachtführer gestützt wird? EBR S. 213
— des Anspruchs des Absenders gegen die Versandbahn auf Zahlung einer eingelösten Nachnahme EBR S. 253
—, Hemmung der — durch Reklamation nach internationalem Recht.
— Landesrecht daneben nicht anwendbar EBR S. 283
— nach §§ 117 Nr. 7, 118 BSchG. und Internationales Übereinkommen zur einheitlichen Feststellung von Regeln über Schiffszusammenstoß SchiffR 2 S. 250
— von Ansprüchen aus Vertrag bei Binnenschiffahrt SchiffR 2 S. 260
— des dinglichen Anspruchs aus nautischem Verschulden eines Schiffeigner-Schiffers und des persönlichen Anspruchs aus solchem Verschulden nach §§ 117 Nr. 7, 118 BSchG. SchiffR 2 S. 301
— des Anspruchs des Versicherungsnehmers und Anspruch der Hypothekengläubiger gegen den Versicherer, § 101 VVG. PrVersR 1 S. 248
— im Versicherungsrecht bei Ansprüchen aus verschiedenen Versicherungsverträgen, die aber wirtschaftlich zusammengehören PrVersR 1 S. 261
— siehe auch Unterbrechung der —
Verjährungsbeginn aus § 31 GmbHGes. HGes. 2 S. 283
—, von Schadensersatzansprüchen nach § 34 GenGes. Notwendigkeit der Feststellungsklage zur Unterbrechung der Verjährungsfrist, wenn Schadenshöhe noch ungewiß HGes. 4 S. 51
— des Anspruchs auf Ersatz von Bergschaden HGes. 4 S. 323
— des Anspruchs aus einem Blankowechsel Bk-WR S. 422
— des Anspruchs auf Invaliditätsentschädigung bei Kraftwageninsassenversicherung PrVersR 1 S. 108
— nach § 12 II VVG. PrVersR 2 S. 42
— und Umfang der Verjährung bei der Haftpflichtversicherung PrVersR 2 S. 49
— von Schadensersatzansprüchen wegen Verzugs des Versicherers mit Zahlung der Versicherungssumme PrVersR 2 S. 296
Verjährungsfrist, Tag der Protesterhebung wird in die — des Wechselregreßanspruchs nicht eingerechnet Bk-WR S. 456
— oder Ausschlußfrist, Art. 12 IV 2 des Internationalen Übereinkommens über den Eisenbahnfrachtverkehr? EBR S. 10
Verkauf, Rechtswirkung des —s von Kommissionsgut bei dem Willen des Kommissionärs, das Geschäft für eigene Rechnung abzuschließen HGB 3 S. 243
—, Differenzen über Modalitäten des Empfangs der Ladung und Berechtigung des Schiffers zum — SchiffR 1 S. 35
—, Zum Anspruch des Versicherten bei — des versicherten Schiffes im beschädigten Zustand ent-

gegen den Versicherungsbedingungen PrVersR 3 S. 91
Verkaufskommission, Unterscheidungsmerkmale zwischen Verkauf und — HGB 3 S. 142
Verkaufsrecht bei Annahmeverzug des Käufers HGB 2 S. 226
Verkehrsanstalt siehe Öffentliche —
Verkehrsanwalt, Verantwortung des —s für die Prozeßführung PrVersR 2 S. 282
Verkehrsauffassung, Begriff. Irreführung durch Firmenzusatz HGB 1 S. 230
— und Unterscheidbarkeit der Firmen im Sinne des § 30 I HGB. HGB 1 S. 284
— über Bevollmächtigung der Angestellten der Depositenkassen von Großbanken zum Abschluß von Geschäften HGB 1 S. 314
Verkehrssitte, Zur Feststellung der — (§ 157 BGB.) bei einseitigem Handelskauf HGB 2 S. 318
—, die einen Mißbrauch darstellt, jedes Börsenkommissionsgeschäft als Eigengeschäft betrachtet HGB 3 S. 221
Verkündung eines falschen Abstimmungsergebnisses unter einhelliger Zustimmung der Generalversammlung macht das verkündete Ergebnis wirksam, das nicht verkündete hinfällig HGes. 4 S. 76
—, Bedeutung der — eines Generalversammlungsbeschlusses HGes. 4 S. 98
Verladung, Nachweis der — bei der Seeversicherung von Gütern PrVersR 3 S. 117
Verladungsanzeige, Bedeutung der — im überseeischen Abladegeschäft HGB 2 S. 147
Verladungsdokumente, „Kasse gegen —", Begriff und Bedeutung der Klausel HGB 2 S. 261, 310
Verlassen des Schiffes von der Schiffsbesatzung im Sinne des Binnenschiffahrtsgesetzes SchiffR 2 S. 201
Verleger, Begriff HGB 1 S. 1
Verleihung, Abgrenzung der —s-, Einspruchs- und Widerspruchsklage gegeneinander, §§ 23, 31, 35 BergGes. HGes. 4 S. 226
— eines von der gesetzlichen Gestaltung abweichenden Grubenfeldes HGes. 4 S. 336
Verletzter, Rechtliche Natur PrVersR 1 S. 237
—, Rechtsstreit zwischen Versicherungsnehmer und Versicherer über Haftung des Versicherungsnehmers gegenüber dem Verletzten PrVersR 1 S. 332
— siehe auch Ermächtigung
Verlorener Wechsel und Regreß mangels Zahlung Bk-WR S. 314
Verlust, Begriff des —s im Sinne von § 262 HGB., § 130 AktG. HGes. 1 S. 323
„— ganzer Stücke" im Sinne der EVO. EBR S. 23
—, Zur Frage über die Vermutung, daß — von Frachtgut während der Eisenbahnbeförderung durch Verschulden von Bahnangestellten herbeigeführt worden ist EBR S. 69
—, Aufhebung der Lieferfristen und Vermutung für den — des Gutes beim Transport. Wiederauffinden des verlorenen Gutes und Entschädigungspflicht der Eisenbahn EBR S. 124
—, Gegensatz zwischen — und Beschädigung im Sinne der Seeversicherung PrVersR 3 S. 93, 96
Verlustvortrag, Zulässigkeit des —s (AG.) HGes. 1 S. 323
Vermietung des Schiffes mit Besatzung SchiffR 2 S. 198
Vermittlungsagent, Einstehen des Geschäftsherrn für Erklärungen des Agenten über die zu liefernde Ware HGB 2 S. 39
—, Vertragsabschluß unter Vorbehalt der Genehmigung des Geschäftsherrn HGB 2 S. 70
—, Haftung der Versicherungsgesellschaft für Erklärungen ihres —en. Bedeutung des § 44 VVG. PrVersR 1 S. 257
Vermögen, Geschäftsgeheimnisse gehören zum gemeinsamen — der OHG. HGes. 3 S. 103
Vermögensübernahme, Schuldenhaftung bei — einer AG. HGes. 1 S. 64
— als Veräußerung im Sinne der §§ 69—71 VVG. PrVersR 1 S. 37

Vermögensveräußerung, Zur Frage der Auflösung bei vollständiger — HGes. 4 S. 73

Vermutung, Rechtliche — für Verschulden des Schiffsführers bei Zuwiderhandeln gegen die zur Verhütung eines Zusammenstoßes gegebenen Vorschriften? SchiffR 1 S. 133

Veröffentlichung des Mitgliederbestandes nach § 33 II GenGes. HGes. 4 S. 16

—, von Ausführungsbestimmungen zur EVO. EBR S. 54

—, Genehmigung des Reichsverkehrsministers zur Abkürzung der Frist zur — von Tariferhöhungen EBR S. 283

— der Verschubnebengebühr auf den österreichischen Bundesbahnen für Gütersendungen zwisch. Deutschland und Italien EBR S. 302

Verpachtung eines Handelsgeschäfts und § 25 HGB. HGB 1 S. 178

Verpackung, Begriff des Anerkenntnisses mangelhafter — EBR S. 163

Verpackungsmängel als Mängel der Ware im Sinne des § 377 HGB. HGB 3 S. 20

Verpfändung von unter Eigentumsvorbehalt gelieferter Ware. Zur Frage des guten Glaubens HGB 2 S. 195

—, Beschluß der Generalversammlung einer AG. über — des Gesellschaftsvermögens für eine fremde Schuld HGes. 1 S. 1

—, Form der — und der Verpflichtung zur — eines GmbH.-Anteils HGes. 2 S. 14

— fremder Wertpapiere, § 2 Depot-Ges. Bk-WR S. 78

— von Wertpapieren, § 8 DepotGes. Bk-WR S. 126

— von Wertpapieren und Bankverwahrung § 12 Depot-Ges. Bk-WR S. 181

— der Rechte aus einer Lebensversicherung, Erfordernisse PrVersR 2 S. 202

— siehe auch Abtretung

Verpflichtungsgrund, Angabe des —es bei kaufmännischen Verpflichtungsscheinen HGB 2 S. 108

Verpflichtungsschein siehe Kaufmännischer —

Verrechnung, Zulässigkeit der Tilgung der Stammeinlageschuld des Gesellschafters einer GmbH. durch — HGes. 2 S. 101

—, Art der — im Falle des § 804 I HGB. PrVersR 3 S. 126

Verrechnungsscheck, Rückgriff aus einem — Bk-WR S. 573

—, an dem zur Zeit der Vorlegung der Verrechnungsvermerk im Wege der Fälschung entfernt worden war. Haftung des Bezogenen Bk-WR S. 587

—, Umtausch eines —s in einen Barscheck als grobe Fahrlässigkeit Bk-WR S. 599

—, Fassung des Protestes beim — Bk-WR S. 604

Verschmelzung, Unterscheidung der — von Aktiengesellschaften mit und ohne Liquidation HGes. 1 S. 90

—, Einfluß liquidationsloser — von Aktiengesellschaften auf Vergütungsansprüche der Aufsichtsratsmitglieder HGes. 1 S. 108

— unter Ausschluß der Liquidation und Klage gegen übernehmende AG. wegen Nichtigkeit eines Beschlusses der untergegangenen AG. HGes. 1 S. 210

— nach § 306 HGB., wenn sich die aufzunehmende AG. in Liquidation befindet HGes. 1 S. 244

—, Voll— zweier Aktiengesellschaften mit Sonderleistungspflichten der Aktionäre HGes. 1 S. 299

—, Aktiengesellschaft als Grundbuchvertreterin nach § 1189 BGB. und — HGes. 1 S. 345

—, Zur Frage des Verzichts auf bevorzugte Befriedigung bei — zweier Genossenschaften HGes. 4 S. 167

— von Genossenschaften. Rechtsstellung der Gläubiger einer aufgenommenen, aber noch nicht endgültig verschmolzenen Genossenschaft im Vergleichsverfahren HGes. 4 S. 173

— zweier Lebensversicherungs-Aktiengesellschaften unter Ausschluß der Liquidation. Sicherstellung des Versicherten PrVersR 3 S. 330

— zweier Versicherungsvereine a. G. ohne Liquidation mit der Wirkung der Gesamtrechtsnachfolge unzulässig PrVersR 3 S. 340
Verschubnebengebühr auf den österreichischen Bundesbahnen für Gütersendungen zwischen Deutschland und Italien. Zulässigkeit, Bestimmtheit, Veröffentlichung dieser Gebühr EBR S. 302
Verschulden, Rechtsunkenntnis kann — im Sinne des § 111 I GenGes. ausschließen HGes. 4 S. 14
des Genossen als Voraussetzung der Ausschließung HGes. 4 S. 157
—, Haftung des Absenders für — bei Abschluß des Frachtvertrags EBR S. 152
—, Brandgefahr durch Kurzschluß auf elektrisch betriebener Strecke bei Beförderung im offenen Wagen. Zur Haftung der Eisenbahn bei — ihrerseits sowie — des Absenders EBR S. 309
—, Zum Ersatzanspruch bei überwiegendem Verschulden des einen Teils beim Schiffszusammenstoß SchiffR 1 S. 105
— des Schiffsführers, Rechtliche Vermutung für — bei Zuwiderhandeln gegen die zur Verhütung eines Zusammenstoßes gegebenen Vorschriften? SchiffR 1 S. 133
— bei Vertragsschluß siehe Vertragsabschluß
— siehe auch Mitwirkendes —
Verschweigen, Arglistige Täuschung durch — HGB 2 S. 132
eines für den Versicherer einer Lebensversicherung wichtigen Umstandes PrVersR 2 S. 186
Versehen beim Abschluß eines Dekkungskaufs, Wirkung HGB 2 S. 243
Versendungpflicht, Inhalt der — des Verkäufers beim Distanzkauf HGB 3 S. 96
Versicherer, zum Anspruch des Reeders auf Ersatz des Hilfslohns für Rettung seines Schiffes durch eins seiner anderen Schiffe SchiffR 1 S. 142
Versicherter, Begriff des —n bei der Schadensversicherung PrVersR 1 S. 71
Versicherung, Rückversicherung ist echte — PrVersR 3 S. 8
Versicherung für fremde Rechnung und Versicherungsfall durch grobe Fahrlässigkeit des Versicherten PrVersR 1 S. 214
—, Obliegenheitsverletzung PrVersR 1 S. 277
— gegen Unfall, Anzeigepflicht des Versicherten bzgl. Gefahrerhöhung. Rechtsfolgen bei Unterlassen der Anzeige PrVersR 2 S. 257
Versicherungsaufsichtsgesetz **PrVersR 3 S. 330—Ende**
Versicherungsbedingungen siehe Allgemeine —
Versicherungsbeiträge siehe Verzug
Versicherungsbestand, Zur Frage der Übertragung des —es in seiner Gesamtheit oder in einzelnen Zweigen auf ein anderes Unternehmen PrVersR 1 S. 22
Versicherungsfall, Kenntnis des Versicherers vom Eintritt des —s, § 33 II VVG PrVersR 1 S. 338
—, Eintritt des —s bei Kraftwagen-Haftpflichtversicherung PrVersR 2 S. 53
—, Zahlung des rückständigen Beitrages nach Eintritt des —s PrVersR 2 S. 77
— nach Ableben des Versicherungsnehmers PrVersR 2 S. 103
—, Begriff des —s bei der Haftpflichtversicherung im Rahmen des § 39 VVG. PrVersR 2 S. 133
— und Schadensereignis in der Haftpflichtversicherung, Begriff PrVersR 2 S. 174
— siehe auch Obliegenheitsverletzung und Wundinfektion
Versicherungsgesellschaft Zur Haftung der — bei unrichtiger Auskunft der Versicherungsbedingungen EBR S. 107
Versicherungsinteresse bei der Feuerversicherung PrVersR 1 S. 181
— bei der Transportversicherung, Begriff PrVersR 1 S. 296
Versicherungsreise, Begriff PrVersR 1 S. 296
Versicherungsrisiko bei laufender Versicherung, Begriff PrVersR 3 S. 245

Versicherungsrisiko Behandlung des —s bei Haftungsbeschränkung der Reederei PrVersR 3 S. 258
Versicherungsschutz, Nachweis zur Geltendmachung des —es gegen Haftpflichtansprüche PrVersR 2 S. 26
—, Umfang des —es bei der Haftpflichtversicherung PrVersR 2 S. 49
— bei Zahlung des rückständigen Beitrags nach Eintritt des Versicherungsfalls PrVersR 2 S. 77
— ohne Rücksicht auf die Frage der Ersatzpflicht PrVersR 2 S. 95
—, wenn Sachschaden nicht dem Versicherungsnehmer entstanden ist PrVersR 2 S. 117
— bei Führermitversicherung PrVersR 2 S. 128
Versicherungssumme, Zur Erstattungspflicht der Kaskoversicherer bei Überschreiten der — SchiffR 1 S. 323
—, Rückgewähr der — nach Wiedererlangung der gestohlenen Sache PrVersR 1 S. 328
—, Verpflichtung des Versicherers beim Versichererabandon über die — hinaus? PrVersR 3 S. 204
Versicherungsvertrag oder Bereiterklärung des Versicherers zur Übernahme der weiteren Versicherung. Auslegung der Policeklausel PrVersR 3 S. 17
Versicherungsvertragsgesetz **PrVersR 1 S. 1 — Ende** **PrVersR 2 S. 1 — Ende**
Versicherungswert der vom Versicherungsnehmer erzeugten Sachen PrVersR 1 S. 188
Versicherungszweige, Vorschriften für sämtliche — **PrVersR 1 S. 1—131**
Verspätete Schadensanzeige durch den Versicherungsnehmer, Gegeneinwand der Arglist PrVersR 1 S 40
Versteckter Dissens, wenn wesentliche Bestimmung abweichend vom verkehrsüblichen Sinn verstanden worden ist und Vertragspartner dies erkennen mußte HGB 2 S. 154
Versteigerung, Annahmeverweigerung der Ware und Ansprüche des Verkäufers gegen Käufer bei — der Ware durch Eisenbahnverwaltung HGB 2 S. 286
—, einer beanstandeten leicht verderblicher Ware trotz Widerspruchs des Verkäufers als Geschäftsführung ohne Auftrag HGB 3 S. 80
—, Zur Frage der Zulässigkeit des Selbsthilfeverkaufs durch eine in der Form des § 373 II HGB. erfolgende freihändige Veräußerung nach vorheriger Androhung der öffentlichen — HGB 3 S. 121
— der Kaufsache am unrechten Ort bei Annahmeverzug des Gläubigers. Rechtsfolgen, Beweislast HGB 3 S. 220
—, Verbot des Erwerbs eigener Geschäftsanteile durch die GmbH. gilt auch bei öffentlicher — nach § 23 GmbHGes. HGes. 2 S. 98
Vertagung der Generalversammlung einer AG. wegen Bemängelung eines Bilanzpostens HGes. 1 S. 146
Verteilungsmasse, Die Entschädigungssumme aus einer Brandschadenversicherung gehört in die — bei Wiederversteigerung PrVersR 1 S. 283
Vertrag zu Gunsten Dritter, Im Gründungsvertrag der GmbH. kann für den Todesfall eines Gesellschafters rechtswirksam die Nachfolge eines Dritten unter Ausschluß des Erben vereinbart werden HGes. 2 S. 47
Vertragsabschluß durch Handelsmakler bei nicht völlig übereinstimmenden Mitteilungen an die beiden Vertragsteile HGB 2 S. 84
— durch stillschweigende Willenserklärung im Handelsverkehr HGB 2 S. 119
—, Über den Zeitpunkt des —es des Eisenbahnfrachtvertrages, insbes. bei Beladung des Bahnwagens auf einem privaten Anschlußgleis EBR S. 221
—, Ein Anspruch aus Verschulden bei — ist nicht ein Anspruch aus dem Frachtvertrag im Sinne von Art. 27 IÜ. EBR S. 296
—, Versicherung für die Zeit vor — PrVersR 1 S. 15
—, Verschulden beim — PrVersR 1 S. 60

Vertragsbruch, Zum — von seiten des Befrachters durch Nichtablieferung der Ladung vom Dritten, § 577 HGB SchiffR 1 S. 217
Vertragsfreiheit landesrechtlicher öffentlicher Versicherungsanstalten PrVersR 1 S. 150
Vertragsstrafe, Konkurrenzverbot bei — und Übertragung des Geschäfts vom Teilhaber einer Handelsgesellschaft auf diese HGB 1 S. 113
—, Sittenwidrigkeit eines Vertrages zwischen Vollkaufleuten wegen zu hoher — HGB 2 S. 138
—, Nachträgliche Erhöhung der — für die Verletzung von Nebenleistungspflichten (AG.) HGes. 1 S. 236
Vertragswidrige Ausfüllung eines Blankowechsels Bk-WR S. 251, 557
—, Wesen der Hingabe eines Wechselblanketts. Einwand —r — Bk-WR S. 255
Vertrauensverhältnis zwischen Antragendem und Versicherungsgesellschaft nach Ablauf der Annahmefrist und Haftung für Verschulden beim Vertragsschluß PrVersR 1 S. 60
Vertreter juristischer Personen, gemeinsam begangene unerlaubte Handlungen und Kontokorrentverhältnis HGB 2 S. 179
—, Befugnisse der besonderen — zur Geltendmachung von Ersatzansprüchen im Sinne von § 268 HGB., § 122 AktG. HGes. 1 S. 131
—, Befugnis der Generalversammlung einer AG. zur Bestellung von besonderen —n HGes. 1 S. 206
—, Zahlungen der AG. als —in des Aktienerwerbers und Verbot der Einlagerückgewähr HGes. 1 S. 325
— im Sinne des § 43a GenGes. Zur Niederlegung des Amts als — HGes. 4 S. 178
—, Haftung des —s für Verschulden seiner — SchiffR 2 S. 243
—, Unterlassung des —s der nach den Versicherungsbedingungen zu machenden Anzeige PrVersR 1 S. 194
Vertreterversammlung einer Genossenschaft kann die Dauer ihrer Vertretungsbefugnis nicht selbst verlängern HGes. 4 S. 85
—, Über die Wahlen zur —, insbes. vor Eintragung der die — schaffenden Satzungsänderung in das Genossenschaftsregister HGes. 4 S. 88
Vertreterwahlen, Zur Nichtigkeit und Anfechtbarkeit von — der Genossenschaft HGes. 4 S. 189
Vertretung, Gesetzliche — der OHG. in Liquidation HGes. 3 S. 113
— der Ladungseigentümer im Verfahren vor dem Strandamt durch den Schiffer SchiffR 1 S. 220
— siehe auch Alleinvertretung und Gesamtvertretung
Vertretungsbefugnis, Umfang der — eines Ladenangestellten HGB 1 S. 308
—, Gerichtliche — des Vorstandes einer AG. bei Klagen von Aufsichtsratsmitgliedern auf Entlastung HGes. 1 S. 206
— einer OHG. kann vertraglich dem einen Gesellschafter allein, dem andern nur mit jenem zusammen zugemessen werden HGes. 3 S. 85
— des Vorstandes einer Genossenschaft nach außen hin bei Beschränkungen durch das Statut oder Beschluß der Generalversammlung HGes. 4 S. 9
—, Über die Beschränkung der — des Vorstandes. Notwendigkeit und Bedeutung der Registereintragung HGes. 4 S. 54
— des Repräsentanten der Gewerkschaft HGes. 4 S. 219
— Keine — der einzelnen Gewerken HGes. 4 S. 273
— des Korrespondentreeders, Art und Umfang SchiffR 2 S. 41
Vertretungsberechtigter Gesellschafter, Voraussetzungen der Einrede der Arglist, wenn — — der OHG. gehandelt hat HGes. 3 S. 8
Vertretungsberechtigung, Zur Frage der — der OHG. bei Abtretung einer ihr gegen einen der gesamtvertretungsberechtigten Gesellschafter-Abwickler zustehenden Forderung an Dritten HGes. 3 S. 209

Vertretungsmacht, Überschreitung der — des Vorstandes einer AG. beim Abschluß von Verträgen HGes. 1 S. 69, 106
—, Über Befugnis, dem einzigen Komplementär einer KG. a. A. die — zu entziehen HGes. 1 S. 72
—, Einwirkung der Liquidation auf — der besonderen Vertreter (§ 268 Abs. 2 HGB., § 122 Abs. 2 AktG.) HGes. 1 S. 75
—, Über Umfang der — des Vorstandes einer AG. HGes. 1 S. 208
— der alleinvertretungsberechtigten Gesellschafter einer OHG. berechtigt auch zur Aufnahme eines stillen Gesellschafters HGes. 3 S. 186
Veruntreuungsversicherung, Begriff PrVersR 1 S. 158
Verwahrung, Beweislast bei Beschädigung des Kommissionsgutes, das dem Kommissionär in — gegeben war HGB 3 S. 238
— fremder Wertpapiere. Keine ausdehnende Auslegung des § 2 DepotGes. Bk-WR S. 139
—, Grobes Verschulden der Eisenbahnangestellten bei — des Frachtgutes EBR S. 75
Verwaltungsträger, Haftung der — einer AG. HGes. 1 S. 374
Verwandlung, Rück— einer GmbH. i. L. in eine werbende GmbH. ohne Neugründung HGes. 2 S. 130
Verwechslungsgefahr bei Sachfirmen HGB 1 S. 138
— zwischen Firmen und Entfernung des die — begründenden Bestandteils als Gegenstand des Anspruchs aus § 16 UnlWG. HGB 1 S. 151
—, Zum Anspruch auf Löschung der Firma eines Einzelkaufmanns wegen — HGB 1 S. 154
Verweigerung der Erfüllung bei langdauernden Verpflichtungen infolge Störung des guten Einvernehmens HGB 2 S. 54
Verwendungszweck bei Inhaltsangabe, § 60 EVG. v. 23. 12. 1908 EBR S. 34
Verwertung des Gesellschaftsvermögens einer AG. durch Veräußerung des Vermögens im ganzen im Sinne von § 303 Abs. 1 HGB. HGes. 1 S. 244
Verwirkung des Ersatzanspruchs bei Verlust von Kostbarkeiten im Eisenbahnfrachtverkehr EBR S 88
—, Arglisteinwand gegenüber Geltendmachung der — des Versicherungsanspruchs PrVersR 1 S. 88
— der Versicherungsansprüche bei Verletzung von Obliegenheiten PrVersR 1 S. 94
— der Rechte des gegen Haftpflicht Versicherten PrVersR 1 S. 317
— des Anspruchs aus der Haftpflichtversicherung durch Unterlassung der Anzeige von der Einleitung eines Strafverfahrens PrVersR 1 S. 353
— des Anspruches des Versicherers auf nachträgliche Prämienzahlung für nicht deklarierte Versendungen PrVersR 3 S. 254
Verzicht auf bevorzugte Befriedigung bei Verschmelzung zweier Genossenschaften HGes. 4 S. 167
— auf Übersendung des Stückeverzeichnisses nach § 3 II DepotGes. Bk-WR S. 55, 61, 116
Verzichtleistung, Über Ausschluß der Gründerhaftung durch — vor Ablauf der Sperrfrist nach § 205 HGB., § 43 AktG. HGes. 1 S. 291
Verzögerung, Verwirkung des Rechts zum Selbsthilfeverkauf durch arglistige — HGB 2 S. 280
— des Selbsthilfeverkaufs bei verderblicher Ware HGB 2 S. 285
Verzollungsvermerk auf dem Frachtbrief. Eigenmächtige Abänderung. Schadensklage gegen den Frachtführer SchiffR 1 S. 1
Verzug des Verkäufers und Schadensliquidation HGB 2 S. 230
— des Verkäufers und Recht des Käufers, sich zu decken und ohne vorherige Inverzugsetzung Schaden einzuklagen HGB 2 S. 257
— des Käufers in der Wahl der Muster bei Kauf nach Mustern mit Wahlbefugnis HGB 2 S. 277
—, Zur Frage der Fristbestimmung nach § 326 I 2 BGB. bei Erfüllungsweigerung HGB 3 S. 1
— des Käufers bei Sukzessivlieferungsverträgen mit der Spezifikation fälliger Raten HGB 3 S. 14

—, Anwendung des § 326 BGB. bei — des Käufers mit Abnahme und Untersuchung der Ware HGB 3 S. 63
—, Kein Schadensersatzanspruch der Genossenschaft, die ihre Auflösung beschlossen hat, gegen Genossen, die mit der satzungsmäßigen Verpflichtung zur Übernahme weiterer Geschäftsanteile im — waren HGes. 4 S. 102
— des Kommissionärs nach fruchtlosem Ablauf der in § 3 I DepotGes. bestimmten Frist. Inverzugsetzung des Kommissionärs durch Aufforderung nach § 4 I DepotGes. Bk-WR S. 61
—, Über Zeitpunkt des Eintritts des —s der Eisenbahn bei Schadensersatz aus dem Frachtvertrag EBR S. 205
—, Versicherungsschutz bei — mit der Beitragszahlung nach Eintritt des Versicherungsfalls PrVersR 2 S. 77
— des Schuldners bei Nichtzahlung von Versicherungsbeiträgen durch den Versicherer PrVersR 2 S. 296
— siehe auch Annahmeverzug und Zahlungsverzug
Verzugsschaden bei Vorvertrag über Errichtung einer OHG. (KG.) HGes. 3 S. 244
— siehe auch Sicherungsabtretung
Vierung, Zur Bemessung der — eines Flözes bei Verleihung eines Längenfeldes HGes. 4 S. 336
Vollindossament, Wirkung eines —s, das erteilt ist, damit der Indossatar einen Teil der Wechselsumme für eigene Rechnung, den anderen Teil für Rechnung des Indossanten beitreibe Bk-WR S. 271
—, Einwand, daß das den Regreßnehmer legitimierende — auf fiduziarischer Inkassozession beruhe Bk-WR S. 509
Vollmacht zur Aktienvertretung HGes. 1 S. 181
—, Amtspflicht des Notars gegenüber Dritten bei Beglaubigung einer — zur Errichtung und Anmeldung einer AG. HGes. 1 S. 353
—, Form der —, auf Grund deren bei Übertragung des Geschäftsanteils einer GmbH. der Veräußerer den Erwerber vertritt HGes. 2 S. 81
— zum Verkauf von Geschäftsanteilen der GmbH., Form und Inhalt HGes. 2 S. 190
—, Haftung des Vollmachtgebers aus den von dem Bevollmächtigten abgeschlossenen Rechtsgeschäften SchiffR 1 S. 78
—, Konnossement von einem Bevollmächtigten des Schiffes SchiffR 1 S. 276
Vollmachterteilung, Mitwirkung der zu bevollmächtigenden Vorstandsmitglieder bei der — ist zulässig HGes. 4 S. 47
Vollmachtsüberschreitung siehe Stillschweigende Bevollmächtigung
Vollverschmelzung zweier Aktiengesellschaften mit Sonderleistungspflichten der Aktionäre HGes. 1 S. 299
Vorbehalt, Vertragsabschluß des Handlungsagenten unter — der Genehmigung des Geschäftsherrn und § 85 HGB. HGB 2 S. 70
— des Handelsmaklers der Bezeichnung der anderen Partei und Erfüllungsanspruch bei unterbliebener Ausstellung der Schlußnote HGB 2 S. 80
—, Mängelrüge nach § 377 I HGB und — der Rechte wegen der Mängel bei Annahme der Ware nach § 464 BGB HGB 3 S. 27
—, Zum Eigentumserwerb des Käufers an der übersandten, unter — der Untersuchung angenommenen, aber verspätet zur Verfügung gestellten Ware HGB 3 S. 116
Vorbehaltlose Annahme der vom Handelsmäkler ausgestellten Schlußnote. Vorbehalt nur gegenüber Handelsmäkler HGB 2 S. 83
Vorbehaltlose Zahlung, Rechtliche Bedeutung SchiffR 2 S. 1
Vordatierter Scheck, Rechtliche Bedeutung Bk-WR S. 174
Vordruck der früheren Firma auf Memoranden HGB 1 S. 53
— zur Erklärung über Gefahrumstände als ausdrückliche schriftliche Frage im Sinne von § 18 VVG PrVersR 1 S. 36

Vorführungsgebühr siehe Abfertigungsgebühr

Vorgesellschaft, Identität der — mit der GmbH. HGB 1 S. 194
HGes. 2 S. 118

—, Haftung der GmbH. für ungerechtfertigte Bereicherung der — HGes. 2 S. 81

—, Beginn der Haftung der in der — für die geplante GmbH. Handelnden HGes. 2 S. 138

Vor-Gründung, Wirkung von Rechtsgeschäften der Genossen für die Genossenschaft vor deren Gründung HGes. 4 S. 26

Vorkriegspfandbriefe, Auftrag zur Lieferung von —n z. Z. stärkster Geldentwertung HGB 3 S. 245

Vorläufige Deckung, Vereinbarung nach § 39 VVG. Beweispflicht hierfür PrVersR 1 S. 29

Vorläufige Deckungszusage, Auslegung einer —n — HGB 1 S. 319

— bei der Versicherung und §§ 38, 39 VVG PrVersR 1 S. 27

— bei der Kraftwagen-Haftpflichtversicherung PrVersR 2 S. 53

Vorlegungsfrist, Zur Ausstellung der Vorlegungsbescheinigung nach § 16 Nr. 1 ScheckGes. innerhalb der — nach § 11 ScheckGes. Bk-WR S. 592

— für einen im Inland ausgestellten, in New York zahlbaren Scheck Bk-WR S. 617

Vorlegungsvermerk siehe Sichtwechsel

Vormerkung siehe Hypothekengläubiger

Vorrang der älteren Firma — HGB 1 S. 45

— siehe auch Zeitlicher —

Vorrecht, Ansprüche aus der Haftpflichtversicherung als —e im Konkurs, § 80 VAG. PrVersR 2 S. 29

Vorrichtungen im Sinne des § 54 BergGes. und Schutz der Aufbereitungsanstalten des § 58 BerGes. gegen Unterlassungsklagen des Grundeigentümers HGes. 4 S. 285

Vorsatz, Über Haftung des Vorstandes gegenüber der AG. bei bedingtem — HGes. 1 S. 267

Vorsätzliche Herbeiführung des Unfalls mit Todesfolge bei Abonnenten-Unfallversicherung PrVersR 2 S. 269

Vorschußberechnung, Der Anspruch aus der — nach § 106 GenGes. ist nicht abtretbar HGes. 4 S. 20

—, Inhalt der —, zur Vorschußpflicht des Genossen, der trotz Kündigung noch im Register eingetragen ist HGes. 4 S. 33

— wird nicht im ganzen hinfällig, wenn auf Klage einzelner Genossen die Zwangsvollstreckung für unzulässig erklärt wird HGes. 4 S. 120

—, Rechtslage bei Austritt und Wiederbeitritt innerhalb der Sechsmonatsfrist des § 75 GenGes., insbes. zur — im Konkurs HGes. 4 S. 131

Vorschußforderung als versicherbares Interesse im Seeversicherungsrecht PrVersR 3 S. 57

Vorschußgelder, Seeversicherung von —n auf behaltene Ankunft PrVersR 3 S. 51

Vorschußpflicht des Versicherers nach § 150 VVG. PrVersR 1 S. 345

Vorsitzender, Verfahren bei ungültiger Wahl des —n des Aufsichtsrats einer AG. HGes. 1 S. 68

Vorstand, Generalversammlungsbeschluß über Einsetzung eines von den Beschlüssen der Gesellschaft unabhängigen, durch einen Dritten zu besetzenden —es HGes. 1 S. 1

—, Zum Generalversammlungsbeschluß einer AG. über Entlastung nur einzelner Mitglieder des —s oder Aufsichtsrats HGes. 1 S. 54

—, Verantwortlichkeit der AG. für Verschulden ihres —es HGes. 1 S. 58

—, Überschreitung der Vertretungsbefugnis des —es einer AG. beim Abschluß von Verträgen HGes. 1 S. 69, 106

—, Zur Klageerhebung gegen — und Aufsichtsrat einer KG a. A. auf Grund eines Beschlusses der Generalversammlung der Kommanditisten HGes. 1 S. 75

—, Zur Beschränkung des Kündigungsrechts gegenüber dem — der AG. HGes. 1 S. 124
—, Umfang der Vertretungsmacht des —es einer AG. HGes. 1 S. 208
—, Haftung des —es gegenüber der AG. bei bedingtem Vorsatz HGes. 1 S. 267
—, Haftung der AG. für vor Eintragung begangene unerlaubte Handlungen ihres —es HGes. 1 S. 353
—, Nichtigkeit des Beschlusses über Entlastung des —s wegen Auskunftsverweigerung gegenüber einem Aktionär HGes. 1 S. 400
—, Gesamtschuldnerische Haftung des —es einer Genossenschaft trotz interner Aufteilung der Arbeitsgebiete HGes. 4 S. 1
—, Zur Frage der Vertretungsbefugnis des —es einer Genossenschaft Dritten gegenüber bei Beschränkung der Vertretung durch das Statut oder Beschluß der Generalversammlung HGes. 4 S. 9
—, Notwendigkeit und Bedeutung der Registereintragung. Über die Beschränkung der Vertretungsbefugnis des —es HGes. 4 S. 54
—, Zur Wahl und Entlassung des —es. Rechtsfolgen der Tätigkeit eines Nicht-Genossen HGes. 4 S. 140
—, Inwieweit wirkt Beschränkung der Vertretungsbefugnis des —es gegenüber Genossen und Angestellten der Genossenschaft? Inwieweit sind sie „Dritte“ im Sinne von § 27 GenGes. HGes. 4 S. 138
—, Umfang der Haftung des —s HGes. 4 S. 185
—, Gerichtliche Vertretungsbefugnis des —es einer AG. bei Klagen von Aufsichtsratsmitgliedern auf Entlastung HGes. 1 S. 206
— siehe auch Grubenvorstand
Vorstandsmitglied, Dienstvertragsverhältnis des —es bei Bestellung zum Mitliquidator nach Auflösung der AG. HGes. 1 S. 20
—, Kündigung des —es einer AG. aus wichtigem Grund HGes. 1 S. 77
—, Stimmrechtsverbot für —er nach § 118 I AktG. HGes. 1 S. 306
—, Rechtsnatur der Ersatzpflicht der —er gemäß § 241 III HGB., § 84 III AktG. HGes. 1 S. 385
—, Ruhegehaltsanspruch des —s einer AG. HGes. 1 S. 410
Vorteilsausgleichung, Zur — bei Berechnung des Bergschadens HGes. 4 S. 314
Vorvertrag über Gründung einer AG. HGes. 1 S. 363
—, Form und Inhalt eines —es zur Gründung einer GmbH. HGes. 2 S. 18
— über Errichtung einer OHG. (KG.) durch Eintritt in das Geschäft eines Einzelkaufmanns HGes. 3 S. 244
Vorwegbefriedigungsrecht, Zur Frage des —s des Kommissionärs nach §§ 397, 399 HGB an seiner Entschädigungsforderung gegen die Eisenbahn bzgl. des ihm zugesandten und beschädigt angekommenen Kommissionsgutes HGB 3 S. 210
Vorzeitiges Verlassen dies Dienstes siehe Nichtantritt
Vorzugsaktionäre, Selbständige Nachbezugsrechte der — HGes. 1 S. 118
Vorzugsgeschäftsanteile, Zulässigkeit der Schaffung von — der GmbH. HGes. 2 S. 39
Vorzugsrecht eines Gesellschafters auf Kosten der GmbH. müssen in den Gesellschaftsvertrag aufgenommen werden HGes. 2 S. 127
— von Steuergeldforderungen aus früheren Reisen SchiffR 1 S. 100

W

Waffen siehe Schiffsladung
Wagengestellung, Rechtsverhältnis bei — zwischen Eisenbahn und Wagenbesteller EBR S. 160
Wagenstandgeld, Rechtliche Natur des der Eisenbahn nach der EVO. gebührenden —es EBR S. 112
Wahl des ersten Aufsichtsrats, § 243 II HGB. HGes. 1 S. 263
—, Verträge zwischen Aktionären über Ausübung des Stimmrechts bei —en zum Aufsichtsrat HGes. 1 S. 294
Wahlbefugnis, Spezifikationskauf und Kauf nach Mustern mit — HGB 2 S. 277

Wahlrecht nach Art. 354 HGB. und Selbsthilfeverkauf HGB 2, S. 272
– des nicht säumigen Kontrahenten nach Art. 355, 356 HGB. HGB 2 S. 249
Währung, Kaufpreisforderung des deutschen Kommittenten an den deutschen Kommissionär aus dem Verkauf ausländischer Wertpapiere an der Londoner Börse im Fall des Selbsteintritts HGB 3 S. 213
–, Zur Frage in welcher – für verlorenes Frachtgut aus dem Ausland Ersatz zu leisten ist EBR S. 116
– siehe auch Ausländische –, Handelswert
Warenlager, Ausstellungsstand als Laden oder offenes – im Sinne des § 56 HGB. HGB 1 S. 302
Wechsel, Kaufmännisches Zurückbehaltungsrecht und girierte – HGB 2 S. 98
–, Bezeichnung des –s als – nicht in der Urkunde selbst, sondern nur als Überschrift Bk-WR S. 305
Wechsel-Sekunda, Recht des Inhabers der – auf Aushändigung der akzeptierten Prima Bk-WR S. 229
Wechselakzept des Nichtbezogenen Bk-WR S. 266, 377
–, Zur Gültigkeit des –s, wenn der Wechsel auf eine OHG gezogen und von einer AG. akzeptiert ist Bk-WR S. 266
–, Tragweite der Klausel, daß die seewärts zu liefernde Ware durch – gegen Aushändigung der Verladungs- und Versicherungsdokumente einzulösen sei Bk-WR S. 353
–, Schenkweise erteiltes –, Rechtliche Bedeutung Bk-WR S. 385
–, Selbstkontrahieren beim – Bk-WR S. 397
–, Erfordernisse Bk-WR S. 484
Wechselaussteller, Zur Unterschrift des –s Bk-WR S. 404
Wechselbegebungsvertrag, Zur Einrede des mangelnden –s gegenüber dem gutgläubigen Erwerber des Wechsels Bk-WR S. 454
Wechselblankett siehe Blankowechsel
Wechseldatum, Ortsangabe im – Bk-WR S. 389
Wechselerklärung, Auslegung, Bedingte –en Bk-WR S. 489
Wechselerwerb in bösem Glauben oder in grober Fahrlässigkeit Bk-WR S. 325, 338
Wechselfähigkeit, Beweislast Bk-WR S. 257
Wechselfälschung, Haftung desjenigen, der seine Unterschrift auf einen Wechsel gegeben, der leicht verfälscht werden kann, bei späterer – Bk-WR S. 209
–, Einwand der – gegenüber dem dritten Inhaber bei abredewidriger Ausfüllung eines Wechselblanketts mit domozilierter Adresse Bk-WR S. 251
–, Nachträgliche Änderung des vertragsmäßig fertig gestellten Wechsels durch Empfänger eines Blankoakzepts – oder nur Überschreitung der erteilten Ermächtigung zur Ausfüllung des Blanketts? Bk-WR S. 337
–, Zur Verpflichtung, glaubhafte Mitteilungen über die – einer auf dem Wechsel befindlichen Unterschrift weiterzugeben Bk-WR S. 381
–, Nachträgliche – des Inhalts und Verpflichtung früherer Wechselschuldner nach Maßgabe des echten Wechselinhalts Bk-WR S. 440
– Einrede der Arglist gegenüber dem Avalisten Bk-WR S. 504
–, Gefälschte Unterschrift und nachträgliche Genehmigung des Namensträgers Bk-WR S. 525
– und abredewidrige Ausfüllung des Wechsels Bk-WR S. 557
Wechselgeschäfte kommunaler Sparkassen unter Vollmachtsüberschreitung ihrer Beamten. Stillschweigende Bevollmächtigung HGB 2 S. 165
Wechselintervention, Formalitäten der Protesterhebung gegen eine Notadresse Bk-WR S. 369
Wechselklausel, „zahlbar in Bankscheck" Bk-WR S. 434
Wechsellegitimation, Umfang der Rechtskraft bei Klagabweisung wegen mangelnder – Bk-WR S. 274

Wechselprotest, Erfordernisse Bk-WR S. 246, 428
—, Zur Gültigkeit eines —es, den ein Prokuraindossatar hat erheben lassen, wenn der Wechsel noch ein späteres nicht durchstrichenes Prokuraindossament auf einen Dritten trägt Bk-WR S. 260
—, Zur Gültigkeit des —es wenn der Vorname des Protestanten in der Protesturkunde unrichtig angegeben ist Bk-WR S. 280
—, Zur Gültigkeit des —s, der gegenüber einem Vorstandsbeamten einer Reichsbankstelle ohne Feststellung der Abwesenheit des anderen Vorstandsbeamten aufgenommen wurde Bk-WR S. 332
— mangels Zahlung, wenn Akzeptant gestorben Bk-WR S. 345
—, Förmlichkeit des —es, durch den die Präsentation eines eigenen Nach-Sicht-Wechsels beurkundet wird Bk-WR S. 373
—, Begebung eines Wechsels nach —. Legitimation durch das Giro des Ausstellers Bk-WR S. 391
—, Ungenügende Beurkundung und nachträgliche Berichtigung Bk-WR S. 497
— siehe auch Abwesenheitsprotest, Windprotest und Prokuraindossatar
Wechselprovision, Zum Wechselanspruch des Remittenten auf Erstattung der — und Protestkosten Bk-WR S. 273
Wechselrecht Bk-WR S. 193—569
Wechselregreß und Einwand der Verjährung des Akzepts Bk-WR S. 221
Wechselsumme, Hinterlegung der — mit befreiender Wirkung bei Ungewißheit über die Person des Gläubigers Bk-WR S. 325, 338
Wechselurkunde, Grundsätze für die Auslegung der — Bk-WR S. 357
— siehe auch Ausländisches Recht
Wechselverbindlichkeiten, Stillschweigende Bevollmächtigung eines kaufmännischen Angestellten zur Eingehung von — HGB 1 S. 310
Wechselvindikation gegen den wechselrechtlich und den zivilrechtlich legitimierten Wechselbesitzer Bk-WR S. 261
Wechselzessionar, Über Befugnis des —s zur Girierung des Wechsels Bk-WR S. 274
Wechselziehung auf Mehrere Bk-WR S. 287
Wegnahme, Begriff der — im Seeversicherungsrecht PrVersR 3 S. 194
Weibliche Aktionäre, Stimmrecht HGes. 1 S. 43
Weingutsbesitzer, Kaufmannseigenschaft eines —s, der nebenberuflich ein Weinkommissionsgeschäft betreibt HGB 1 S. 14
Weitersendung, Zur Ablehnungsbefugnis der Eisenbahn hinsichtlich der vom Empfänger beantragten unmittelbaren — des Frachtgutes EBR S. 177
Weitertransport siehe Nothafen
Weiterübertragung, Keine — der Handelsfirma eines erworbenen und unter Firmenvereinigung mit dem eigenen Unternehmen verbundenen Geschäfts HGB 1 S. 121
Weiterverkauf, Rechtliche Wirkung des —s der wegen Mängel zur Verfügung gestellten Ware HGB 3 S. 4
Werbende GmbH., Rückverwandlung einer GmbH. i. L. in eine — — ohne Neugründung HGes. 2 S. 130
Werft, Gefahrübertragung bei Beschädigung der auf der — liegenden Güter durch Feuer SchiffR 1 S. 78
Werftprobefahrt ein gefahrerhöhender Umstand? PrVersR 3 S. 223
Werteinbuße der Güter durch inneren Verderb vor dem Abandon PrVersR 3 S. 186
Wertpapiere, Zeichnung neu aufgelegter — bei einem Bankier und Weitergabe der Zeichnung an die Hauptzeichnungsstelle HGB 3 S. 198
—, Preußische Kuxe als — im Sinne des Börsengesetzes Bk-WR S. 27
—, Verpfändung fremder — Bk-WR S. 78
—, Eigentumsübergang. Selbsthilfe- oder Deckungsverkauf Bk-WR S. 120

Wertpapiere, Verwahrung fremder —. Keine ausdehnende Auslegung des § 2 DepotGes. Bk-WR S. 139
—, Bestellung einer Sicherheit nach § 54 BörsenGes. mit einer Forderung auf Lieferung von —n Bk-WR S. 178
Wertsachenversicherung als Transportversicherung? Verwirkung der Versicherungsansprüche durch einfache Fahrlässigkeit? PrVersR 1 S. 302
— siehe auch Schmucksachen
Wesentliche Bestandteile, Bergwerkseigentum kann — — haben HGes. 4 S. 329
Wettassekuranz PrVersR 3 S. 72
Wettbewerb, Verwechslungsgefahr zwischen Firmen und Anspruch aus § 16 Gesetz gegen den unlauteren — HGB. 1 S. 151
—, Der Gesellschafter, der mit der GmbH. in — tritt, muß sich Zwangsvertretung in der Gesellschafterversammlung gefallen lassen HGes 2 S. 49
—, Verstoß gegen guten Sitten bei der GmbH., wenn ein mit ihr in — stehender Gesellschafter sich durch einen anderen vertreten lassen muß HGes. 2 S. 86
—, Haftung der GmbH. für unlautere —shandlungen der vor ihrer Eintragung für sie Handelnden HGes. 2 S. 228
— des Gesellschafters der GmbH. kein „wichtiger Grund" zu seinem Ausschluß aus dem Aufsichtsrat HGes. 2 S. 260
—, Kartellsperre durch unlauteren — hervorgerufen und Liefervertrag HGes. 2 S. 336
Wettbewerbsverbot, Kündigung des Dienstverhältnisses eines Handlungsgehilfen und Wahrung der Ansprüche aus dem — durch Fortzahlung des Gehalts HGB 2 S. 4
—, Verjährung der Ansprüche aus Verletzung des —s, § 61 II HGB. HGB 2 S. 6
— für Handlungsgehilfen, der sein Handelsgeschäft an seinen Prinzipal veräußert hat, es nach außen aber weiterhin als selbständiger Kaufmann führen soll HGB 2 S. 20
—, Wirksamkeit der Vereinbarung einer längeren als zehnjährigen Dauer des —s, § 74a II HGB HGB 2 S. 20
—, Verletzung des —s durch Handlungsgehilfen und Zurechnung des Geschäfts der Bank des Prinzipals HGB 2 S. 24
—, Zu dm einen Mehrheitsaktionär persönlich treffenden — HGes. 1 S. 309
— in Kartellverträgen HGes. 2 S. 321
Wichtiger Grund siehe Auflösung, Fristlose Entlassung und Rücktritt
Widerruf, Stimmrecht des Gesellschafters einer GmbH. über — seiner Bestellung zum Geschäftsführer HGes. 2 S. 200
— und Wiedererteilung der Prokura in eine OHG. HGes. 3 S. 214
— einer Überweisung auf Girokonto Bk-WR S. 36
— des Schecks vor dem scheckmäßigen Ausstellungstage Bk-WR S. 574
— eines Schecks, § 13 III ScheckGes. Bk-WR S. 580
— der Bezugsberechtigung aus einer Lebensversicherung, Verzicht auf Zugehen des —s PrVersR 2 S. 202
— der Bezugsberechtigung der Kinder aus der Lebensversicherung zugunsten der zweiten Ehefrau PrVersR 2 S. 212
— des Bezugsrechts eines Dritten auf die Lebensversicherungssumme durch den Arrestpfandgläubiger des Versicherungsnehmers PrVersR 2 S. 220
Widerruflichkeit des Handelsmaklers. Auftrag und Provisionsanspruch HGB 2 S. 77
Widerrufsrecht des Versicherungsnehmers einer Lebensversicherung PrVersR 2 S. 188
Widerspruch gegen Bestätigungsschreiben, wenn dessen Inhalt willkürlich erfunden HGB 2 S. 150
— zum Protokoll im Sinne des § 51 GenGes. HGes. 4 S. 15
Widerspruchsklage, Abgrenzung der Verleihungs-, Einspruchs- und — gegeneinander, §§ 23, 31, 35 BergGes. HGes. 4 S. 226

— nach § 145 II BergGes. erschöpft sich nicht in der einmaligen Geltendmachung HGes. 4, S. 252
Widerspruchsrecht des Gesellschafters bei Handlungen, die sich gegen ihn selbst als Dritten richten HGes. 3 S. 70
—, Umfang des —s nach § 115 HGB. HGes. 3 S. 74
Wiederaufbauklausel bei der Feuerversicherung, § 6 II VVG PrVersR 1 S. 227
Wiederauffinden des beim Transport verlorenen Gutes und Entschädigungspflicht der Eisenbahn EBR S. 124
Wiedereintritt, Austritt und — von Genossen innerhalb der Sechsmonatsfrist des § 75 GenGes. HGes. 4 S. 131
Wiedererteilung einer Prokura siehe Widerruf HGes. 3 S. 214
Wiederherstellung des Gebäudes, Zahlung der Versicherungssumme zur — PrVersR 1 S. 187
Wiederkaufsrecht, Austrittsrecht des Genossen nicht beeinträchtigt durch Vereinbarung eines —s HGes. 4 S. 112
Wiederversteigerung, Die Entschädigungssumme aus der Brandschadenversicherung gehört in die Verteilungsmasse bei — PrVersR 1 S. 283
Wille, Unerheblich ist der — des Kommissionärs, das Geschäft für eigene Rechnung abzuschließen, beim Verkauf des Kommissionsgutes HGB 3 S. 243
Willenserklärung siehe „Typische" —
Willensmangel siehe Anfechtung
Windprotest, aus dem nicht hervorgeht, daß Protestbeamte Ermittlungen nach Geschäftslokal oder Wohnung des Bezogenen angestellt hat Bk-WR S. 386
Wissenschaft vom Dasein und vom Urheber des Bergschadens als Voraussetzung für Verjährung des Ersatzanspruchs HGes. 4 S. 312
Wissensvertreter, Haftung des Versicherungsunternehmers für falsche Angaben eines —s PrVersR 1 S. 273
Witwe siehe Gewinnbezug
Wohnort des Ausstellers eines eigenen Wechsels, § 97 WO. Bk-WR S. 216
Wohnungsangabe des Bezogenen in der Adresse des Wechsels, Rechtliche Bedeutung für Zahlstellenangabe Bk-WR S. 406
Wuchereinwand gegenüber Wechselanspruch Bk-WR S. 551
Wucherisches Kreditgeschäft, Stille Gesellschaft als — — HGes. 3 S. 37
Wundinfektion, Zum Versicherungsfall bei — hervorgerufen durch Verletzung vor Versicherungsbeginn PrVersR 2 S. 303

Y

York-Antwerpener Regel von 1924, Auslegung SchiffR 2 S. 102

Z

Zahlstelle, Wirkung einer im Akzept angegebenen — Wohnungsangabe des Bezogenen in der Adresse des Wechsels Bk-WR S. 406
Zahlstellenwechsel, Erfordernisse (Art. 91a Satz 1 WO.) Bk-WR S. 419
Zahlung, Zur Frage der — an sich selbst als Kommissionär oder an den Gegenkontrahenten bei Klage auf Befreiung von der eingegangenen Verbindlichkeit HGB 3 S. 186
Zahlungspflicht, Zur — des Seeversicherers bei Totalverlust der gekauften Ware, ehe der versicherte Käufer den Kaufpreis entrichten kann PrVersR 3 S. 199
Zahlungsunfähigkeit siehe Prämienzahlung
Zahlungsverzug der Eisenbahn infolge verzögerter Behandlung des Erstattungsgesuchs und Schadenersatzpflicht als Folge des —s im internationalen Frachtverkehr EBR S. 154
—, Rechtsfolgen bei Schadensereignis während des —s des Versicherungsnehmers und Zahlung des rückständigen Beitrags noch vor Inanspruchnahme aus dem Haftpflichtfall PrVersR 2 S. 174

Zeichnung neu aufgelegter Wertpapiere bei einem Bankier und Weitergabe der — an die Hauptzeichnungsstelle HGB 3 S. 198
—, Mündliche Zusage einer Beteiligung an der beabsichtigten Gründung einer GmbH. mit — eines bestimmten Betrages als rechtliche Verpflichtung HGes. 2 S. 1
— eines Anteils bleibt nicht unbegrenzt HGes. 2 S. 75
Zeichnungsschein, Zur Formnichtigkeit des —s HGes. 1 S. 44
—, Zur Replik der Arglist gegenüber Berufung auf Formungültigkeit des —s einer AG. HGes. 1 S. 219
Zeitfrachtgeschäft als Werkvertrag u. Schiffsmiete SchiffR 1 S. 201
Zeitlicher Vorrang, Verhältnis des —n —s der Eintragung einer Firma am Ort im Sinne des § 30 HGB. zu dem des Firmengebrauchs im Sinne des § 16 UnlWG. HGB 1 S. 284
Zeitversicherung, Beginn der Versicherung im Sinne von § 141 VVG. bei einer auf Zeit geschlossenen Transportversicherung PrVersR 1 S. 292
Zeitweilige Einstellung siehe Einstellung
Zementhandel, Rechtliche Bedeutung und Umfang der Untersuchungspflicht nach § 377 HGB. im — HGB 3 S. 69
Zentralbankier, Verhältnis zwischen Provinzialbankier und — beim Auftrage zur Eintragung ins Staatsschuldbuch. Zurückbehaltungsrecht des —s HGB 2 S. 132
Zentrale, Zweigniederlassung mit Bezeichnung „—" HGB 1 S. 256
Zeugnis, Rechtsanspruch des Handlungsagenten auf —? HGB 2 S. 61
Zession siehe Wechselzessionar
Zinsanspruch bei Schadensersatzforderung wegen Schiffszusammenstoßes. Zur persönlichen Haftung für den — SchiffR 2 S. 121
Zinsen, Zum Verbot von Zinsversprechen oder —garantien im Sinne von § 215 HGB., § 54 AktG. HGes. 1 S. 87
—, Bau— bei Erhöhung des Grundkapitals. § 215 II HGB., § 54 II AktG. HGes. 1 S. 88
—, Zur Frage der Verpflichtung des Versicherers, die Versicherungssumme zu verzinsen PrVersR 1 S. 302
Zoll siehe Verzollungsvermerk
Zollnachlaß bei Schadensberechnung in der Seeversicherung PrVersR 3 S. 76
Zubuße, Zur Haftung der Grubenvorstandsmitglieder Dritten gegenüber für den durch verabsäumte Erhebung von —n verursachten Schaden HGes. 4 S. 237
Zubußepflicht, Befreiung des Gewerken von der — bei Anheimstellung, § 130 BergGes. HGes. 4 S. 283
Zufälliges Ereignis, Zur Haftung für Bergschaden bei Mitwirkung eines von keinem Dritten zu vertretenden, im Rechtssinne —n —ses HGes. 4 S. 298
Zugmaschine siehe Anhänger
Zureise siehe Anzeige
Zurückbehaltung, Zur — des Versicherers der von ihm geschuldeten Leistungen PrVersR 2 S. 83
Zurückbehaltungsrecht, Kaufmännisches — wegen der mittels Indossaments von Dritten erworbenen Forderungen aus Wechseln und anderen Orderpapieren HGB 2 S. 98
—, Wirkung der Anfechtung des dinglichen Erfüllungsgeschäfts gegenüber dem kaufmännischen — HGB 2 S. 132
—, Kaufmännisches —, wenn der Vertrag, aus dem es hergeleitet wird, nur wirtschaftlich aber nicht rechtlich ein Geschäft des Eigentümers der zurückbehaltenen Sache ist HGB 2 S. 202
— des Käufers und Notverkauf HGB 2 S. 290
—, Zur Frage der Sorgfalt des Käufers bei Aufbewahrung der beanstandeten Ware bei gleichzeitiger Ausübung des —s an der Ware HGB 3 S. 72
—, Pfand- und — des Spediteurs an Gütern des Auftraggebers HGB 3 S. 263

— nach § 8 DepotGes., Voraussetzungen Bk-WR S. 156
— des Zentralbankiers siehe Zentralbankier

Zusammenlegung von Aktien; Bestimmung der Frist zur Einreichung der Aktien HGes. 1 S. 99

Zusammenstoß siehe Schiffszusammenstoß

Zusatz, Wahrheitsgetreuer — zu einer Namensfirma, § 18 II HGB. HGB 1 S. 77
— zur Firma als Bestandteil der Firma HGB 1 S. 127
—, Fortführung des Handelsgeschäfts unter der bisherigen Firma und Beifügung eines —es über das Nachfolgsverhältnis, Haftung nach § 25 I HGB. HGB 1 S. 149
—, Firmenbezeichnung einer GmbH., § 18 HGB., Firmenkern oder — HGB 1 S. 162
—, Keine Fortführung der gleichen Firma, wenn Erwerber die schlagwortartige Bezeichnung des Handelsgeschäfts unter Beifügung eines die Gesellschaftsart kennzeichnenden —es annimmt HGB 1 S. 199
—, Irreführung durch — einer Firma und Verkehrsauffassung HGB 1 S. 230
— „Vereinigte" zur Firma. Zulässigkeit HGB 1 S. 256
— „deutsch" zur Firma. Zulässigkeit HGB 1 S. 296

Zuschlag, Selbsthilfeverkauf gemäß § 373 HGB. nach Fristsetzung u. Fristablauf gemäß § 326 BGB. durch den Verkäufer; — an den Verkäufer HGB 3 S. 124

Zusicherung einer Eigenschaft eine den Versicherungsschutz ausschließende Erweiterung der Haftpflicht? PrVersR 2 S. 117

Zuständigkeit der Schiffahrtsgerichte SchiffR 2 S. 311
— des Strandamts siehe Hilfslohn

Zustellung, Über — der aktienrechtlichen Anfechtungsklage an den Aufsichtsrat HGes. 1 S. 138

Zustimmung aller Gesellschafter siehe Klage des Einzelgesellschafters

Zwangslotse, Haftung des Reeders für Verschulden eines Lotsen beim Zusammenstoß zweier Schiffe. Welches territoriales Recht ist anzuwenden für Frage, ob der betr. — als solcher anzusehen ist? SchiffR 1 S. 72
—, Haftung des Reiches bei Tätigwerden der —n des Kaiser-Wilhelm-Kanals außerhalb des eigentlichen Kanalbezirks SchiffR 1 S. 378
— siehe auch Prima-facie-Schuldbeweis

Zwangsvergleich, Zur Haftung des ausgeschiedenen Gesellschafters für Gesellschaftsschulden nach abgeschlossenem —. Kein Rückgriff gegen die in der Gesellschaft verbliebenen Gesellschafter HGes. 3 S. 159
—, Keine Beschränkung der Kommanditistenhaftung durch — HGes. 3 S. 171
— zur Aufhebung des Konkurses des Ersatzpflichtigen. Anspruch des Geschädigten auf volle Befriedigung aus der Haftpflichtversicherungsforderung PrVersR 1 S. 348

Zweigniederlassung mit Bezeichnung „Zentrale" HGB 1 S. 256

Zwischenspediteur, Begriff HGB 3 S. 245
—, Zur Haftung des Hauptspediteurs für Verschulden des Unterspediteurs und —s HGB 3 S. 259
— oder Unterspediteur bei Weiterübertragung der Spedition HGB 3 S. 266

Berichtigungen

Handelsgesetzbuch Teil 2

Seite 100: In Zeile 23 von oben ist hinter Vgl. einzusetzen: **Prot.**, und mulnuß es statt 14202 heißen: **1420**

Handelsgesetzbuch Teil 3

Seite VII: Statt **101, 152...250** muß es heißen: **101, 152...251**
Statt **106, 419...256** muß es heißen: **106, 419...257**
Seite VIII: Statt **114, 375...268** muß es heißen: **114, 375...269**
Seite 158: Im Leitsatz von RGZ 18, 20 Zeile 1 von oben ist zu streichen .: 5.: 5.

Privatversicherungsrecht Teil 3

Seite VII: Nach 12, 28—32...33 ist einzufügen: 15, 83—94....36

FSC
www.fsc.org
MIX
Papier | Fördert
gute Waldnutzung
FSC® C083411

Kolibri 360 GmbH
Ferdinand-Jühlke-Straße 7
99095 Erfurt, Deutschland
produktsicherheit@kolibri360.de